河北师范大学马克思主义学院
河北师范大学基层治理研究中心
资助出版

石家庄市老年人需求与供给调研报告

Research Report on the Demand and Supply of the Elderly in Shijiazhuang City

刘晓静　著

中国社会科学出版社

图书在版编目(CIP)数据

石家庄市老年人需求与供给调研报告 / 刘晓静著 . —北京：中国社会科学出版社，2022.8
ISBN 978-7-5227-0667-2

Ⅰ.①石… Ⅱ.①刘… Ⅲ.①养老—社会服务—调研报告—石家庄 Ⅳ.①D669.6

中国版本图书馆 CIP 数据核字（2022）第 148802 号

出 版 人	赵剑英
责任编辑	许　琳
责任校对	李　硕
责任印制	郝美娜

出　　版	中国社会科学出版社
社　　址	北京鼓楼西大街甲 158 号
邮　　编	100720
网　　址	http://www.csspw.cn
发 行 部	010-84083685
门 市 部	010-84029450
经　　销	新华书店及其他书店

印刷装订	北京君升印刷有限公司
版　　次	2022 年 8 月第 1 版
印　　次	2022 年 8 月第 1 次印刷

开　　本	710×1000　1/16
印　　张	15
插　　页	2
字　　数	214 千字
定　　价	88.00 元

凡购买中国社会科学出版社图书，如有质量问题请与本社营销中心联系调换
电话：010-84083683
版权所有　侵权必究

序

根据国家统计局2022年公布的数据，我国60岁及以上人口26736万人，占全国人口的18.9%，其中65岁及以上人口20056万人，占全国人口的14.2%，意味着我国人口老龄化进入了老龄社会新阶段。在国家实施积极应对人口老龄化国家战略的背景下，新时代老龄工作要建立满足老年人多样化、多层次需求的"居家社区机构相协调、医养康养相结合"的养老服务体系。

在这样的背景下，河北师范大学马克思主义学院刘晓静教授凭着她在养老服务领域多年的研究积累，对石家庄市老年人的养老服务需求进行了实地调研，形成了《石家庄市老年人需求与供给调研报告》。该书是在石家庄人口老龄化程度不断加深的背景下开展的，通过做比较充分的调查研究，深入分析石家庄市老年人多层次、多样化的养老服务需求，对需求与供给两方面进行实证研究，发现石家庄市养老服务供给和需求中存在的主要问题，为制定符合石家庄实际的养老服务政策提供了依据。

刘晓静在本书中主要开展了以下六个方面的工作：（1）形成了由4个分报告构成的研究报告。系统分析了石家庄市整体人口老龄化现状、撰写了石家庄市老年人需求调研报告、形成了石家庄养老服务供给报告、探讨了养老机构或涉老企业检测指标及指标体系。（2）概括了石家庄市人口老龄化的特点：一是石家庄市人口老龄化程度虽然低于全国水平，但是石家庄市人口老龄化发展速度快，尤其是65岁以上老年人口增长迅速；二是快速城镇化导致的老龄化"城乡倒置"，农村人口老龄化加重；三是人口老龄化地区发展不平衡且城乡养老服务发展不均衡；四是采用人口年龄移算法预测2025年、2030年、2035年的总人口数及老年人口规模，预测2025年石家庄市人口老龄化程度为22.81%，2030年石家庄市人口老龄化程度为27.22%，2035年即将近3/1的人口都是老年人。针对石家庄人口老龄化的上述特点，建议石家庄市政府应该及早了解老年人需求，采取有效措施应对石家庄市深度老龄化社会。(3)通过调研深度了解石家庄老年人的需求整体和具体情况。从基本情况、经济保障、养老设施、基本生活照顾服务、医养康养护理康复、文化教育服务、精神慰藉服务7个方面，通过调查问卷及深度访谈，对石家庄的9个区县老年人需求进行分析，从而得出老年人的整体需求情况。与此同时，她还从年龄、性别、经济条件、婚姻状况等因素对老年人养老需求差异的影响进行了深度分析。(4)石家庄市养老服务供给情况。按照提供服务主体，石家庄市养老服务的供给主要有养老机构、社区居家养老服务中心、日间照料中心、涉老企业。通过调研发现，养老服务供给中存在的主要问题体现在公办养老机构数量少，养老机构空置率较高、地区之间养老服务供给发展不平衡等方面。针对上述问题，刘晓静提出了提升石家庄市养老服务供给的建议：增加公办普惠型养老服务供给、促进社区居家养老服务中心发展、推动县域层面和农村养老服务供给发展、鼓励涉老企业发展尤其是服务型和公益性涉老企业发展。(5)系统梳理了石家庄市养老服务需求满足中存在的主要问题。一是经济保障水平低，制约养老服务水平提升；二是养老服务未实现制度化，缺乏制度支撑；三是没有明确养老服务发展重点，居家社区养老服务体系亟待加强；四是医养康养滞后，管理服务水平有待提升；五是老年人的文化活动城乡差距巨大，缺乏有序的组织和引导；六是老年人精神慰藉的主体单一，孝道文化的宣传力度不够。(6)提出了发展石家庄市养老服务的对策。一是以需求为出发点，构建多层次的养老服务体系；二是建立护理保险制度，实现养老服务的制度支撑；三是构建以居家为基础、社区为依托、机构为补充，居家社区机构相协调医养康养相融合的养老服务体系；四是加快发展农村养老服务，建立乡村振兴与农村养老服务相融合的养老服务体系；五是建立家庭养老政策在内的多种政策，提供精准为老服务；六是树立公平的理念，实现养老服务由城乡统筹走向城乡统一；七是构建"五位一体"的养老服务主体体系，明确各方主体职责；八是转变老年人观念，促进互助养老服务的发展；九是构建政府+第三方组织+社会的"三位一体"养老服务监管体系；十是实行科学的养老服务年度预算制度，为养老服务提升奠定经济基础；十一是加强基层社会治理，做实养老服务的网格化管理；十二是鼓励社会力量参与，构建健全的老年人关爱服务体系。

细读《石家庄市老年人需求与供给调研报告》一书可以发现，该书是在大量调查研究的基础上，通过定量研究与定性研究相结合的研究方法，对石家庄市老年人养老服务需求做出科学研判，得出了一些全新的判断与认识。该书体现了刘晓静具备比较扎实的社会保障学科知识，她深谙我国养老服务的理论与政策。2012年开始，刘晓静曾经在中国人民大学系统学习，在人民大学学习期间以及从人民大学毕业后，她撰写了10余篇养老服务的核心期刊的论文，这些论文的研究为她日后从事该书的撰写奠定了良好的基础。看到刘晓静通过调研撰写的《石家庄市老年人需求与供给调研报告》一书出版，并一直致力于养老服务领域的研究，笔者深感欣慰！

养老服务的研究离不开对老年人需求的深层次分析，这需要理论研究者具备较为扎实的理论功底与多学科的理论视野，刘晓静教授在《石家庄市老年人需求与供给调研报告》一书的撰写过程中，实现了把社会学、政治学、管理学等学科知识的融汇贯通，达到了调查研究的目的，高质量的书稿的出版将推动学界养老服务理论的深入研究。本人虽然与刘晓静教授认识的时间不长，但是她诚实待人、踏实做事、严谨治学的态度都给我留下了深刻的印象。养老服务是研究老年人的领域，刘晓静具有强烈的人文情怀、正确的价值观、交叉学科的背景使得她形成了对养老服务的深刻认识，期待她在养老服务理论与实践研究的道路上产生更多的精品力作。

杜 鹏

2022年7月30日于北京

目　　录

第一章　石家庄市老年人人口整体情况报告 …………………（1）
　一　石家庄市整体人口老龄化现状 …………………………（1）
　二　石家庄市各地区人口老龄化情况 ………………………（9）
　三　石家庄市老龄化人口规模预测 …………………………（14）
　四　石家庄市老龄化现状小结 ………………………………（15）

第二章　石家庄市老年人需求调研报告
　　　　——基于全市9个地区20435名老年人调查分析 ……（17）
　一　调研背景与目的 …………………………………………（18）
　二　调研对象与基本情况 ……………………………………（18）
　三　调研过程与方法 …………………………………………（24）
　四　调研结果 …………………………………………………（26）
　五　调研结果深度剖析 ………………………………………（67）
　六　石家庄市养老服务最近几年发展情况 …………………（139）
　七　石家庄市养老服务需求中存在的主要问题 ……………（147）
　八　发展石家庄市养老服务对策 ……………………………（157）

第三章　石家庄市养老服务供给报告 ………………………（171）
　一　石家庄市养老机构供给 …………………………………（171）
　二　石家庄市社区居家养老服务中心情况 …………………（178）
　三　石家庄市日间照料中心情况 ……………………………（180）
　四　石家庄市涉老企业部分情况 ……………………………（183）

五　目前石家庄市养老服务供给中存在主要问题……………（189）
　　六　提升石家庄市养老服务供给建议…………………………（195）

第四章　养老机构或涉老企业监测指标及指标体系……………（199）
　　一　指标设计说明………………………………………………（199）
　　二　监测指标及指标体系………………………………………（202）

第五章　总报告……………………………………………………（212）
　　一　人口状况篇…………………………………………………（212）
　　二　需求调研篇…………………………………………………（214）
　　三　服务供给篇…………………………………………………（221）
　　四　问题对策篇…………………………………………………（223）

参考文献……………………………………………………………（225）

后　记………………………………………………………………（229）

第一章　石家庄市老年人人口整体情况报告

根据第七次人口普查数据显示：我国60岁及以上人口为26402万人，占18.70%，其中65岁及以上人口为19064万人，占13.5%。根据石家庄市统计局第七次全国人口普查结果：截止到2020年11月，石家庄市常住人口为1123万人，而60岁及以上人口为207万人，占比为18.47%，65岁及以上人口为144万人，占比为12.86%[①]，石家庄人口老龄化程度进一步加深，未来一段时期将持续面临人口长期均衡发展的压力。了解石家庄老年人口数量、特点及其分布情况，将为日后全面掌握石家庄市老年人需求的抽样调查研究提供必要的基础支撑。

一　石家庄市整体人口老龄化现状

（一）石家庄市人口老龄化整体情况

从图1-1可以看出：石家庄市老龄人口第五次人口普查数据为924.18万人，第六次人口普查数据为1016.38万人，第七次人口普查数据为1123.51万人，老年人口呈现上升趋势，其中65岁以上老年人口在3次人口普查中的数据分别为63.40万人，83.75万人，144.49万人，年增长率由2010年的32%提高到2020年的73%，由整体数据能够看出，石家庄市的老龄化程度在逐步加深。为了让老年

---

① 数据来源：石家庄市统计局。

人安度晚年，了解老年人的需求极为重要。

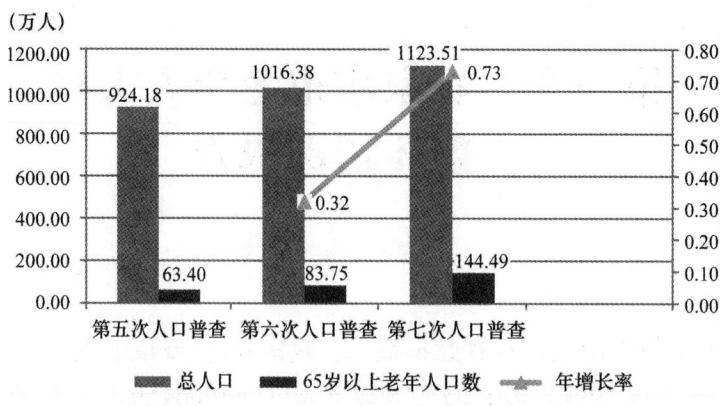

图 1-1 石家庄市人口老龄化整体情况①

（二）石家庄市与河北省和全国老龄化程度对比

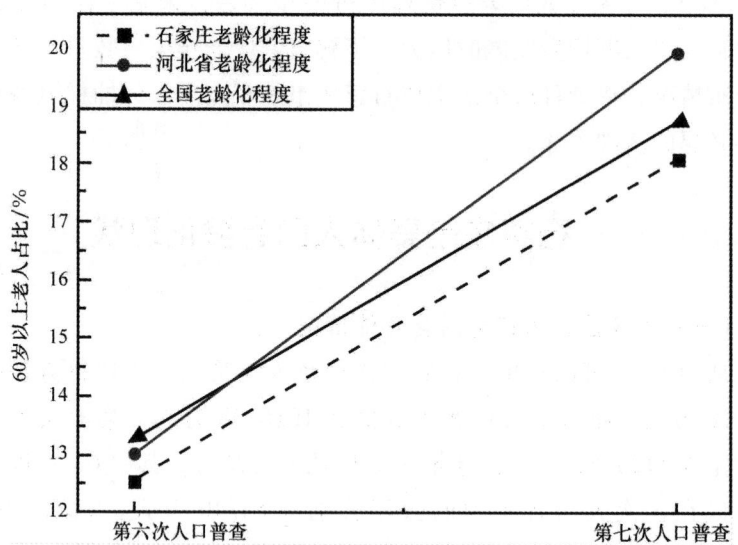

图 1-2 石家庄市老龄化程度与河北省和全国对比分析②

---

① 数据来源：石家庄市统计局。
② 数据来源：石家庄市统计局、河北省统计局、国家统计局。

第一章 石家庄市老年人人口整体情况报告 | 3

掌握石家庄市老龄化程度,以采取不同的应对措施来满足老年人的需求尤为重要。从图1-2可以看出:第六次人口普查数据中石家庄市老龄化程度为12.63%,河北老龄化程度为13%,全国老龄化程度为13.26%,整体上看,石家庄市老龄化程度稍稍低于河北省和全国的老龄化程度。第七次人口普查数据中石家庄市老龄化程度为18.04%,河北省老龄化程度为19.85%,全国老龄化程度为18.7%,结合第六次人口普查、第七次人口普查数据可见,整体上全国、河北省、石家庄的老龄化程度都在加深,石家庄市和全国老龄化加深的程度相似,河北省老龄化程度变化尤为突出。

(三)石家庄市65岁以上老年人占比与河北省和全国对比

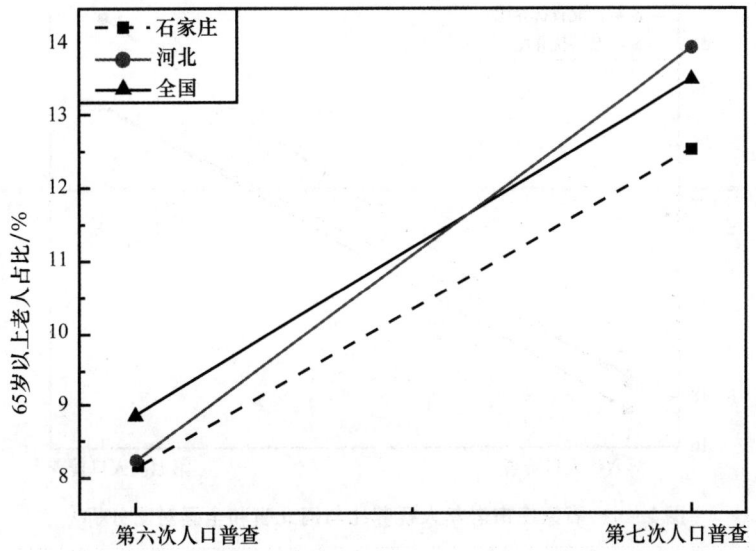

图1-3 石家庄市65岁以上老人占比与河北省和全国对比分析①

65岁老年人占比更能凸显地区老龄化程度,了解这项指标对于制定相应决策尤为重要。从图1-3可以看出:第六次人口普查数据

---

① 数据来源:石家庄市统计局、河北省统计局、国家统计局。

中石家庄市65岁以上老年人占比为8.13%，河北省65岁以上老年人占比为8.24%，全国65岁以上老年人占比为8.87%，整体来看，石家庄市65岁以上老年人占比稍稍低于河北省和全国水平。第七次人口普查数据中石家庄市65岁以上老年人占比为12.52%，河北省65岁以上老年人占比为13.92%，全国65岁以上老年人占比为13.5%，结合第六次人口普查数据，整体上65岁以上老年人占比都有了大幅提高，石家庄市和全国65岁以上老年人占比提高的程度相似，河北省该项指标提高的最为显著。

（四）石家庄市老年人抚养比与河北省和全国对比

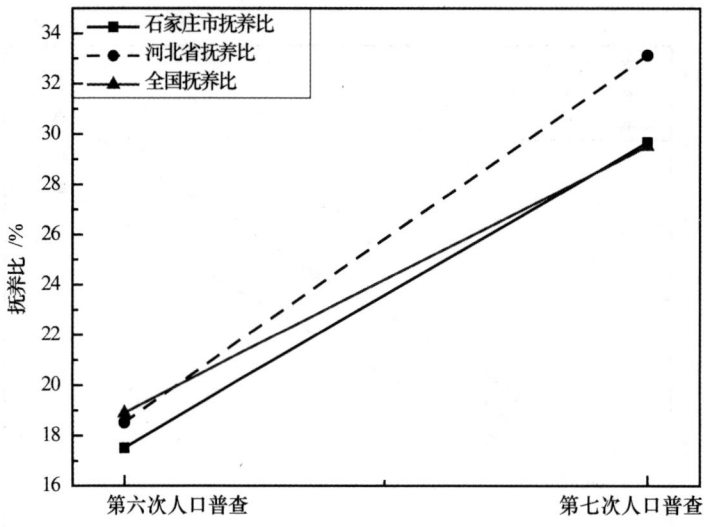

图1-4　石家庄市老年人抚养比与河北省和全国对比分析①

人口抚养比是指15—59岁人口与60岁以上老年人口的比例。当抚养比比较低时，可为经济发展创造有利条件。当总抚养比≤50%时称为人口红利期，抚养比指标能够反映劳动力的抚养负担程度。从图

---

① 数据来源：石家庄市统计局、河北省统计局、国家统计局。

1-4可以看出:第六次人口普查数据中石家庄市老年人抚养比为17.51%,河北省老年人抚养比为18.53%,全国老年人抚养比为18.91%,整体上看,石家庄老年人抚养比稍稍低于河北省和全国水平,即老年人抚养负担稍稍低于河北省和全国水平。第七次人口普查数据中石家庄市老年人抚养比为29.68%,河北省老年人抚养比为33.13%,全国老年人抚养比为29.52%,整体上都大幅度地高于第六次人口普查的人口抚养比数据,老年人口抚养负担明显加重,石家庄市老年人口抚养比增加了12.17%。

(五)石家庄市家庭户规模与河北省和全国对比

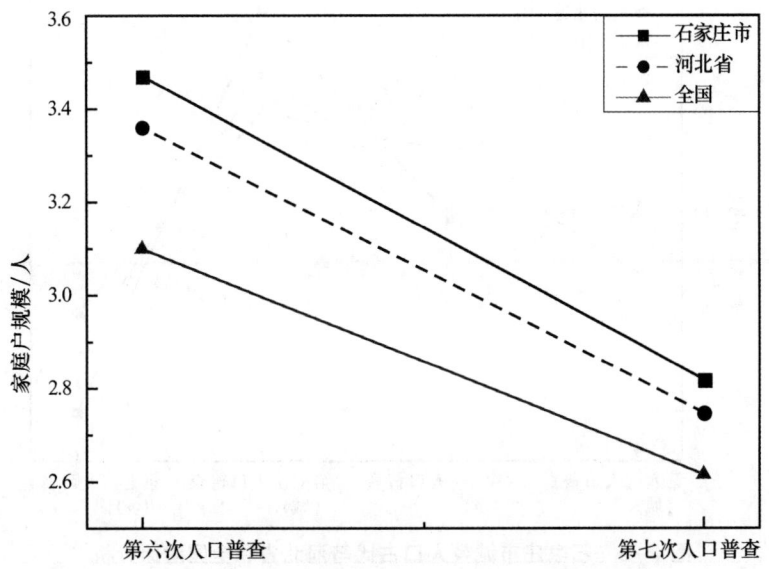

图1-5 石家庄市家庭户规模与河北省和全国对比分析①

家庭户规模是指每户人口数。从图1-5可以看出:第六次人口普查数据中石家庄市、河北省、全国的家庭户规模分别为3.47、3.36、3.1,而第七次人口普查数据中石家庄市、河北省、全国的家

---

① 数据来源:石家庄市统计局、河北省统计局、国家统计局。

庭户规模分别下降到 2.82、2.75、2.62，虽然石家庄市的家庭户规模还稍稍高于河北省和全国的水平，但整体都下降到了 3 以内。

家庭户规模均值下降，当家庭遭遇重大变故时，靠着家庭能力可能无法解决的问题，需要政府相关部门或更多社会化的力量才能解决。特别是随着市场化、城镇化的逐步推进，人口流动的增加，在一定程度上也影响了家庭照护功能的发挥，家庭养老压力逐渐加大，为了实现共享的社会发展目标，需要政府了解并满足老年人的各方面需求。

（六）石家庄市城乡人口占比与河北省和全国对比

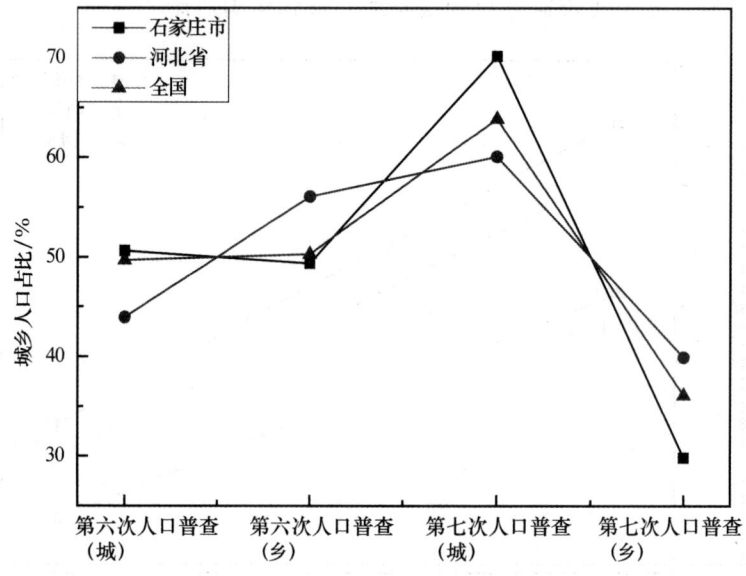

图 1-6　石家庄市城乡人口占比与河北省和全国对比分析①

城市人口发展的规模、速度、结构与经济发展水平的高低及其发展速度密切相关。从图 1-6 可以看出：第六次人口普查数据中石家庄市、河北省、全国的城市人口占比分别为 50.62%、43.94%、49.68%，而第七次人口普查数据中石家庄市、河北省、全国的城市

---

① 数据来源：石家庄市统计局、河北省统计局、国家统计局。

人口占比提升到70.18%、60.07%、63.89%，石家庄市城市人口增长速度明显高于河北省和全国水平，第七次人口普查时河北省和全国城市人口占比比第六次人口普查分别增加了16.13%、14.21%，石家庄市城市人口占比增加了19.56%。

随着石家庄城市人口的发展，农村人口比重大幅下降，大量农村劳动力涌入城市，农村"空巢老人"不断涌现，长期的空巢生活很容易引起老年人孤独、苦闷、抑郁甚至厌世等消极情绪与心理问题，尤为突出的是农村空巢老年人的照护问题需要得到很好的解决，这需要社会化养老服务的发展，但农村养老服务发展严重滞后于城市，弥补民生短板，促进城乡养老服务统筹、均衡发展，提高农村老年人的生活质量，这是石家庄市政府要解决的重要民生问题。

（七）石家庄市流动人口占比与河北省和全国对比

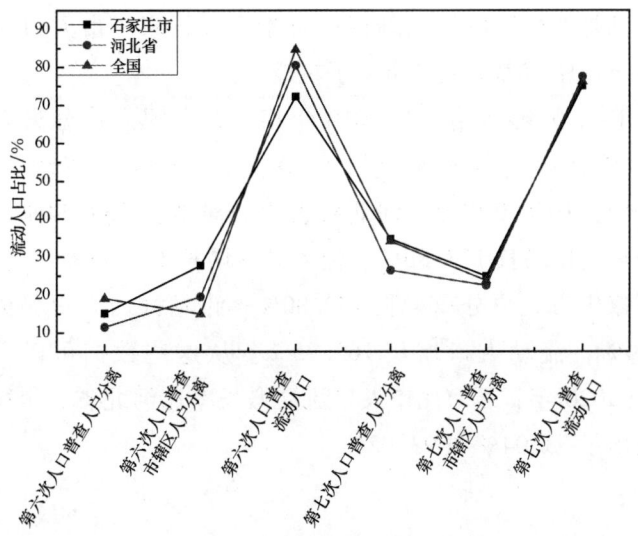

图1-7　石家庄市流动人口占比与河北省和全国对比分析①

---

① 数据来源：石家庄市统计局、河北省统计局、国家统计局。

流动人口主要是指离开户籍所在地，以工作、生活为目的异地居住的成年育龄人员。从图1-7可以看出：第六次人口普查数据中石家庄市、河北省、全国的非市辖区流动人口人户分离占比分别为72.26%、80.45%、84.71%，第七次人口普查数据中石家庄市、河北省、全国的非市辖区流动人口人户分离占比为75.11%、77.53%、76.27%，这说明非市辖区内的人口流动比例变化不是特别突出，但整体上看，非市辖区内的人口流动比例远远大于市辖区内的人口流动。

第六次人口普查数据中人户分离人口占比总人口，石家庄市、河北省、全国分别为15.18%、11.55%、19.07%，第七次人口普查数据中人户分离人口占比总人口，石家庄市、河北省、全国分别为34.71%、26.51%、34.14%，这说明石家庄、河北省、全国，人户分离人口比例有了大幅提高，尤其是石家庄市的人户分离人口比例增长最大，其原因是石家庄市作为省会城市在快速城市化、城镇化的背景下，尤其是加快发展雄安新区的背景下，石家庄市人口流动在加速，也给石家庄市养老服务带来了挑战。

由图1-7能够得出：与2010年相比，全国人户分离人口增长88.52%，市辖区内人户分离人口增长192.66%，流动人口增长69.73%。与2010年相比，河北省人户分离增长138.34%，市辖区内人户分离人口增长173.86%，流动人口增长129.71%。与2010年相比，石家庄市人户分离增长152.80%，市辖区内人户分离人口增长126.90%，流动人口增长162.75%。从这些数据可以看到：从2010年至2020年，石家庄市人口流动增长率比河北省、全国的人口流动率高出了33.04%与93.02%。

二 石家庄市各地区人口老龄化情况

(一) 石家庄市各地区老年人口占比情况

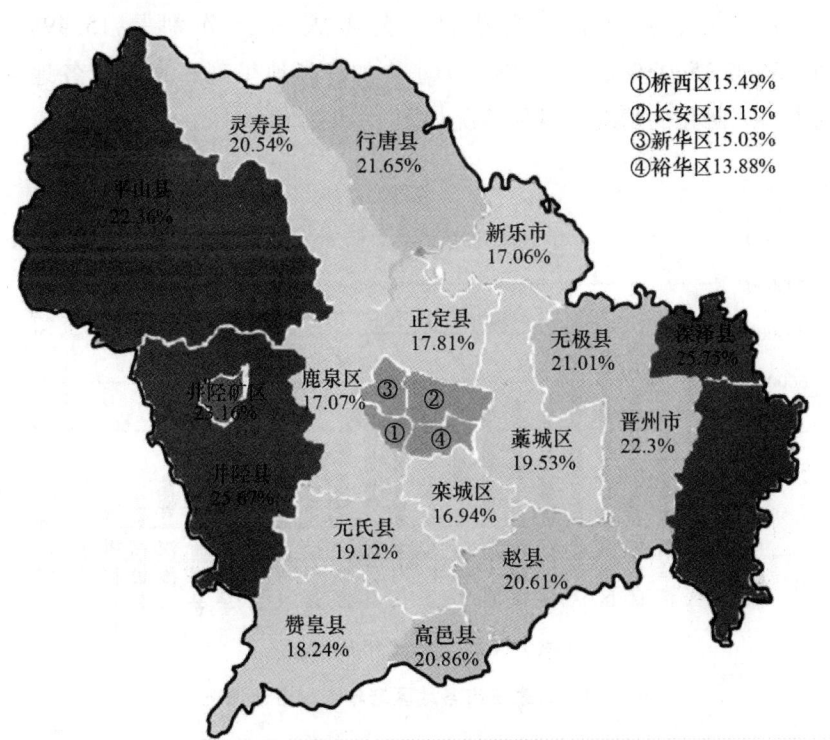

图1-8 石家庄市60岁以上的老年人占比情况

该地图是我们团队绘制的石家庄市60岁以上的老年人占比情况图,其中老龄化程度处于前4位的深泽县、井陉县、井陉矿区、平山县,60岁以上老年人口占比分别是25.75%、25.67%、23.16%、22.36%;其中老年人口占比达到20.61%及以上,且处于第5—9位的分别是晋州市、行唐县、无极县、高邑县、赵县,老年人占比分别是22.30%、21.65%、21.01%、20.86%、20.61%;其中老年人口占比达到17.81%及以上,且处于第10—14位的分别是灵寿县、藁城区、元氏县、赞皇县、正定县,老年人占比分别是20.54%、

19.53%、19.12%、18.24%、17.81%；其中老年人口占比达到16.94%及以上，且处于第15—18位的分别是鹿泉区、新乐市、栾城区，老年人占比分别是17.07%、17.06%、16.94%；其中老年人口占比达到13.88%—15.49%之间，且处于第19—22位的分别是桥西区、长安区、新华区、裕华区，老年人占比分别是15.49%、15.15%、15.03%、13.88%。为了更加清晰地呈现石家庄市各地区的人口老龄化的情况，具体情况如图1-9所示。

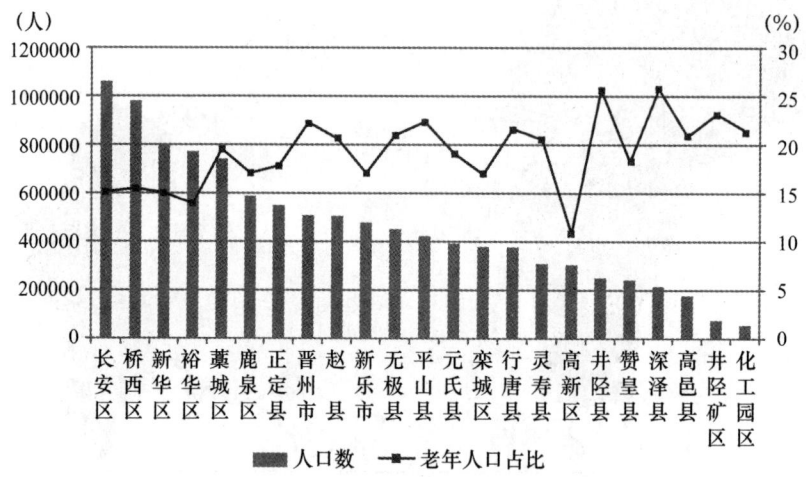

图1-9 石家庄市各地区老年人口占比情况①

石家庄市各地区老年人口占比情况为后面的抽样调查提供依据，能够更准确地把握不同地区老年人的需求。从图1-9可以看出：常住人口数量前5的区分别为长安区1059572人，桥西区979646人，新华区802057人，裕华区771255人，藁城区741068人。常住人口数量后5的几个区分别为化工园区56147人，井陉矿区77015人，高邑县178368人，深泽县215806人，赞皇县242549人。老年人占比前5的几个区为深泽县25.75%，井陉县25.67%，井陉矿区

---

① 数据来源：石家庄市统计局。

23.16%,平山县 22.36%,晋州市 22.3%,老年人占比较低的 5 个区为高新技术产业开发区 10.82%,裕华区 13.88%,新华区 15.03%,长安区 15.15%,桥西区 15.49%。

(二)石家庄市各地区年龄段占比情况

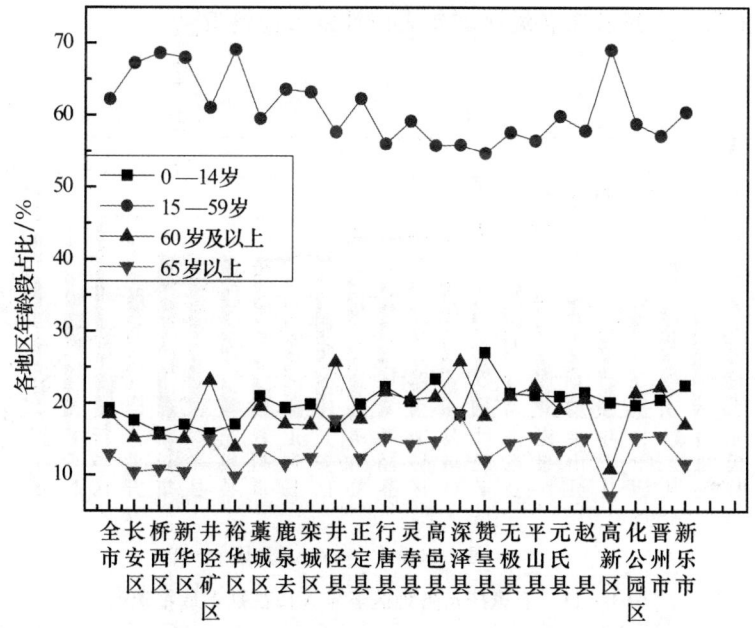

图 1-10　石家庄市各地区年龄段占比情况①

图 1-10 横坐标轴依次代表全市、长安区、桥西区、新华区、井陉矿区、裕华区、藁城区、鹿泉区、栾城区、井陉县、正定县、行唐县、灵寿县、高邑县、深泽县、赞皇县、无极县、平山县、元氏县、赵县、高新技术产业开发区、循环化工园区、晋州市、新乐市。从图 1-10 可以看出:23 个县(市、区)中,15—59 岁人口比重在 65% 以上的县(市、区)有 5 个,分别是长安区 67.23%、桥西区

---

①　数据来源:石家庄市统计局。

68.62%、新华区67.95%、裕华区69.06%、高新技术产业开发区69.05%。各县（市、区）65岁及以上老年人口比重超过15%的有7个，分别是深泽县18.41%、井陉县17.71%、晋州市15.43%、平山县15.32%、循环化工园区15.21%、赵县15.15%、行唐县15.07%。

（三）石家庄市各地区老年人口性别占比情况

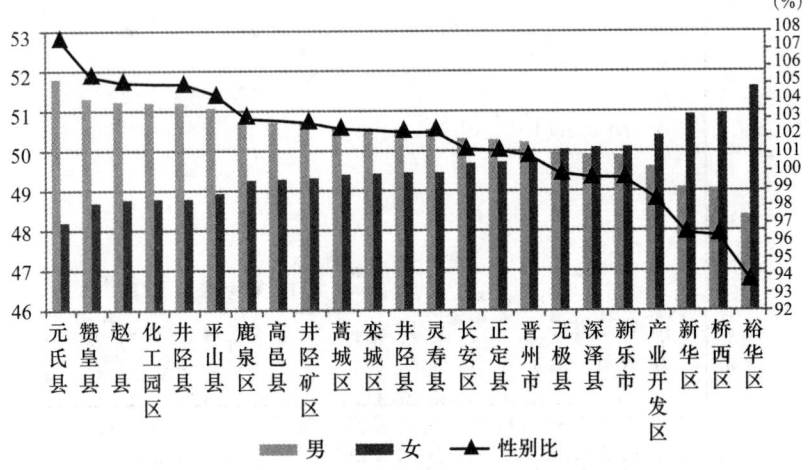

图1-11　石家庄市各地区老年人口性别占比情况①

图1-11横坐标轴依次代表如图1-9说明。从图1-10可以看出：23个县（市、区）中，总人口性别比在105%以上的县（市、区）有3个，分别是赞皇县105.39%、元氏县107.48%、赵县105.03%，在103%—105%的县（市、区）有3个，在100%—103%的县（市、区）有10个，在100%以下的县（市、区）有7个，最低的为裕华区93.76%。

---

① 数据来源：石家庄市统计局。

（四）石家庄市各地区平均受教育年限情况

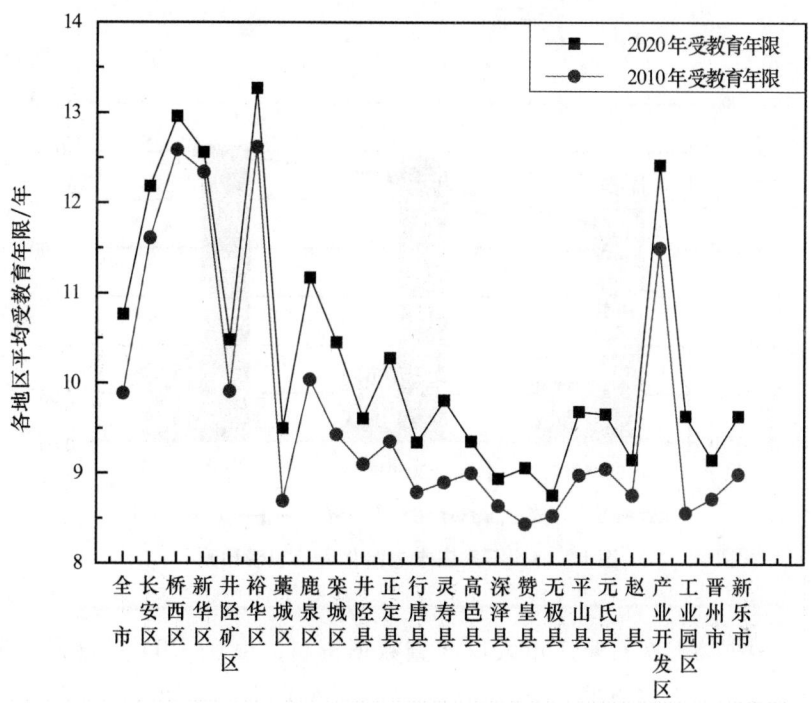

图1-12　石家庄各地区平均受教育年限情况①

图1-12横坐标轴依次代表如图1-10说明。从图1-12可以看出：与2010年第六次人口普查相比，全市常住人口中，15岁及以上人口的平均受教育年限由9.89年提高至10.76年。全市常住人口中，平均受教育年限在12年以上的县（市、区）有5个，分别是长安区12.18年、桥西区12.96年、新华区12.56年、裕华区13.27年、高新技术产业开发区12.42年。在10年至12年的县（市、区）有4个，在10年以下的县（市、区）有14个，最低的是无极县8.76年。

---

① 数据来源：石家庄市统计局。

三 石家庄市老龄化人口规模预测

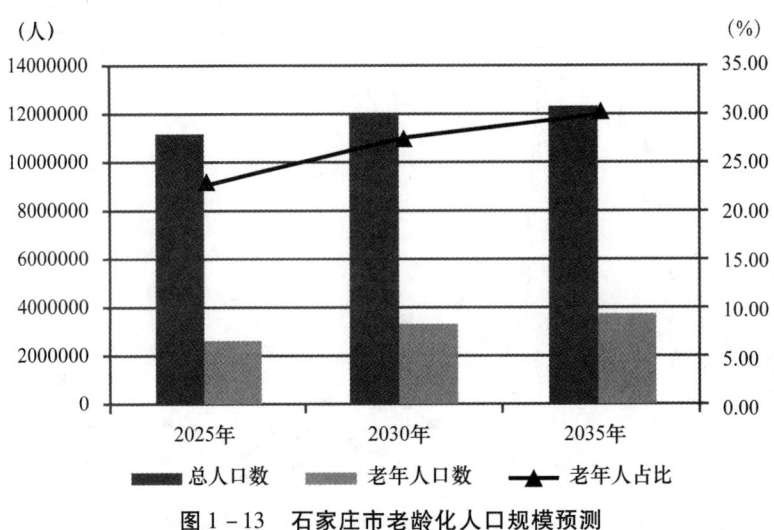

图1-13 石家庄市老龄化人口规模预测

根据第七次石家庄市人口普查数据资料，由0—105岁石家庄市各区分年龄人口数据，结合人口出生率及死亡率，采用人口年龄移算法预测2025年、2030年、2035年的总人口数及老年人口规模，预测结果如下：预测2025年石家庄市总人口数为11196546人，老年人口数为2554163人，老龄化程度为22.81%，2030年石家庄市总人口数为11846554人，老年人口数为3224719人，老龄化程度为27.22%，2035年石家庄市总人口数为12335385人，老年人口数为3724700人，老龄化程度为30.2%。

根据预测结果，石家庄市人口老龄化程度一直呈上升趋势，到2035年，将突破30个百分点，即将近1/3的人口都是老年人，需要政府及早了解老年人需求，采取措施应对石家庄市深度老龄化社会的到来。

四　石家庄市老龄化现状小结

（一）石家庄市早已进入人口老龄化社会

人口老龄化是经济社会发展的必然结果，按照国际通用标准，一般认为60岁及以上老年人口占总人口比例达到10%，或65岁及以上老年人口达到7%以上，就意味着该国家或地区已经进入老龄化社会。通过前面分析，目前石家庄市60岁及以上老年人口占比18.04%，其中65岁及以上老年人口占比12.52%，说明石家庄市早已进入老龄化社会，且老龄化程度呈不断加深趋势。

（二）石家庄市农村老龄化程度严重

石家庄市城市人口增长速度明显高于河北省和全国水平，第七次人口普查数据中石家庄市、河北省、全国的城市人口占比提升到70.18%、60.07%、63.89%。随着流动人口比例的增加，特别是农村劳动力人口向城市的涌入，使得城乡人口的比例失调，"城乡倒置"造成农村"空巢老人"现象。调研团队随机选取15个地区，通过统计发现这14个地区的人口老龄化程度均超过了全国60岁以上人口达到18.7%的占比，其中口头镇黄龙港村人口老龄化最高，占比达到了44.12%，只里乡北高里村老龄化占比达到了38.00%，其他12个村的占比全部超过了20%。（见图1-14）

农村老龄化严重的社会现实，必须引起石家庄市的高度注意。随着"少子高龄化"时代的来临，总和生育率的下降，伴随着人均寿命的延长，石家庄市人口老龄化趋势日益严峻，这将给石家庄市的经济、社会发展带来严峻挑战。

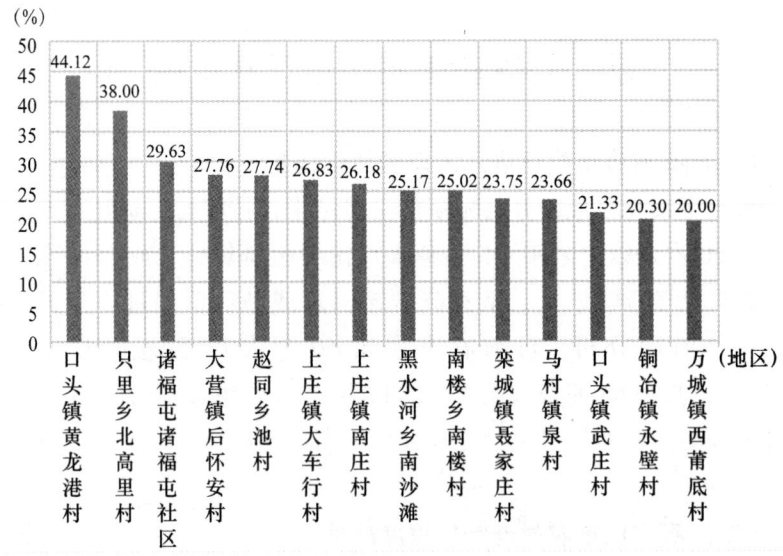

图1-14 调查地区的人口老龄化程度

（三）石家庄市人口老龄化程度不断加深

根据调研团队预测2025年、2030年、2035年石家庄市总人口数及老年人口数，根据预测结果，到2035年，石家庄市总人口数将达到12335385人，老年人口将达到3724700人，老龄化程度将达到30.2%。

（四）石家庄市需要未雨绸缪尽早部署人口老龄化战略

石家庄市将进入深度老龄化社会，所以必须提前做好准备，掌握不同地区、不同年龄、不同身体状况、不同受教育程度等的老年人需求，探讨石家庄市养老服务发展的成就、存在主要问题，并针对主要问题提出具体建议，进而做出前瞻思考。

第二章 石家庄市老年人需求调研报告

——基于全市 9 个地区 20435 名老年人调查分析

根据 2019 年《国务院办公厅关于推进养老服务发展的意见》和 2021 年《河北省养老服务条例》，石家庄市积极部署老年人需求调研，依据《河北省养老服务条例》第一章总则第七条的有关要求，"县级以上人民政府应当建立健全老年人养老服务需求和能力评估制度""县级以上人民政府民政部门应当加强对本地养老服务需求评估数据的统计分析，根据老年人养老服务需求情况统筹养老服务工作。"

石家庄市民政局做出了老年人养老服务需求的总体部署，河北师范大学受市民政局的委托，成立了由 7 名教师、9 名研究生、498 名社会调研员组成的团队，于 2021 年 8 月 1 日—10 月 30 日在石家庄的 8 个区（县）（裕华区、桥西区、栾城区、鹿泉区、行唐县、高邑县、元氏县、正定县）陆续展开了问卷调研，共打印问卷 3.3 万份，回收有效问卷将近 3 万份（包括电子问卷 465 份），在回收的问卷中去除将近 1 万份左右同质性非常高的问卷，将剩余的 20435 份问卷录入电脑，其中包含农村老人问卷 13260 份，社区老人问卷 6222 份，养老机构问卷 953 份。通过问卷网工具直接导出调研结果，或结合 Origin、Excel 等绘图软件汇总调研结果。

现就调研工作、调研结论、主要问题及对策建议等方面做报告如下。

一 调研背景与目的

为贯彻落实 2021 年 7 月 1 日实施的《河北省养老服务条例》的精神，切实做到根据老年人养老服务需求统筹养老服务工作，石家庄市高度重视养老服务工作，根据石家庄市人民政府办公室印发的《深入开展"我为群众办好事"实践活动 聚焦办好健全完善养老服务体系民生实事工作方案》的通知，河北省民政厅、卫健委落实该通知的要求，对石家庄市老年人养老服务需求工作做出系统谋划和具体安排。

河北省政府关于养老服务工作的决策部署，明确强调注重老年人的需求调研，以确保"十四五"时期石家庄市养老服务政策的精准性，防止出现政策制定与执行中不符合老年人需求的情况，确保满足石家庄市老年人的多层次、多样化的养老服务需求，确保石家庄市养老服务体系的完善与养老服务质量的提升。在此背景下，本项目工作旨在按照市民政局的部署与要求，本着实事求是的原则，对石家庄市老年人养老服务需求进行深度调研，通过座谈、访谈、调查问卷等多种调研方式，最终形成该调研报告，整体描述调研基本情况，分析石家庄市老年人需求的整体情况，与此同时，针对目前石家庄市养老服务发展中存在的突出问题，形成有针对性的具体建议。

二 调研对象与基本情况

本次调研调用了 498 名调研员，包括调研组固定人员、各调研村负责民政的工作人员、各调研社区居委会工作人员，各调研养老机构护理员、社工负责人等。

（一）年龄分布

按照每隔 5 岁为 1 个年龄段，将调研老年人分为 60—65 岁、66—70 岁、71—75 岁、76—80 岁、80 岁以上 5 个年龄段。

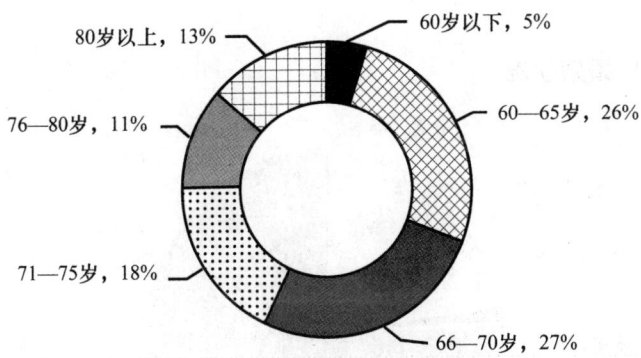

图 2-1 调研对象的年龄分布

由图 2-1 可见：调研的 20435 位老人年龄分布合理，包含了 5% 的 60 岁以下老年人，目的是了解马上步入老年人或被调研人员的父母、爷爷奶奶的养老服务需求，66—70 岁年龄区间的老年人占比最多，占比达到了 27%，60—65 岁年龄区间的老年人占比达 26%，直接或间接调研了 13% 的高龄老人，这部分老人也是我们关注的重点人群。

(二) 性别情况

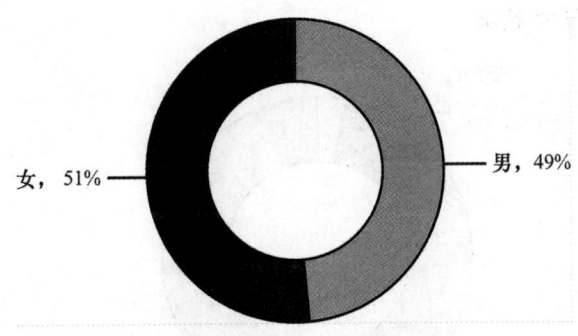

图 2-2 调研对象的性别情况

由图 2-2 可见：在随机调研的 2 万多位老年人中，男女比例合理，男性占比为49%，女性占比为51%。

（三）婚姻状况

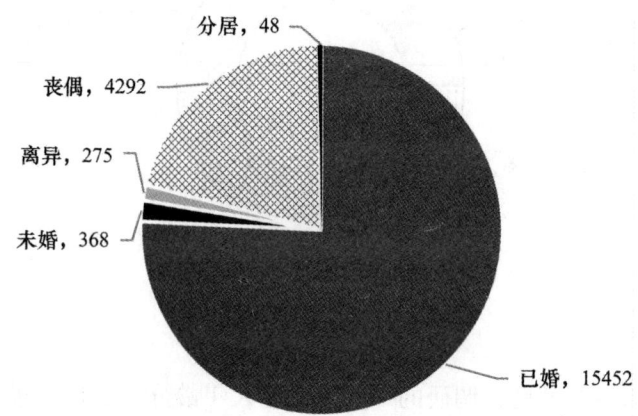

图 2-3 调研对象的婚姻状况

由图 2-3 可见：在石家庄市被调研的 20435 位老年人中，已婚和丧偶占据大部分比例，大约有 15452 位老年人还有老伴陪伴，有 4292 位老年人丧偶，还有少部分老年人未婚或者离异，只访到 48 位老年人处于分居状态。

（四）子女状况

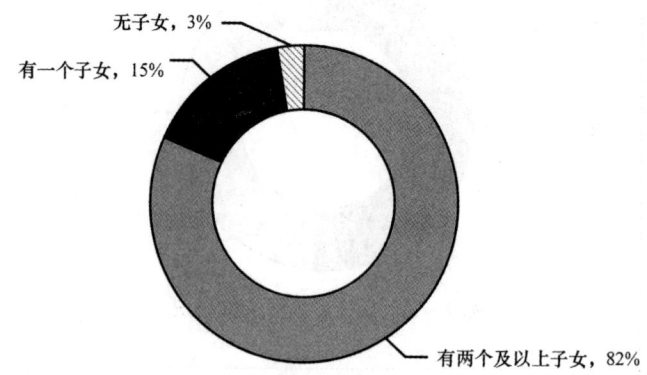

图 2-4 调研对象的子女状况

由图 2-4 可见：在石家庄市被调研的 20435 位老年人中，大部分老年人都有 2 个及以上子女，占比达到了 82%，有 1 个子女的老年人占比为 15%，无子女的占比为 3%。

（五）受教育程度

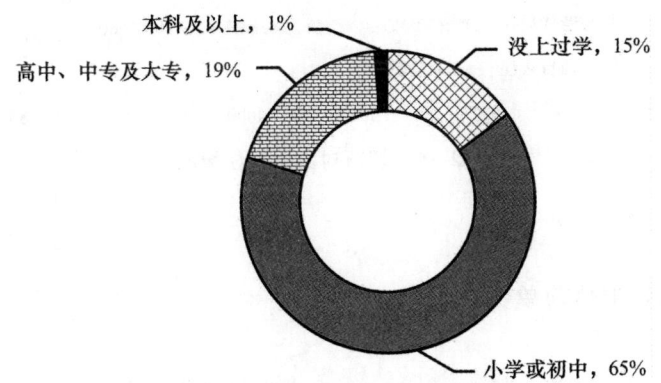

图 2-5 调研对象的受教育程度

由图 2-5 可见：在石家庄市被调研的 20435 位老年人中，受教育程度为小学或者初中的人数最多，占比为 65%，没上过学的占比为 15%，受教育程度为高中、中专及大专的老年人占比为 19%，本科及以上的老年人占比仅为 1%。

（六）居住情况

由图 2-6 可见：在石家庄市被调研的 20435 位老年人中，其中被调研老年人中与老伴、子女居住的有 7398 人，仅与老伴居住的为 6078 人，与子女住的为 3195 人，独自居住的为 2281 人，养老机构居住的为 952 人，与老人一起居住的 406 人，与其他亲属居住的为 71 人，居家社区养老服务中心居住的为 54 人。

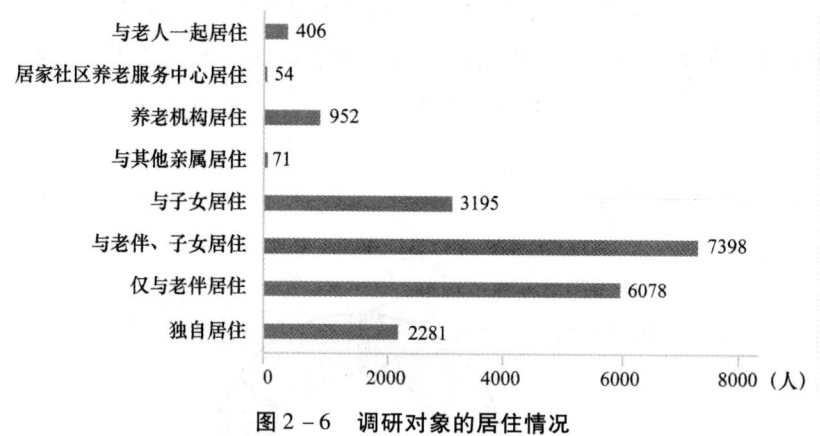

图 2-6 调研对象的居住情况

（七）退休前单位性质

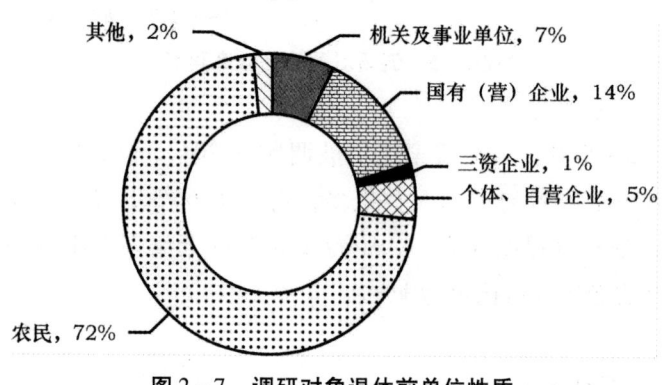

图 2-7 调研对象退休前单位性质

由图 2-7 可见：在调研的 20435 位老人中，退休前为农民的占比最大，为 72%，其次是国有（营）企业占比为 14%，机关及事业单位占比为 7%，个体、自营企业占比为 5%，其他占比 2%。

(八) 身体情况

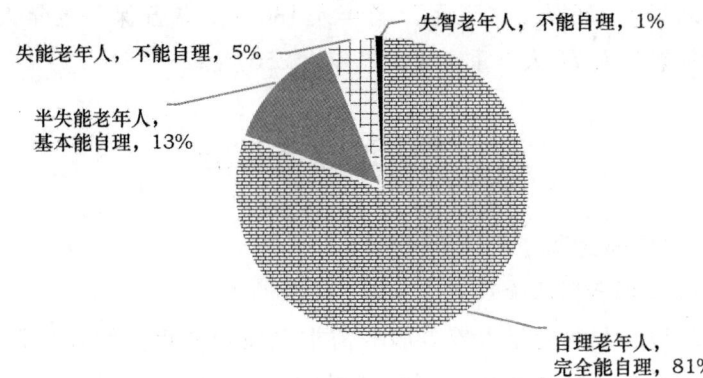

图 2-8 调研对象的身体情况

由图 2-8 可见：在石家庄市被调研的 20435 位老年人中，其中被调研老年人中自理老年人，完全能自理占比为 81%；半失能老年人，基本能自理的老年人占比为 13%；失能老年人，不能自理的老年人占比为 5%；失智老年人，不能自理的老年人占比为 1%。

(九) 政府托底老年人情况

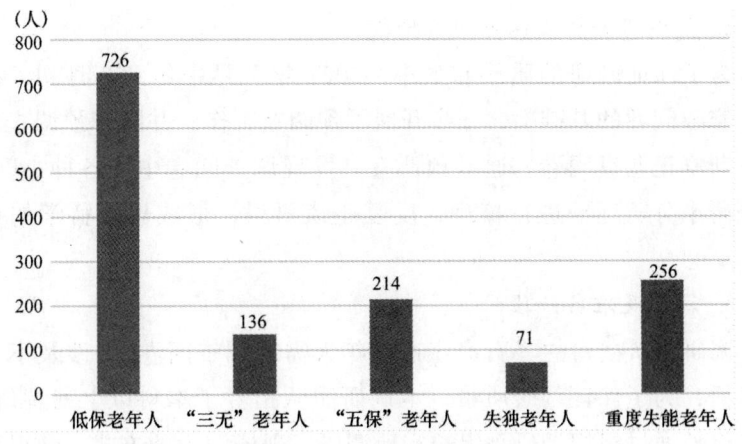

图 2-9 调研对象中政府托底老年人情况

由图 2-9 可见：在石家庄市被调研的 20435 位老年人中，社会老年人有 19032 人，占比约为 93%，政府托底老年人为 1403 人，其中低保老年人 726 人，"三无"老年人 136 人，"五保"老年人 214 人，失独老年人 71 人，重度失能老年人 256 人。

三　调研过程与方法

（一）调研过程

1. 成立调研团队阶段

河北师范大学老年人养老服务需求调研组高度重视此项调研任务，成立了专门的调研团队，第一时间组建了调研微信群，以保证调研工作的顺利开展，并明确分工。调研团队的核心成员情况如下：

组长：刘晓静，中国人民大学管理学社会保障方向博士，研究方向为养老服务与儿童福利，河北师范大学院教授。

工作组：协调小组组长，霍丽霞，帮芒人力资源部总经理；调研小组组长，崔晨曲，河北师范大学；技术小组组长：张建茂，石家庄学院；质检组组长：苏晓雷，河北雄安云联誉诚信息技术有限公司；数据处理组组长，张惠涛；报告组：刘晓静，河北师范大学三级教授。

2. 预调研并修正调查问卷阶段

为了保证调研的质量和效率，2021 年 7 月中旬到 8 月初，在制定、修改问卷的基础上，逐步开展了预调查工作，并随着预调查的深入不断修正调查问卷。通过预调查，发现调查问卷中的各种小问题，分调研小分队逐一进行梳理，反复座谈研讨，形成比较科学的调查问卷。

3. 培训及准备阶段

调研团队撰写的《石家庄市老年人需求调查问卷》，涉及不少专业术语，为了保证调研质量，本调研团队招募了本科以上的调研员，调研组长通过组织调研小组长实地调研、现场演示的方式，使得调研员明确调研对象、访谈内容、访谈技巧，然后多个调研小分队分别奔赴不同调研地点调研。为了保障调研的质量，调研团队还录制了调研问卷操作技巧的视频指南，在日后的大规模调研展开时，以便对社会调研员进行调查对象、调研技巧、调研内容等方面的全方位的解读，保障了调研培训的及时、精准、到位。除了对调研小组长、招募的社会调研员进行不断培训之外，还为大规模调研做好充分的准备，比如说准备调研礼品、安排调度调研车辆、与被调研地方工作人员沟通调研时间和调研地点等。

4. 问卷调查阶段

预调查之后，各个调研小分队投入到大范围调研之中。在调研过程中，各小组带队老师及时汇总调研中出现的各种问题，及时通过协调小组与市民政局、被调研地区的民政局、被调研的机构负责人、社区负责人、乡镇负责人、村负责人等反复沟通，确保问题能够得到及时的解决。

5. 问卷质检与录入阶段

按照问卷的内部逻辑，对问卷质检，以便发现问卷选项中存在的问题，确保问卷在被录入之前能够解决漏项、错项、逻辑错误部分，保证问卷填写及访谈的全面性、准确性、科学性、规范性、有效性，提高调研问卷质量。问卷录入环节随时抽检录入问卷，从后台发现录入问卷时存在的问题，提高问卷录入质量。

6. 问卷分析阶段

通过对调查数据的分析，形成对调查数据的整体认识，准确把握石家庄老年人需求的具体情况，在对老年人需求的经济保障、养老设施、基本生活照顾服务、医养康养护理康复、文化教育服务、精神慰藉服务6个方面的数据汇总分析的基础上，站在老年人的立场上，本着实事求是的态度，分析数据和问卷，为撰写报告奠定基础。

7. 数据分析及报告撰写阶段

石家庄市老年人养老服务需求调研涉及石家庄市的9个地区，分别是石家庄市裕华区、桥西区、鹿泉区、栾城区、行唐县、正定县、井陉矿区、高邑县、元氏县，各地区养老服务存在巨大城乡差异和地区差异，而且不同年龄、不同身体状况、不同经济收入情况、不同类型老年人的养老服务需求有很大差异,这就需要课题组首先对各地区情况做出实地考察,也需要结合老年人自身养老服务需求情况,结合河北省和石家庄市的经济发展水平、养老服务重视程度以及养老服务政策等具体情况做出具体分析与判断,既要看到石家庄市老年人养老服务需求的整体情况,又要具体分析不同调研地区养老服务需求的具体情况,既要了解国家养老服务政策,又要对河北省和石家庄市养老服务政策进行系统梳理,在此基础上,总结出石家庄市老年人的一些共性需求,以及不同类型老年人的不同需求,同时要对石家庄市在落实国家及河北省养老服务政策中存在的问题进行提炼、概括,最终形成石家庄市养老服务发展的政策建议。

(二) 调研方法

石家庄市老年人需求调研主要是采用调查问卷以及深入访谈方式进行,石家庄市老年人需求调查问卷,主要是从基本情况、经济保障、养老设施、基本生活照顾服务、医养康养护理康复、文化教育服务、精神慰藉服务7个方面来展开,依托于调查问卷的调研结果分析,从以下5个方面做了具体分析:1. 石家庄市老年人需求整体情况;2. 石家庄市老年人需求深度剖析;3. 石家庄市养老服务发展的整体发展情况;4. 石家庄市养老服务发展中存在的主要问题;5. 石家庄市养老服务发展的政策建议。

四 调研结果

此次调研主要是针对石家庄市9个地区60岁以上的老年人养老服务需求进行调研和考察,调研结果主要基于调查问卷的数据分析,从经济保障,养老设施,基本生活照顾服务,医养、康养、护理、康复、文化教育服务、精神慰藉服务6个方面展开。

（一）经济保障

1. 月收入

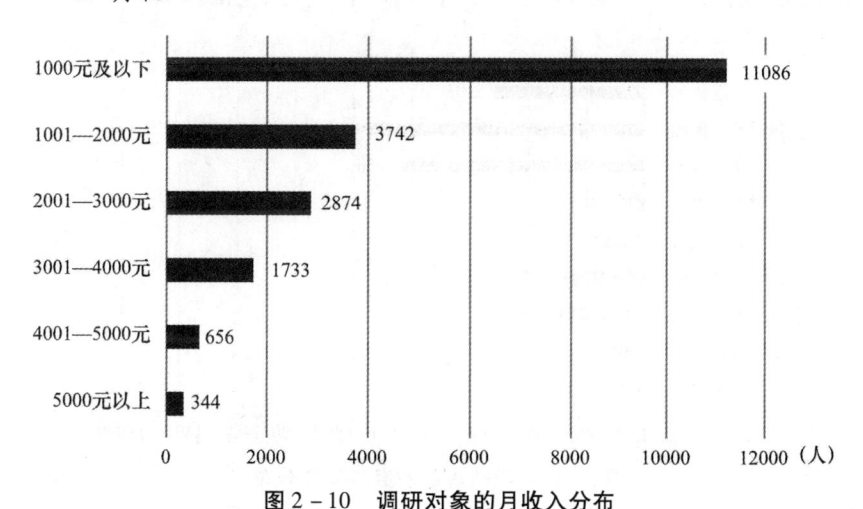

图 2-10　调研对象的月收入分布

由图 2-10 可见：在石家庄市本次调研的 20435 位老年人中，其中每个月收入 1000 元及以下的老年人最多，达到了 11086 人，收入在 1001—2000 元的老年人为 3742 人，收入在 2001—3000 元的老年人为 2874 人，收入在 3001—4000 元的老年人为 1733 人，收入在 4001—5000 元的老年人为 656 人，收入在 5000 元以上的老年人为 344 人。将近 54% 的老年人每个月收入在 1000 元及以下，收入在 5000 元以上的老年人占比仅为 2%。

2. 经济来源

由图 2-11 可见：在被调研的 20435 位老年人中，其主要经济来源是居民养老保险的占 15327 人，享受退休金的老年人有 5198 人仅约占所有老年人的 25%，其中有 90 个老年人既选择了退休金又选择了居民养老保险，其原因可能是农村有的老人干村里工作几十年，国家给一部分钱，同时每个月还有居民养老保险，还有可能是重复参保现象的存在，是农村居民但是自己交过一次性养老金，因而又享受到退休金或者居民养老保险。有 8400 位老年人选了子女赡养，约占调研老年人总数的41%，有2873位老年人有高龄津贴或者社会救助，有3018位老人还在从事种植或养殖工作，有866位老年人把地租给了个人或者集体，还有1927位老年人靠打工收入生活。

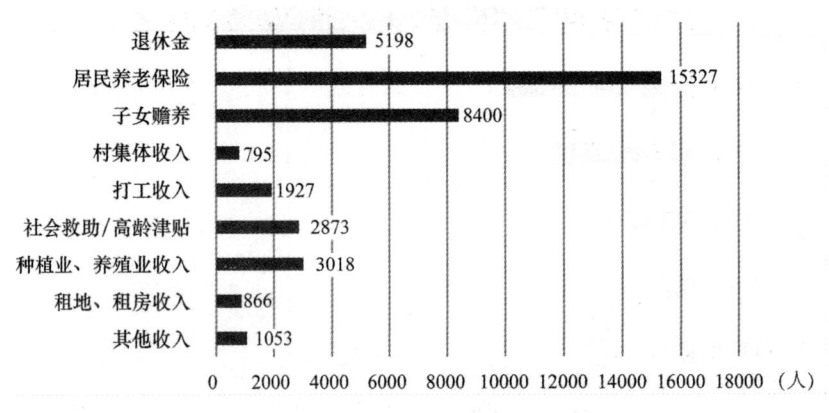

图2-11 调研对象的经济来源分布

3. 每月花销

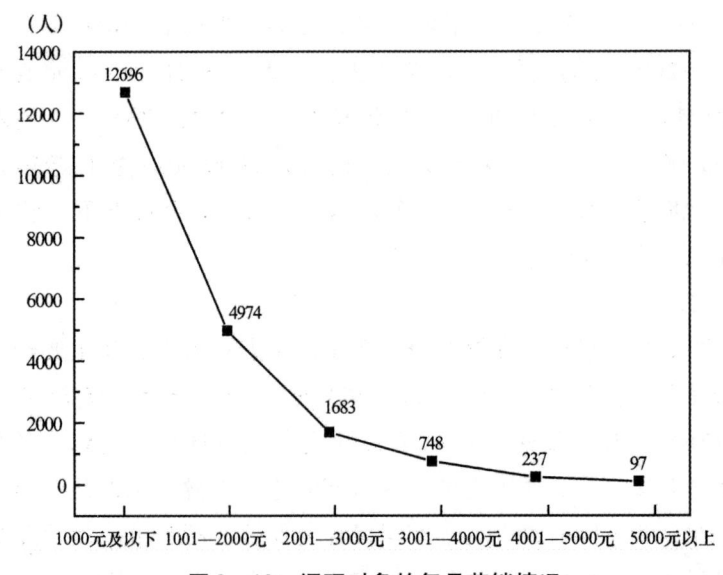

图2-12 调研对象的每月花销情况

从图 2-12 可见：被调研的 20435 位老年人的月花销从 1000 元及以下到 5000 元以上区间呈现递减趋势，其中有 12696 位老年人每月花销在 1000 元及以下，占到总调研人数的 62%。

4. 生活消费支出项目情况

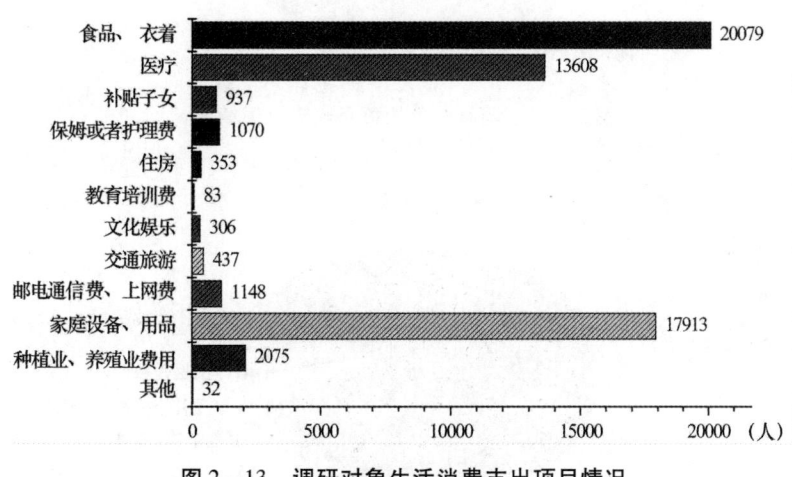

项目	人数
食品、衣着	20079
医疗	13608
补贴子女	937
保姆或者护理费	1070
住房	353
教育培训费	83
文化娱乐	306
交通旅游	437
邮电通信费、上网费	1148
家庭设备、用品	17913
种植业、养殖业费用	2075
其他	32

图 2-13 调研对象生活消费支出项目情况

由图 2-13 可见：在被调研的 20435 位老年人中，除了必需的食品、衣着和家庭日用品外，还有 13608 位老年人每个月需要医疗支出，有 937 位老年人除了自己的生活花销外还有能力补贴子女，有 1070 位老年人需要保姆或者机构护理费用支出，有 353 位老年人还有租房的费用支出，有 83 位老年人还有学习新知识的费用支出，有 306 位老年人喜欢文娱活动，有 437 位老人喜欢旅游，有 1148 位老年人把每个月的电话及上网费列入支出，还有 2075 位老年人有种植、养殖方面的费用支出。从上述统计数据可以看到：被调研老年人的生活花销主要围绕着食品、衣着、家庭用品等生活基本需要，除了这些方面，有医疗费用支出的老年人在被调研的老年人中占比高达 67.57%。

5. 每月收支平衡情况

由图 2-14 可见：在被调研的 20435 位老年人中，能实现收支平衡的占比为 60.25%，不能实现收支平衡的占比达到了 39.75%。

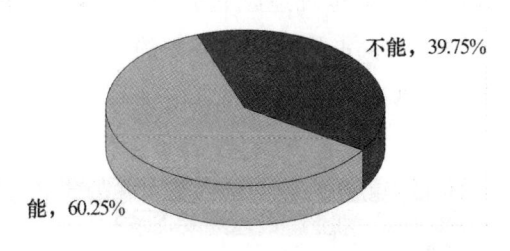

不能，39.75%

能，60.25%

图 2-14　调研对象的每月收支平衡情况

6. 收支不平衡情况下得到的帮扶

儿女资金支持，83.1%
享受最低生活保障，7.55%
享受医疗救助，4.39%
享受社会捐助，0.53%
其他帮扶，3.11%
无，1.32%

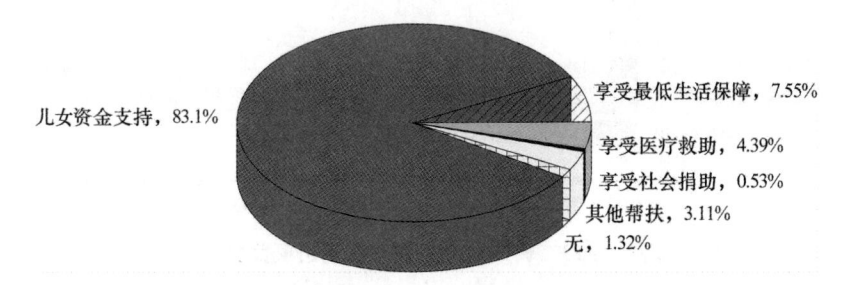

图 2-15　调研对象收支不平衡时得到帮扶的具体情况

由图 2-15 可见：在被调研的 20435 位老年人中，出现收支不平衡时，有 83.1% 的老年人通过儿女资金支持，有 7.55% 的老年人享受最低生活保障，有 4.39% 的老年人享受医疗救助，有 0.53% 的老年人享受社会捐助，有 3.11% 的老年人受到其他帮扶，还有 1.32% 的老年人没有得到任何帮扶。

7. 被调研老年人的理财方式

由图 2-16 可见：在被调研的 20435 位老年人中，其中有 12938 位占比约达 63.3% 的老年人没有任何理财的方式，老年人反映钱都不够花，不涉及理财这块。如果老年人攒了一些钱，其中 7390 位老年人占被调研老年人总数的比例约为 36.2% 会选择存入银行，购买商业保险和理财产品的都比较少，分别是 191 位和 229 位，占比很小。

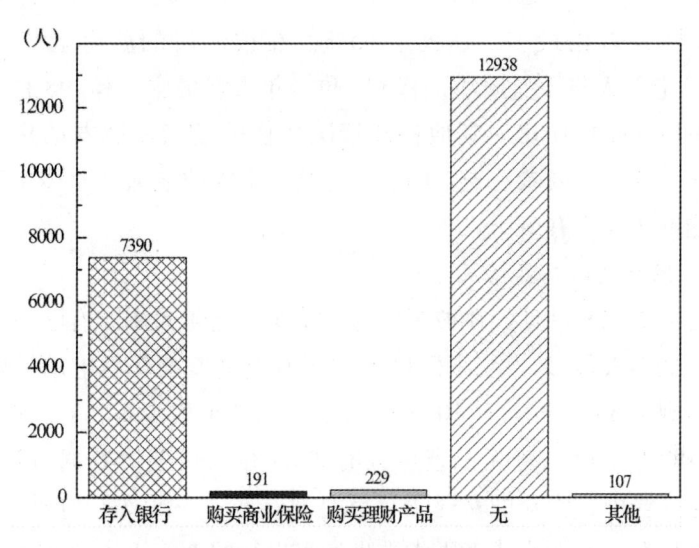

图 2-16　调研对象的理财方式

8. 住房情况

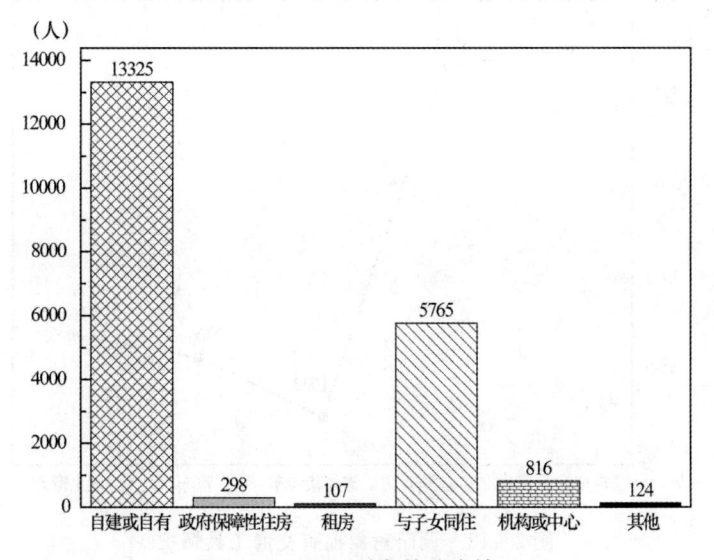

图 2-17　调研对象的住房情况

由图 2-17 可见：在被调研的 20435 位老年人中，自建或自有房子的老年人占比最多，达到了 65%。在被调研的所有老年人中有 5765 位老年人与子女同住，有 107 位老年人租房住，有 298 位老年人享受政府保障性住房。其他特殊情况如住的是亲戚朋友的房子，侄子、侄女的房子或者后老伴的房子等共有 124 位老人。整体来看，老年人能够实现住有所居。

9. 拥有交通工具情况

由图 2-18 可见：在被调研的 20435 位老年人中，有三轮车和自行车的老年人最多，达到了 8936 位，有电动摩托车、电动三轮车的人数达到了 8592 位，有 1025 位老年人有老年代步车，有 2306 位老年人有汽车，以上皆无的老年人有 2784 位。从上边数据可以看到：在老年人当中，大众的交通工具就是自行车、三轮车、电动三轮车、电动摩托车，而拥有或者平常乘坐汽车出行的老年人占比较低，只占到了 11.28%。

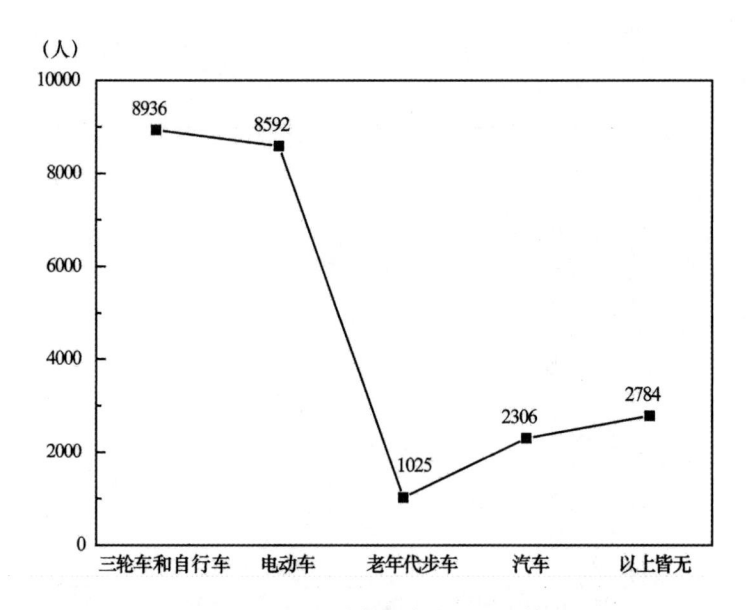

图 2-18 调研对象拥有交通工具情况

10. 购买商业保险情况

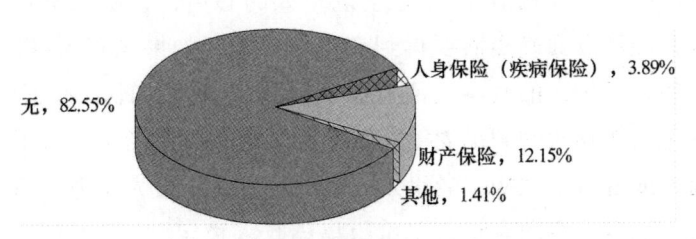

图 2-19　调研对象购买商业保险情况

由图 2-19 可见：在被调研的 20435 位老年人中，没有购买任何商业保险的占比达到了 82.55%，购买人身保险（疾病保险）的仅占到了 3.89%，购买财产保险的占到了 12.15%（主要是车险），购买其他保险的占到了 1.41%。

11. 在经济保障方面的建议或想法

梳理被调研老年人在经济保障方面的想法，主要有以下几个方面：一是增加养老金。老年人反映最强烈的就是增加基础养老金。不少老年人"希望国家多发点养老金"，目前石家庄的养老金主要是 100 多元，这 100 多元的养老金，相对于老年人每个月的花销而言，显得微不足道，加之老年人吃药、打针、输液、住院等花销增加，所以老年人入不敷出的现象普遍存在，尤其是农村老年人，所以增加养老金，成为农村老年人的普遍诉求。有经济困难的老年人反映，自己的儿女要养房子、养孩子也不富裕，不忍心向孩子伸手要钱，只要钱够花就可以。二是城乡养老保险差距大。不少老年人反映，城里人养老金不断增长，农村居民的养老金虽然也涨了，但是城乡老年人的养老金差距很大。如果老年人身体不好需要打针、输液，农村居民 100 多元的基础养老金根本不够花。在调研过程中遇到几位老年人，他们的原话如下："农民每个月 100 多元的退休金太少了，哪怕一个月四五百也行。都是中国老百姓，人分三六九等差距太大了"。三是困境老年人经济需求强烈。在调研的过程中深度访谈一位老年人，她说："儿子出车祸后，一直有残疾，老公得了肿瘤，自己肝病。希望从经济方面得到救助。"另一位老年人说:"大女儿有癌症,没钱手术;自己有滑膜炎,没钱治疗。"这些老年人的心声,让我们看到了困境老年人在经济方面确实需要得到支持与帮助。如果老年人身体尚好,没有大病,老年人的基本生活费也不算高,他们的日子还好过一些,其基本生活能够得到满足老年人就觉得知足。如果老年人得了病,常年吃药,或者得了大病,老年人的经济就会面临很大压力。四是希望集体收入稳定。有的老年人"希望集体收入稳定",集体福利提升有助于老年人经济生活改善。有的地方集体经济比较好,有的老年人谈起经济保障时,这样说,"我们给每人发4000多,过节发500,赠养老金,村里集体楼往外租。"也有的老年人谈到村集体经济收入不算稳定,"希望集体有稳定的收入"。五是希望儿女多给点零花钱。有的老年人希望"儿女多给赡养费",有的老年人"希望自己能够节衣缩食少花一点"。六是希望扩大社会救助范围。处在最低生活保障和社会老年人之间的夹心层的生活不容忽视,处在经济困难的"夹心阶层""希望得到国家的救助"。

(二) 养老设施

1. 居住地有无适合老年人健身的器材

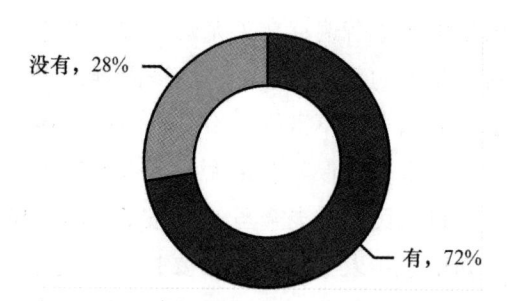

图2-20 居住地适合老年人健身器材状况

由图2-20可见:在被调研的20435位老年人中,其中有72%的老年人居住地有适合老年人的健身器材,而28%的老年人居住地没有适合老年人的健身器材。

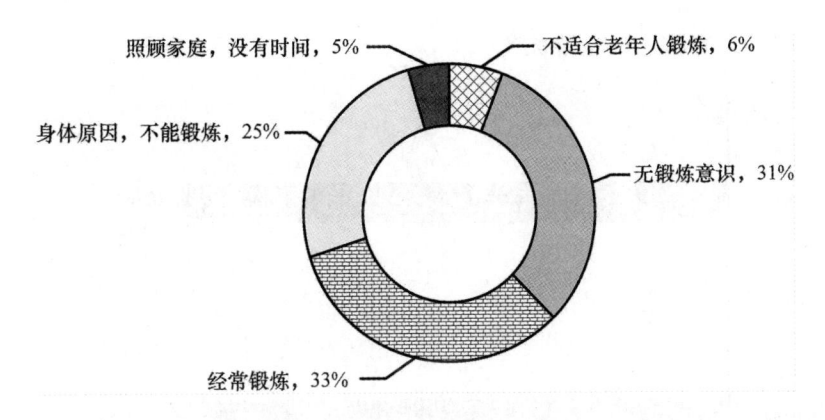

图 2-21 调研对象的锻炼情况

由图 2-21 可见：居住地有适老老年人健身器材的 72% 的老年人，经常锻炼使用健身器材的老年人占比仅为 33%，身体原因不适合锻炼的占比 25%，无锻炼意识的占比 31%，需要照顾家庭、没有时间锻炼的老年人占比为 5%，认为健身器材不适合老年人锻炼的占比 6%。可见：能经常使用健身器材的只约占 1/3 多一点。

2. 居住地医疗机构或卫生室情况

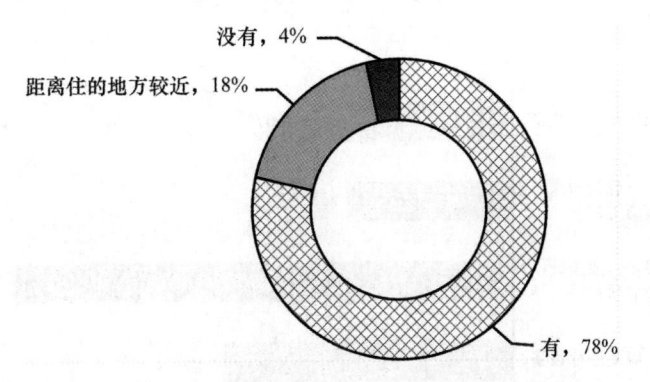

图 2-22 调研对象居住地医疗机构或卫生室情况

从图 2-22 可以看到：20435 位被调研的老年人中有 78% 的老年人居住地有医疗机构或卫生室，18% 的老年人居住地医疗机构或卫生室距离住的地方较近，4% 的老年人居住地没有医疗机构或卫生室。

3. 需要养老设施情况

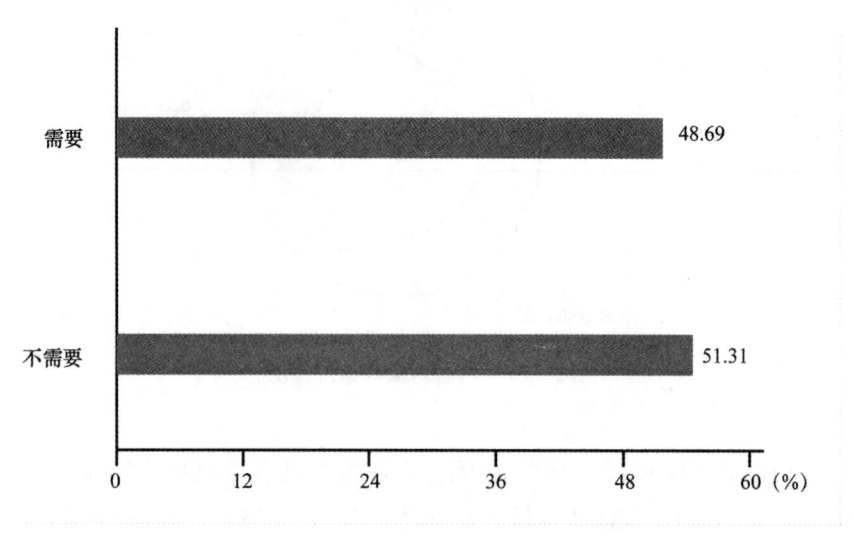

图 2-23 调研对象养老设施需要情况

	百分比
需要	48.69
不需要	51.31

由图 2-23 可见：根据对 20435 位老年人的调研结果，其中有 48.69% 的老年人需要养老设施，需要各类养老设施占比的具体情况如下图：

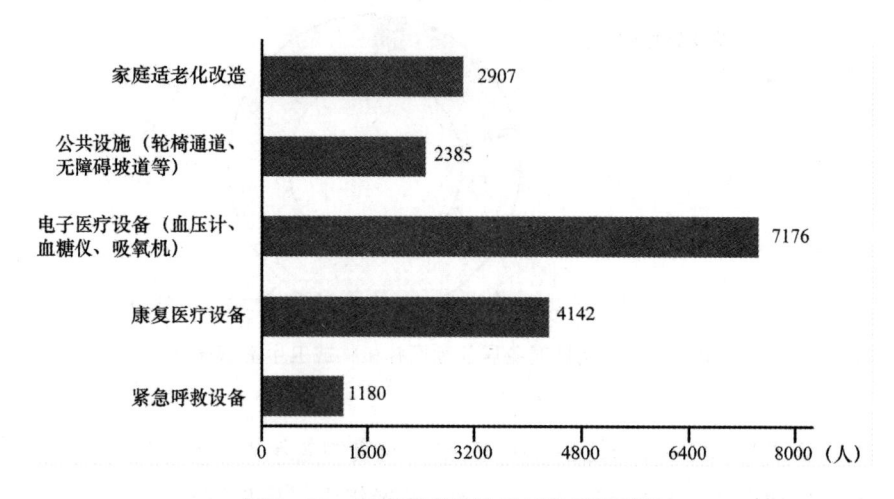

图 2-24 各类养老设施的具体需要情况

设施类型	人数
家庭适老化改造	2907
公共设施（轮椅通道、无障碍坡道等）	2385
电子医疗设备（血压计、血糖仪、吸氧机）	7176
康复医疗设备	4142
紧急呼救设备	1180

从图 2-24 可见：在需要养老设施的 48.69% 的老年人中，有 2907 位老年人需要家庭适老化改造，有 2385 位老年人需要对公共设施（轮椅通道、无障碍坡道等）进行改造，对电子医疗设备（血压计、血糖仪、吸氧机）有需求的老年人达到了 7176 位，由于被调研老年人约 1/3 患有高血压，因而对血压计的需求在调研老年人中处于最高，对康复医疗设备有需求的老年人有 4142 位，对紧急呼救设备有需求的老年人达到了 1180 位。

在被调研的 20435 位老年人中，有 51.31% 的老年人不需要养老设施，其中有 26% 的老年人因为身体好不需要，26% 的老年人因为经济原因买不起，有 48% 的老年人对养老设施不了解，不需要的具体原因如图 2-25 所示。

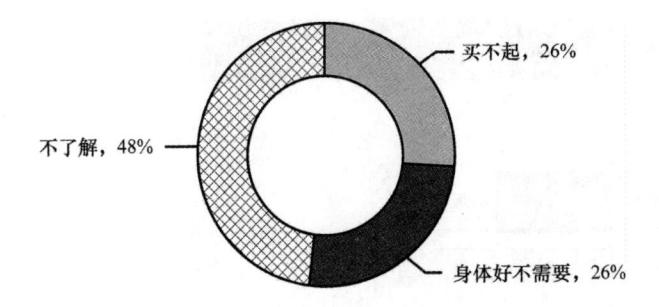

图 2-25　调研对象不需要养老设施的原因分布

4. 居住地无障碍设施情况

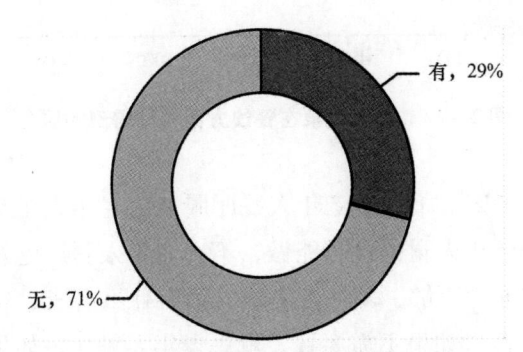

图 2-26　调研对象居住地无障碍设施情况

由图 2-26 可见：根据对 20435 位老年人所居住地区无障碍设施

情况的调研结果可以看出,仅有 29% 的老年人居住地有无障碍设施,71% 的老年人居住地没有无障碍设施。

(三)基本生活照顾服务

1. 在餐饮方面希望得到的服务

在被调研的 20435 位老年人中,其中希望子女照顾的老年人数最多,为 11667 人,有老年人餐厅需求的有 8408 位,有保姆照顾需求的老年人为 2391 位,有代购食材需求的老年人为 2388 位,有送餐服务需求的老年人有 3563 位,有其他服务需求的老年人有 1317 位,被调研老年人在餐饮方面希望得到的服务的具体情况详见图 2-27。

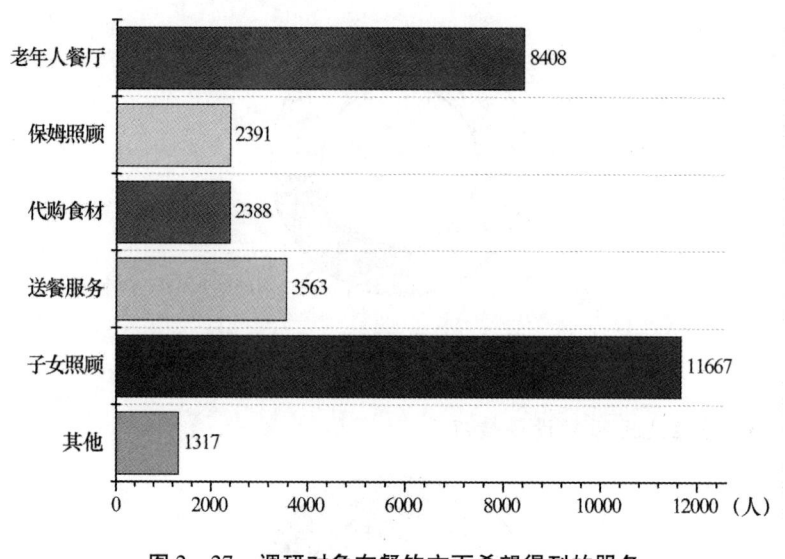

图 2-27 调研对象在餐饮方面希望得到的服务

通过调研得知,不需要老年人餐厅服务的老年人主要有 2 个方面的原因,一是老年人觉得自己能做,不去老年人餐厅吃饭;二是觉得自己经济支撑能力不够,不敢在餐饮方面有什么奢求,很多老年人在调研时这样回答"如果不需要钱,就去老年人餐厅,如果需要钱,就不去,还是自己做"。

2. 居住地提供营养餐情况

根据调研结果，仅有8%的调研老年人的居住地提供营养餐，存在于养老机构或者个别的社区，农村都没有提供营养餐服务。

被调研老年人居住地有的提供营养餐，其具体情况如图2-28所示。

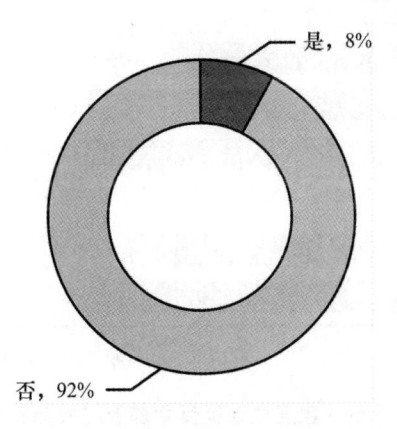

图2-28 调研对象居住地提供营养餐情况

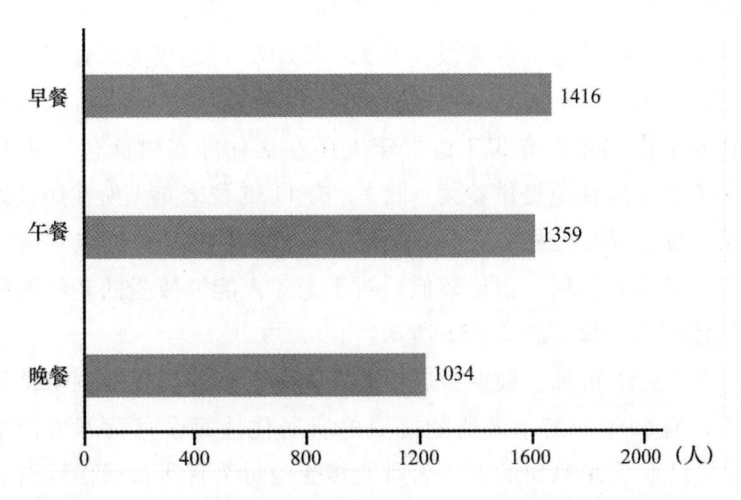

图2-29 调研对象居住地营养餐（三餐）提供的具体情况

由图 2-29 可见：通过调研问卷的梳理，其中有 1416 位老年人其居住地提供早餐，有 1359 位老年人的居住地提供午餐，有 1034 位老年人的居住地提供晚餐。提供营养餐的具体情况如图 2-30 所示。

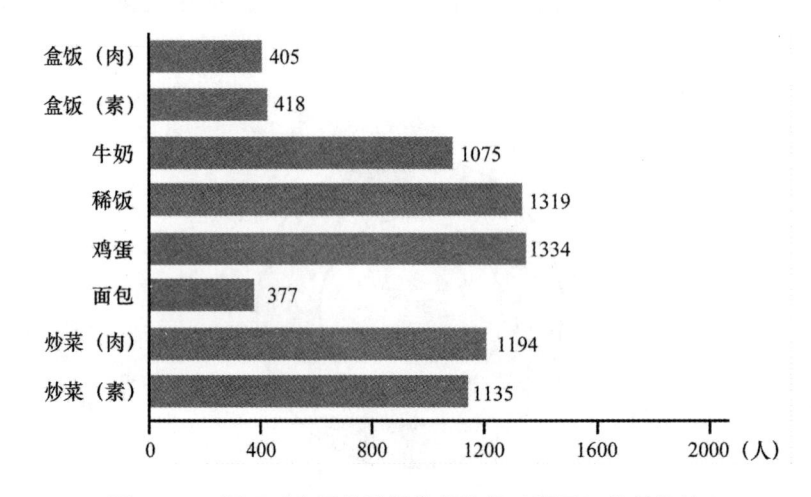

盒饭（肉）　405
盒饭（素）　418
牛奶　1075
稀饭　1319
鸡蛋　1334
面包　377
炒菜（肉）　1194
炒菜（素）　1135

图 2-30　调研对象居住地提供营养餐（餐品）的具体情况

由图 2-30 可见：从给老年人提供营养餐的具体情况来看，在提供的营养餐中，有 405 位老年人所在居住地提供盒饭（肉），有 418 位老年人所在居住地提供盒饭（素），有 1075 位老年人所在居住地提供牛奶，有 1319 位老年人所在居住地提供稀饭，有 1334 位老年人所在居住地提供鸡蛋，有 377 位老年人所在居住地提供面包，有 1194 位老年人所在居住地提供炒菜（肉），有 1135 位老年人所在居住地提供炒菜（素）。从上述数据可以看到：仅有占比 5.26% 的老年人在营养餐中能够喝到牛奶，占比较低。对于老年人能够接受的老年餐的价位，具体调研结果如图 2-31 所示。

由图 2-31 可见：根据给老年人提供营养餐的居住地调研结果可以看到，有 55% 的老年人所能接受的所居住地每个月营养餐价格在 500 元及以下，有 41% 的老年人所能接受的每个月所在居住地营养餐价格在 501—1000 元，有 3% 的老年人所能接受的每个月所在居住地营养餐价格在 1001—1500 元，有 1% 的老年人所能接受的每个月所在

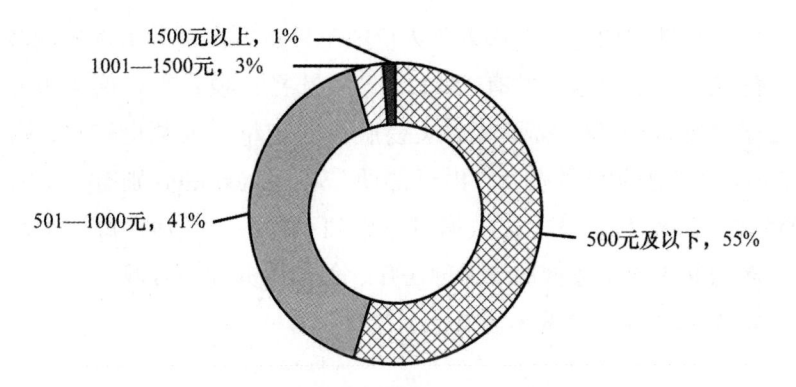

图 2-31　调研对象营养餐的价位接受情况

居住地的营养餐价格在 1500 元以上。从上述数据可以看到：超过 40% 的被调研老年人每个月所能接受的营养餐的价位在 501—1000 元，有相当一部分的老年人不愿意在吃饭方面花销太多。

3. 在基本生活照顾方面需要得到的服务

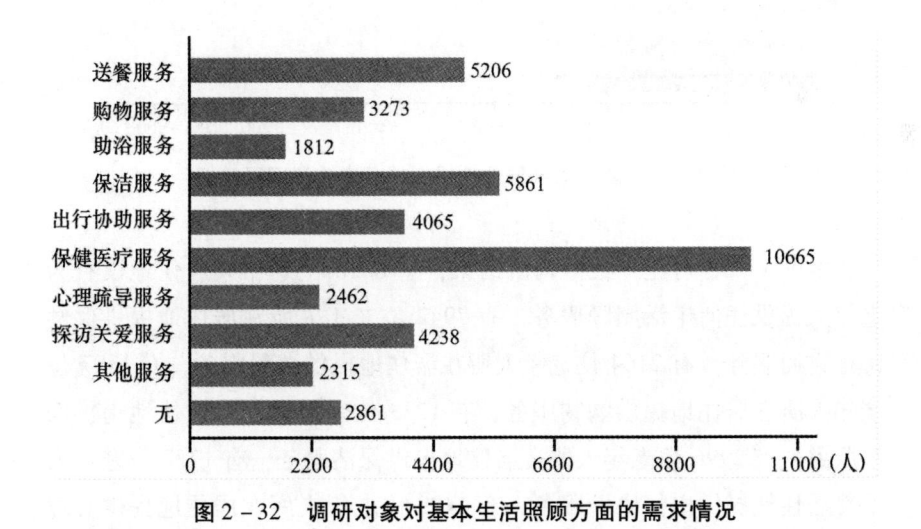

图 2-32　调研对象对基本生活照顾方面的需求情况

由图 2-32 可见：根据对 20435 位老年人的调研结果，仅有 2861 位老年人选择不需要任何生活照顾服务，选择最多生活照顾服务需求的是保健医疗，共有 10665 位老人选择这项，选择最少的生活照顾服务需求的是助浴服务，很多老年人反映不好意思让别人给洗澡或者对助浴这块没有啥要求，共有1812位老人选择这项，需要保洁服务需求的老人有5861位，需要探访关爱服务的老年人人数也较多，占了4238位，其他的购物服务、出行协助、心理疏导等分别有3273位、4065位、2462位。从上述数据可以看到：在基本生活照顾方面，需要最多的前3项服务依次是保健医疗、保洁服务和送餐服务。

4. 居住地提供的基本生活照顾情况

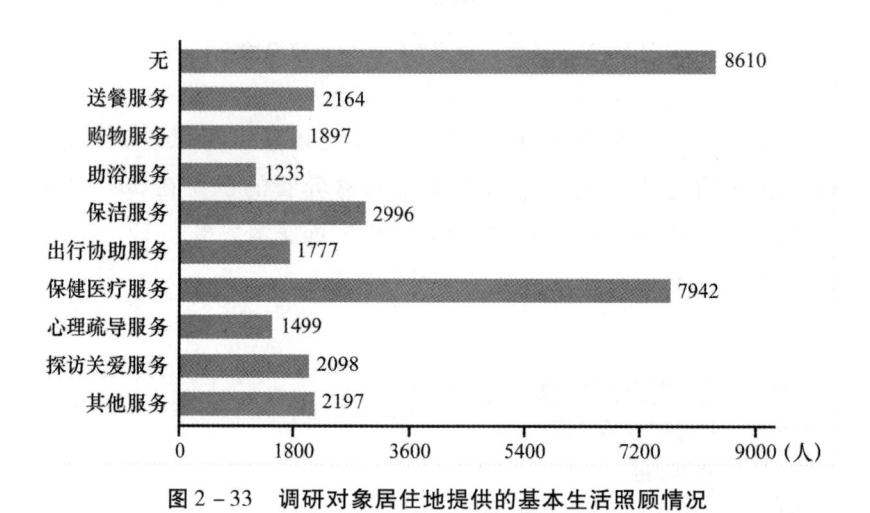

类别	人数
无	8610
送餐服务	2164
购物服务	1897
助浴服务	1233
保洁服务	2996
出行协助服务	1777
保健医疗服务	7942
心理疏导服务	1499
探访关爱服务	2098
其他服务	2197

图 2-33　调研对象居住地提供的基本生活照顾情况

由图2-33可见：根据调研结果，有8610位老年人居住地没有为老年人提供任何生活照顾服务，有7942位老年人所在居住地提供保健医疗方面服务，有2164位老年人所在居住地提供送餐服务，有1897位老年人所在居住地提供购物服务，有1233位老年人所在居住地提供助浴服务，有2996位老年人所在居住地提供保洁服务，有1777位老年人所在居住地提供出行协助服务，有1499位老年人所在居住地提供心理疏导服务，有2098位老年人所在居住地提供探访关爱服务。从上边数据可见：被调研老年人所在地给老年人提供的基本生活照顾服务前3项依次是保健医疗服务（7942位老年人选择）、无生活照顾服务（8610位老年人选择）、保洁服务（2996位老年人选择）。

5. 照顾者情况

从图 2-34 可见：在被调研的 20435 位老年人中，其中有 11656 位老年人自己能够照顾自己，其次是配偶照顾，占到了 6794 位，需要子女、孙辈照顾的有 5778 人，需要保姆照顾的老年人有 205 位，需要护理员照顾的老年人有 1034 位。从上述数据可以看到：老年人除了自己照顾自己、老伴照顾占相当大的比例，占比约为 33.25%，选择请保姆照顾的老年人比例很小，在被调查的 20435 位老年人中，只有 205 人选择了保姆照顾，所占比例约为 1%。

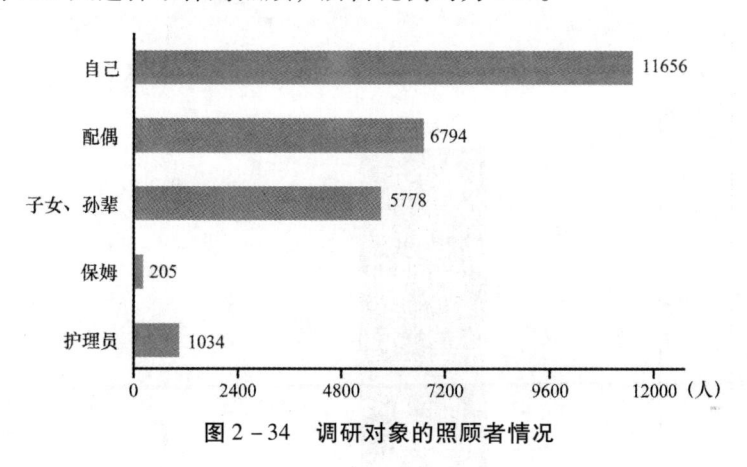

图 2-34　调研对象的照顾者情况

6. 照顾者提供基本生活照顾服务情况

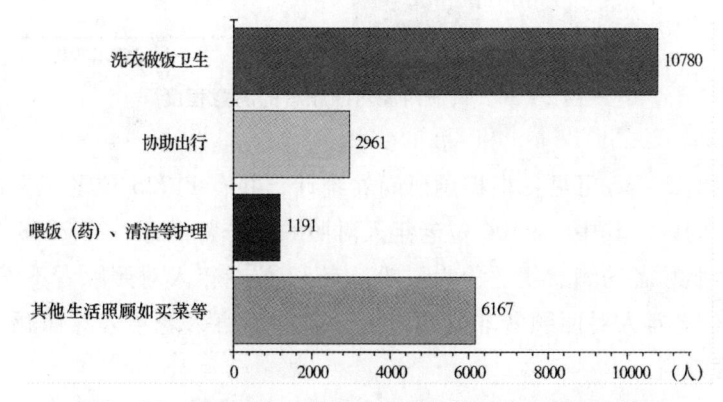

图 2-35　调研对象的照顾者所提供的基本生活服务情况

由图 2-35 可见：在被调研的 20435 位老年人中，有 8383 位老年人仅选择了自己，其他的 12052 位选择需要被照顾，其中需要洗衣做饭卫生等照顾的老年人数为 10780 位，占到了第 1 位，需要协助出行照顾的老年人数为 2961 位，需要喂饭（药）、翻身、更换尿布、清洁、按摩、大小便等护理的老年人数为 1191 位，需要其他生活照顾（买菜、买粮食、存钱等）的老年人数为 6167 位。可见：老年人需求最多的就是洗衣、做饭、打扫卫生这些最基本的生活照顾服务。

7. 对照顾者的满意程度

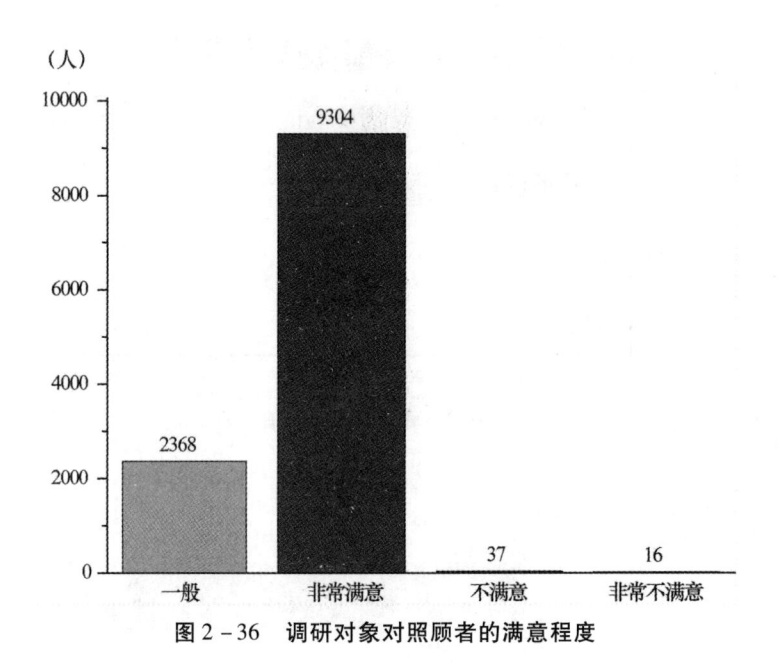

图 2-36　调研对象对照顾者的满意程度

由图 2-36 可见：根据调研问卷统计，共有 11725 位老年人回答了这个问题，其中有 9304 位老年人对照顾者非常满意，有 2368 位老年人对照顾者的满意度评价为一般，有 37 位老年人对照顾者不满意，有 16 位老年人对照顾者非常不满意。整体而言，老年人对照顾者的满意度较高。

8. 目前养老方式

由图 2-37 可见：根据调研问卷统计，被调研的 20435 位老年人中有 18795 位老年人是居家养老方式，约占到了 92%，有 1022 位老年人的养老是在养老机构，还有 402 位老年人听从子女安排，以养老服务中心，日间照料中心，候鸟式养老，抱团养老等方式的仅有几十位老人，占比都比较少。可见，老年人养老方式首选居家养老。

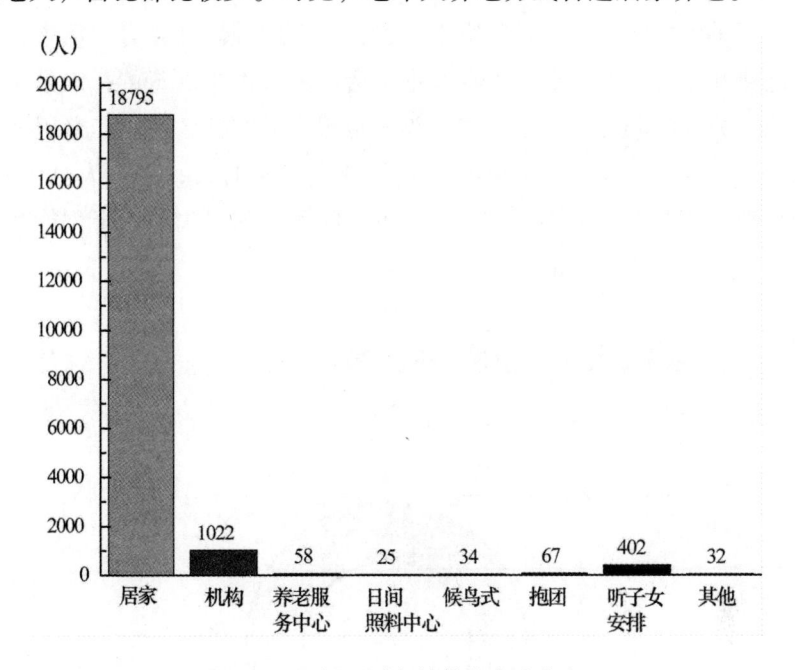

图 2-37　调研对象的养老方式分布

9. 对目前养老方式满意程度

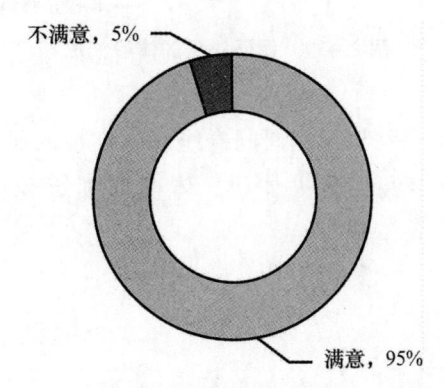

图 2-38　调研对象对目前养老方式的满意程度

由图 2-38 可见：根据调研问卷统计，被调研的 20435 位老年人中约 95% 的老年人对自己目前的养老方式满意。

10. 基本生活照顾方面的想法或建议

在被调研的 20435 位老年人中，在基本生活照顾方面的想法主要有以下 4 个方面：一是希望家人陪伴，儿女照顾。老年人生活中，如有老伴和子女照顾，老年人在基本生活照顾方面是满意的；二是希望有探访关爱的服务；三是有些老年人希望日后在社区居家养老服务中心或者在日间照料中心养老；四是强调老龄化时代，老年人身体好、能自理的情况下，老年人的照护还不是问题，如果失能、半失能状态下，没人照顾是不行的。

(四) 医养、康养、护理、康复情况

1. 体检情况

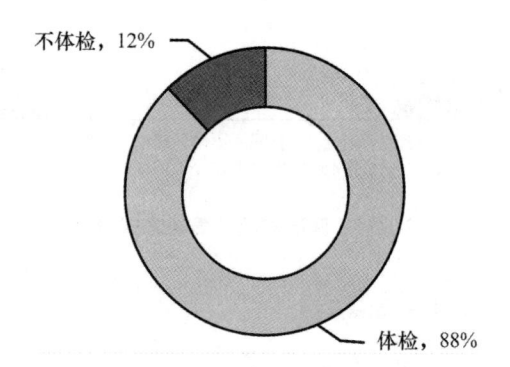

图 2-39 调研对象的体检情况

由图 2-39 可见：根据调研问卷统计，在被调研的 20435 位老年人中约 88% 的老年人都会去体检，体检详细统计情况如图 2-40 所示。

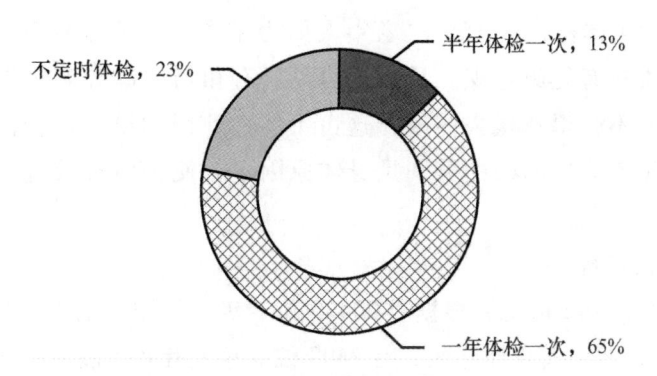

图 2-40 调研对象的体检频率

由图 2-40 可见：根据调研结果汇总，参加体检的老年人中有 13% 的老年人半年体检 1 次，有 65% 的老年人 1 年体检 1 次，有 23% 的老年人不定时体检。其中约有 12% 的老年人不体检，不体检的原因统计如图 2-41 所示。

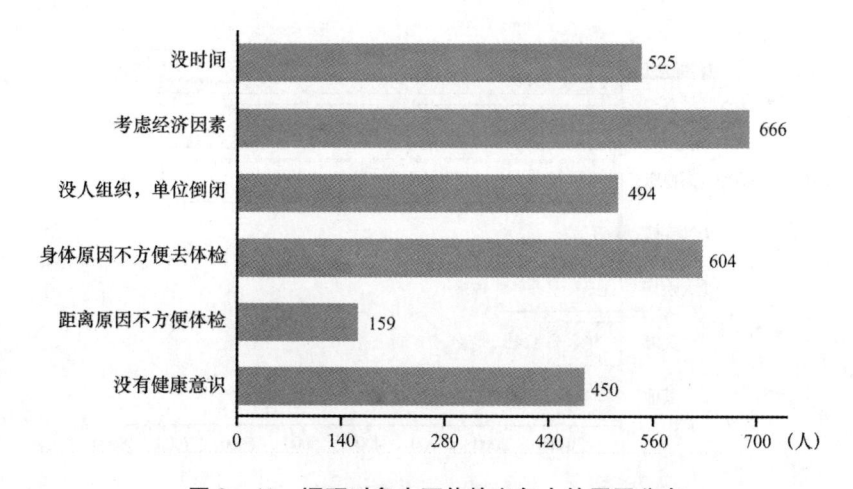

图 2-41 调研对象中不体检老年人的原因分布

由图 2-41 可见：根据调研结果汇总，不体检的老年人中有 525 位老年人是因为没有时间，有 666 位老年人是因为经济因素，有 494 位老年人是因为没人组织或单位倒闭等，有 604 位老年人由于身体原因不方便去体检,有159位老年人因为距离远不方便体检,有450位老年人没有健康意识。从数据可见:有相当一部分老年人会考虑经济因素不舍得花钱去体检,这占不体检原因的第1位,占第2位和第3位不体检原因的分别是身体原因不方便去体检或者没有时间去体检。

2. 健康情况

由图2-42可见:根据对20435位老年人的调研结果汇总,其中有7450位老年人身体健康,有7408位老年人有老年慢性疾病(颈椎病、腰椎病),有7211位老年人有"三高",有63位老年人有传染性疾病(肺结核、病毒性肝炎等),有1938位老年人有心脏病、冠心病、癌症、肾病、尿毒症等重大疾病,有1141位老年人失能,还有339位老年人有如脑炎、脑梗等健康问题。从数据可见:身体健康、老年慢性疾病、"三高"老年人各占1/3左右。"三高"老年人和慢性病老年人成为老年人不健康的重要原因。

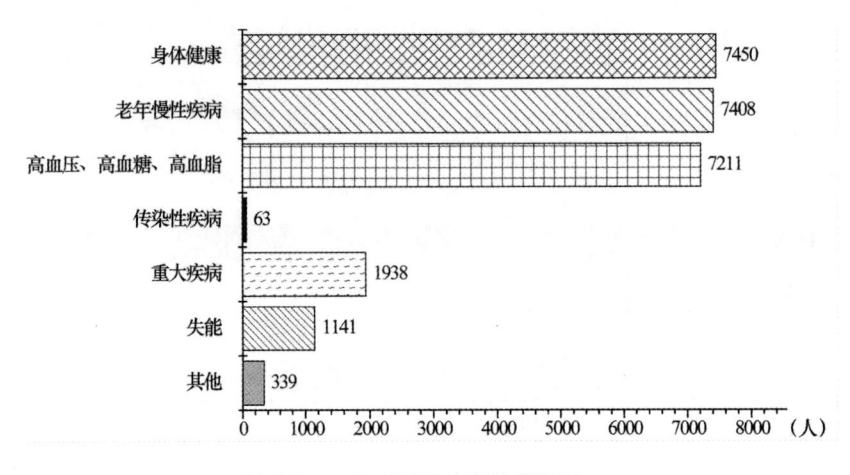

图2-42 调研对象健康状况

3. 参加医疗保险情况

由图2-43可见:在被调研的20435位老年人中,其中有99.45%的人参加了城乡居民医疗保险或城镇职工的医疗保险,可见被调研老年人几乎都被医疗保险制度覆盖。被调研老年人参加具体哪种医疗保险的具体情况如图 2-44 所示。

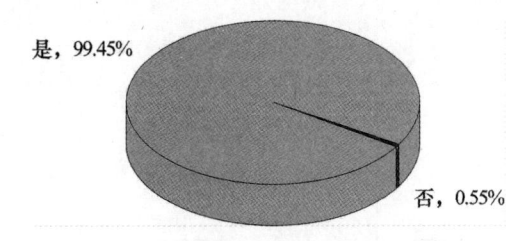

图 2-43 调研对象参加医疗保险情况

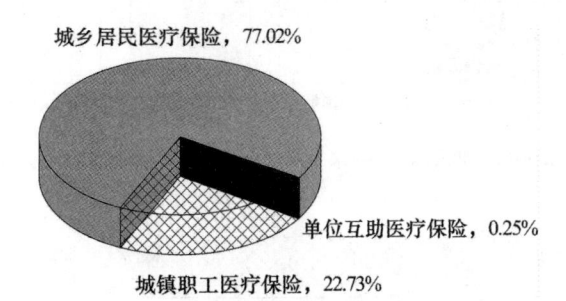

图 2-44 调研对象参加医疗保险的具体情况

由图 2-44 可见：在参加医疗保险的 99.45% 的老年人中，参加城乡居民医疗保险的占比为 77.02%，参加城镇职工医疗保险的占比为 22.73%，参加单位互助医疗保险的占比为 0.25%。对于没有参加医疗保险的老年人具体原因如图 2-45 所示。

由图 2-45 可见：在没参加医疗保险的 98 位老年人中，不愿参保的占 14 位，缴费困难的占 38 位，未按时缴费的占 14 位，不知道如何参保的占 32 位。由此可见：还有极少数的老年人因为缴费困难未参加医疗保险，这也是政策应该关注考虑的方面。

4. 医疗费用来源

由图 2-46 可见：根据对 20435 位老年人的调研结果汇总，其中有 9476 位老年人选择自费医疗费用，有 9756 位老年人选择子女提供医疗费用资金，有 4648 位老年人能够享受城镇职工医疗保险，有

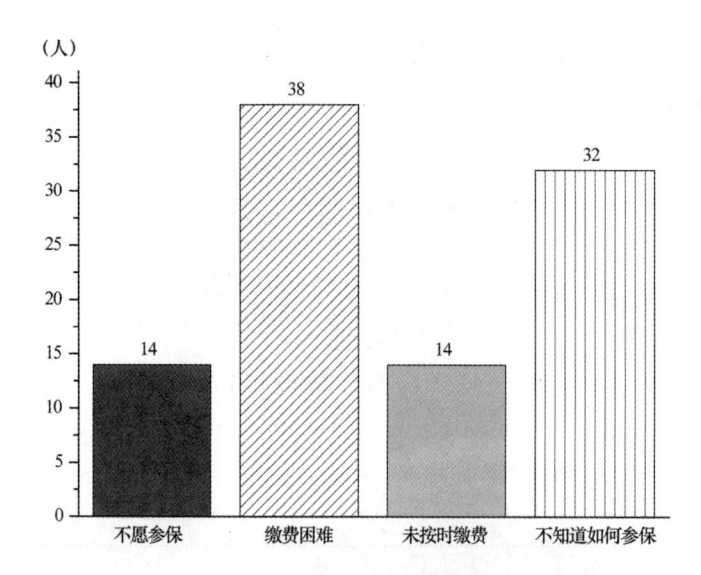

图 2-45 调研对象中未参保的老年人未参保的原因分布

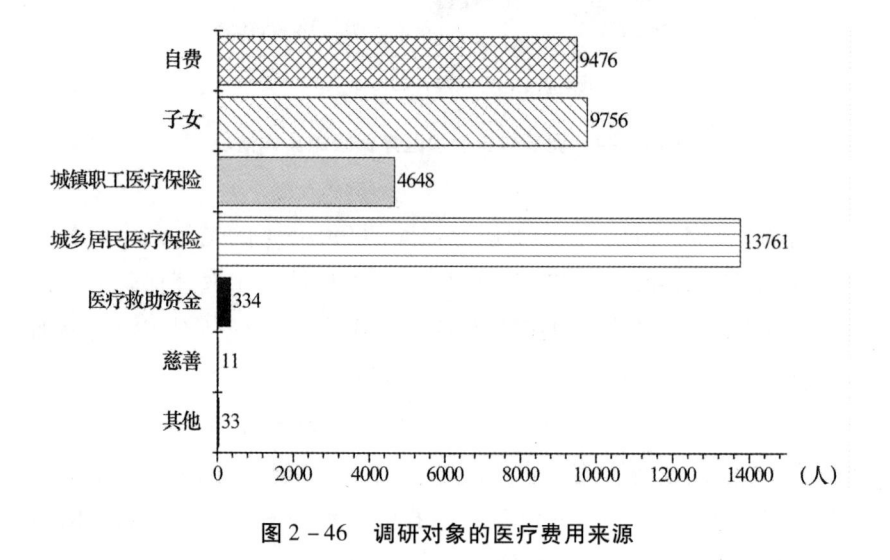

图 2-46 调研对象的医疗费用来源

13761 位老年人享受城乡居民医疗保险，有 334 位老年人享受医疗救助，有 11 位得到慈善救助，还有 33 位老年人选择其他情况。从上边数据可以看到：有将近一半的老年人医疗费用需要自己和子女负担，如果老年人不住院，平常吃药、打针等花销，不能得到医疗保险待遇的报销，老年人一旦生病，医疗资金压力较大。

5. 最近三年是否得到医疗救助情况

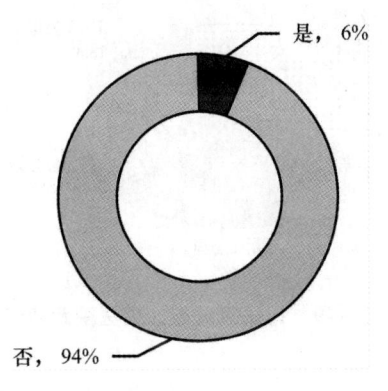

图 2-47　调研对象近三年获得医疗救助情况

由图 2-47 可见：在被调研的 20435 位老年人中，其中约有 6% 得到过大病医疗救助，共 1193 位老年人，这部分老年人填写了对大病医疗救助制度的看法，其中有 604 位老年人认为报销比例太低，认为解决了大问题的有 478 位老人，认为好多费用不能报销的有 458 人，认为报销程序复杂的有 208 人，具体情况如图 2-48 所示。

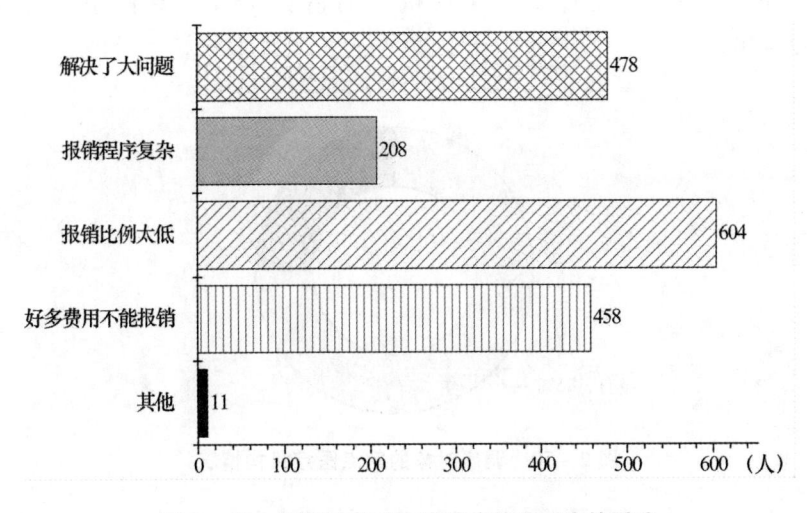

图 2-48　调研对象对大病医疗救助制度的看法

6. 与最近医院距离情况

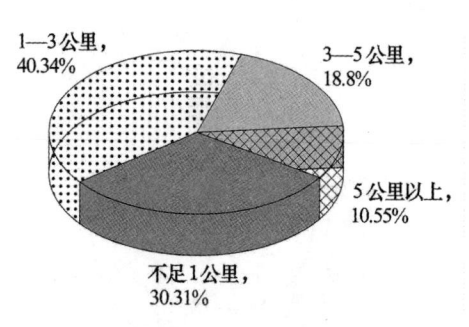

图 2-49 调研对象与最近医院距离情况

由图 2-49 可见：根据对 20435 位老年人的与最近医院距离情况调研结果汇总，其中老年人居住地与最近医院不足 1 公里的占 30.31%，1—3 公里的占 40.34%，3—5 公里的占 18.8%，5 公里以上的占 10.55%。从统计数据可以看到老年人距离医院在 3 公里以内的占到了 70.64%，可见老年人医疗服务的便利性、可及性在提升。

7. 定点医疗机构情况

在被调研的 20435 位老年人中，其中有定点医疗机构的占少数，占比约为 25%，没有定点医疗机构的占到 75%，具体情况详见图 2-50。

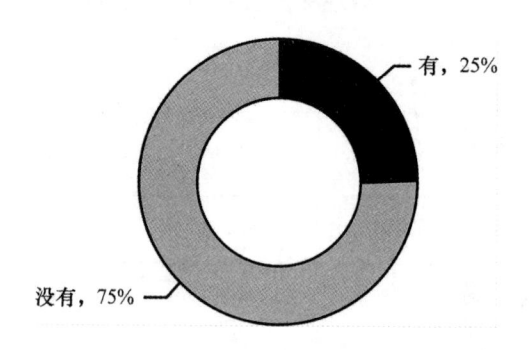

图 2-50 调研对象的定点医疗机构情况

8. 健康档案建立情况

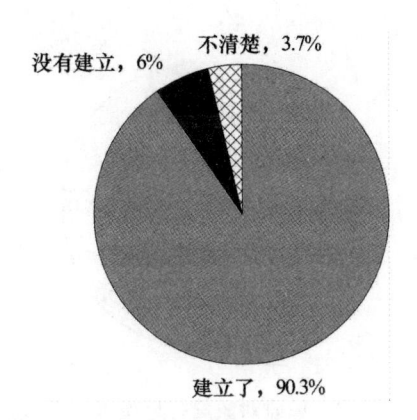

图 2-51 调研对象的健康档案建立情况

由图 2-51 可见：在被调研的 20435 位老年人中，其中大部分老年人都建立了健康档案，约占 90.3%，没有建立健康档案的约占 6%，不清楚的约占 3.7%。可见，对老年人健康档案管理的水平在提升。

9. 居住地是否实现了医养结合

由图 2-52 可见：根据调研结果，被调研老年人居住地实现了医养结合的占比约为 10%，大部分地区没有实现医养结合。可见：被调研老年人居在地实现医养结合的程度低。

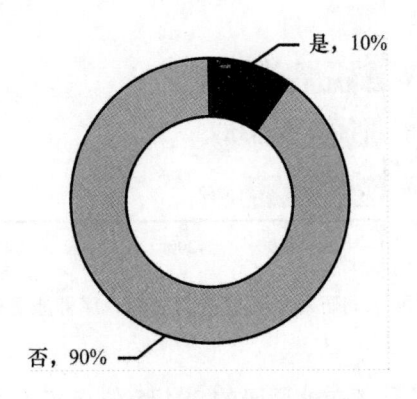

图 2-52 调研对象居住地医养结合情况

10. 居住地是否实现了康养结合

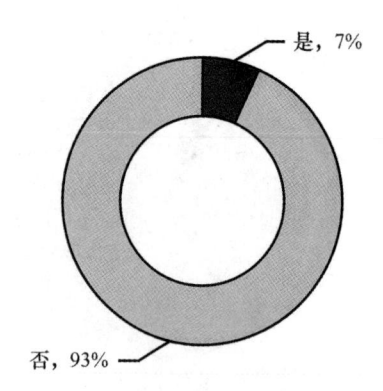

是，7%

否，93%

图 2-53　调研对象居住地康养结合情况

由图 2-53 可见：根据调研结果，被调研老年人居住地实现了康养结合的占比约为 7%，绝大部分地区没有实现康养结合。可见：被调研老年人实现康养的比例更低。

11. 希望得到医养、康养服务

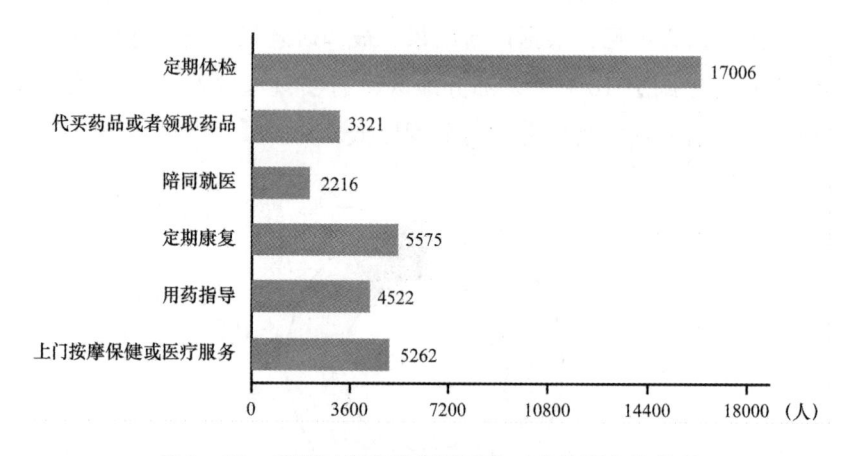

服务项目	人数
定期体检	17006
代买药品或者领取药品	3321
陪同就医	2216
定期康复	5575
用药指导	4522
上门按摩保健或医疗服务	5262

图 2-54　调研对象希望得到医养、康养服务的情况

由图 2-54 可见：在被调研的 20435 位老年人中，其中希望得到的医养、康养服务最多的选项是"定期体检"，达到 17006 位，占比

达到了 83.24%，占到第 1 位，希望得到代买药品或领取药品服务的有 3321 位，希望得到陪同就医服务的有 2216 位。希望得到定期康复服务的有 5575 位，占比达到了 27.28%，处在第 2 位。希望得到用药指导服务的有 4522 位，希望得到上门按摩保健或医疗服务 5262 位，占比达到了 25.75%，处在第 3 位。被调研老年人希望得到的医养康养服务占前 3 位的分别是定期体检、定期康复、上门保健或者医疗服务。

12. 提供医养、康养服务

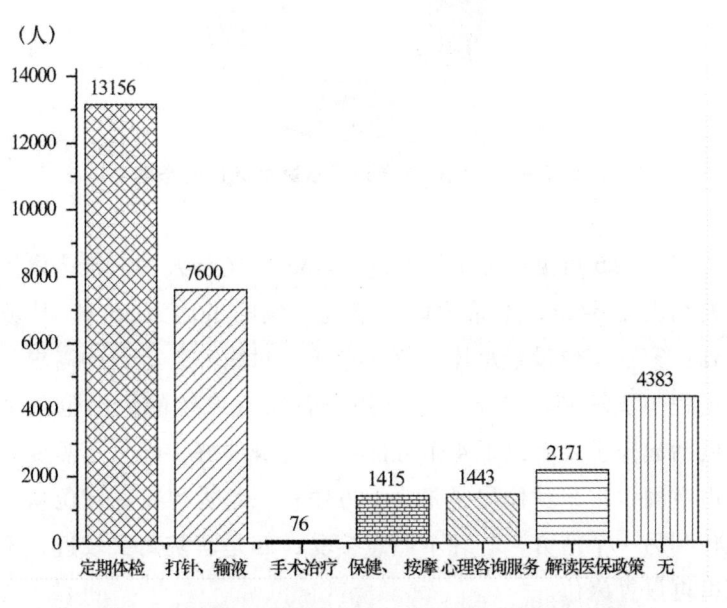

图 2-55 调研对象得到医养、康养服务的人员分布

由图 2-55 可见：在被调研的 20435 位老年人中，有 13156 位老年人得到了定期体检服务，有 7600 位老年人得到了打针、输液服务，有 1415 位老年人得到了保健、按摩服务，有 1443 位老年人得到了心理咨询服务，有 2171 位老年人得到了解读医保政策服务，有 4383 位老年人没有得到过居住地任何服务，调研的所有老年人中居住地极少有提供手术治疗医养服务的。从上述数据可以看到：老年人得到的医

养、康养服务与老年人的需要还有很大的差距，得到的医养、康养服务停留在定期体检和打针、输液2个方面。在被调研的老年人中，希望定期体检的人数是17006人，得到定期体检的是13156人，还是存在3850位老年人的体检需求没有得到满足。

13. 是否希望设置家庭床位

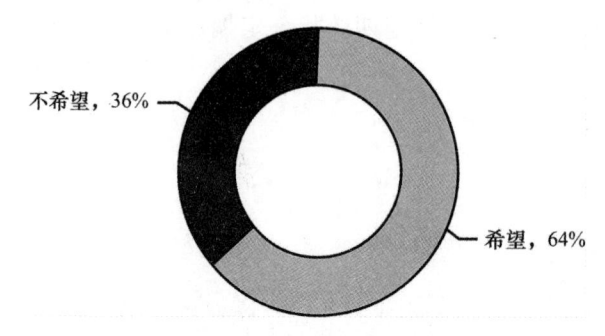

图 2-56　调研对象对设置家庭床位的态度

由图2-56可见：在被调研的20435位老年人中，希望设置家庭床位的约占比64%，不希望设置家庭床位的占比为36%。从数据可以看到：家庭床位设置总体上符合老年人对医养、康养的需求，在调研的过程中了解到，老年人不选择设置家庭床位的原因也是多方面的，概括起来主要有以下4个方面：一是身体好，尚且不需要；二是觉得占空间，本来就住房紧张，不方便；三是觉得家庭床位从一个地方流转到另一个地方，心理不愿意接受；四是医院离家较近，不愿意在家里再设置床位。

14. 在医养、康养、护理、康复想法

根据调研情况对老年人在医养、康养、护理和康复方面的主要想法汇总如下：一是希望经常体检，防范疾病；二是希望吃药也能得到报销；三是希望有家庭护理床位；四是改善农村医疗卫生条件；五是提高报销比例；六是增加保健设备；七是改善农村卫生的缺医少药的局面；八是多组织健康讲座；九是多增加老年活动中心，加强锻炼，预防疾病。

(五) 文化教育服务

1. 兴趣爱好

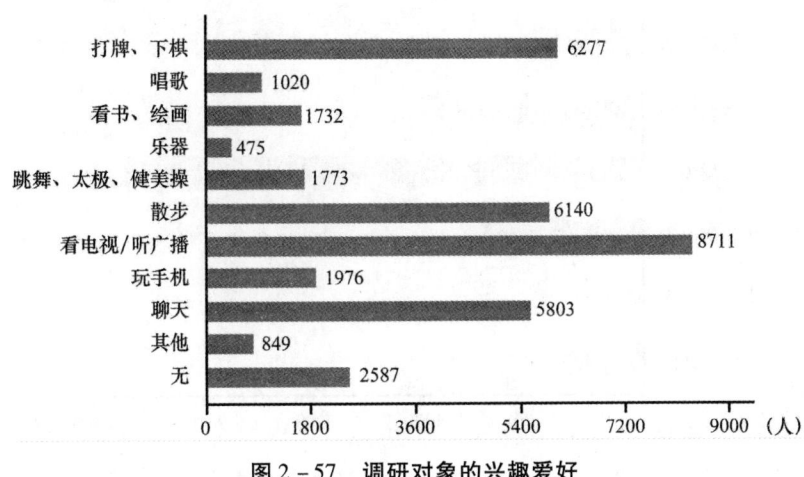

图 2-57　调研对象的兴趣爱好

- 打牌、下棋：6277
- 唱歌：1020
- 看书、绘画：1732
- 乐器：475
- 跳舞、太极、健美操：1773
- 散步：6140
- 看电视/听广播：8711
- 玩手机：1976
- 聊天：5803
- 其他：849
- 无：2587

由图 2-57 可见：在被调研的 20435 位老年人中，有打牌、下棋爱好的有 6277 人，有唱歌爱好的有 1020 人，有看书、绘画爱好的有 1732 人，有乐器爱好的有 475 人，有跳舞、太极、健美操这类爱好的有 1773 人，有散步爱好的有 6140 人，有看电视/听广播爱好的有 8711 人，有玩手机爱好的有 1976 人，有聊天爱好的有 5803 人，有其他爱好如钓鱼的有 849 人，无爱好的有 2587 人。从调研数据可以看到：在被调研的全部老年人中，有兴趣爱好的老年人并不多，大部分老年人在看电视、听广播、聊天中度过，有不到 3 成的老年人有打牌、下棋爱好。

2. 参加娱乐队伍的方式

由图 2-58 可见：在被调研的 20435 位老年人中，通过微信群聊参加到娱乐队伍的有 2599 人，通过好友推荐参加的有 3176 人，自发参与的有 11928 人，通过社区、机构等组织参加的有 4316 人，志愿者引导的有 504 人，其他方式参加到娱乐队伍的有 1975 人。从调研数据可以看到：大多数老年人是自发参与到文化娱乐队伍当中的，而有组织的文化娱乐活动较少,这也反映出在疫情的情况下,文化娱乐活动缺乏有组织的引导。

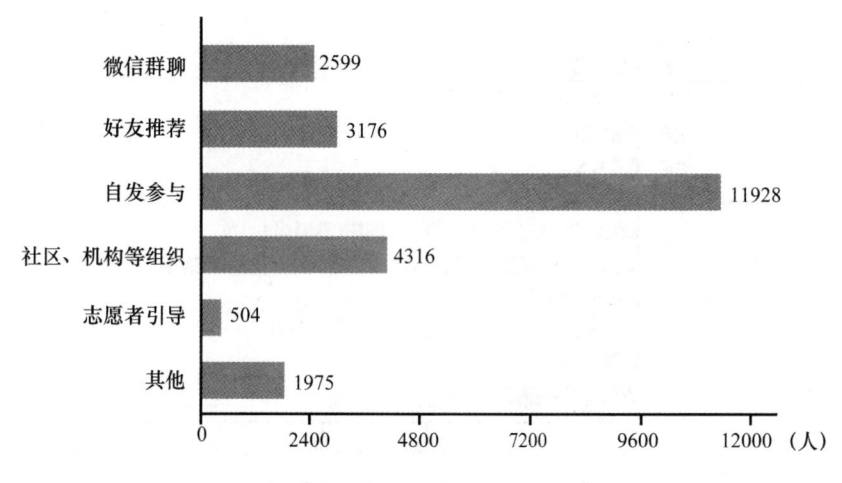

图 2-58 调研对象参加娱乐队伍的方式

- 微信群聊：2599
- 好友推荐：3176
- 自发参与：11928
- 社区、机构等组织：4316
- 志愿者引导：504
- 其他：1975

3. 每天进行文化娱乐活动时间

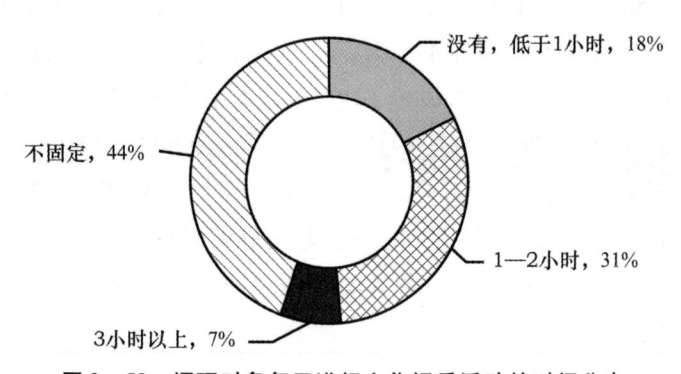

图 2-59 调研对象每天进行文化娱乐活动的时间分布

- 没有，低于1小时：18%
- 1—2小时：31%
- 3小时以上：7%
- 不固定：44%

由图 2-59 可见：在被调研的 20435 位老年人中,参加娱乐活动时间低于 1 小时的约占 18%,1—2 个小时的约占 31%,3 个小时以上的约占 7%,不固定的约占 44%。从数据可以看到：在被调研的老年人当中占比 44% 的老年人参与文化娱乐活动的时间不固定,每天能够保持1—2个小时文化娱乐活动的约占31%。

4. 喜欢与多少人进行文化娱乐活动

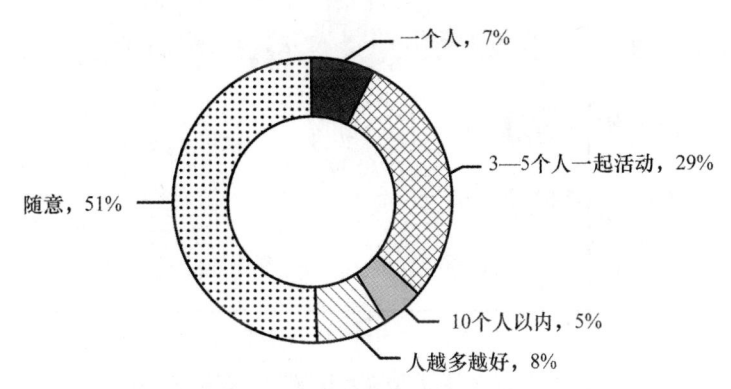

图2-60 调研对象对文化娱乐活动开展人数的看法

由图2-60可见：在被调研的20435人中，在被问到喜欢与多少人一起参加娱乐活动时，其中选择1个人的占比约为7%的老年人，选择3—5个人一起活动的占比约为29%，选择10个人以内的占比约为5%，希望人越多越好的占比约为8%，填写随意的老年人占比约为51%。由此可见：在日常生活中，不少老年人参加文化娱乐活动比较随意，占比达到了51%，喜欢三五成群地在一起娱乐的大概有3成，占比29%。

5. 所在地有什么文化娱乐活动

由图2-61可见：在被调研的20435位老年人中，所住地有广场舞、球类等体育类活动的为13650人，有看电影、学习唱歌、书法、下棋等文艺类活动的为11375人，有集体联欢会活动的为2591人，有知识讲座活动的为2291人，选择其他活动的为1612人。可见，老年人所在地文化娱乐活动占比最多的是广场舞、球类，占比约66.8%。

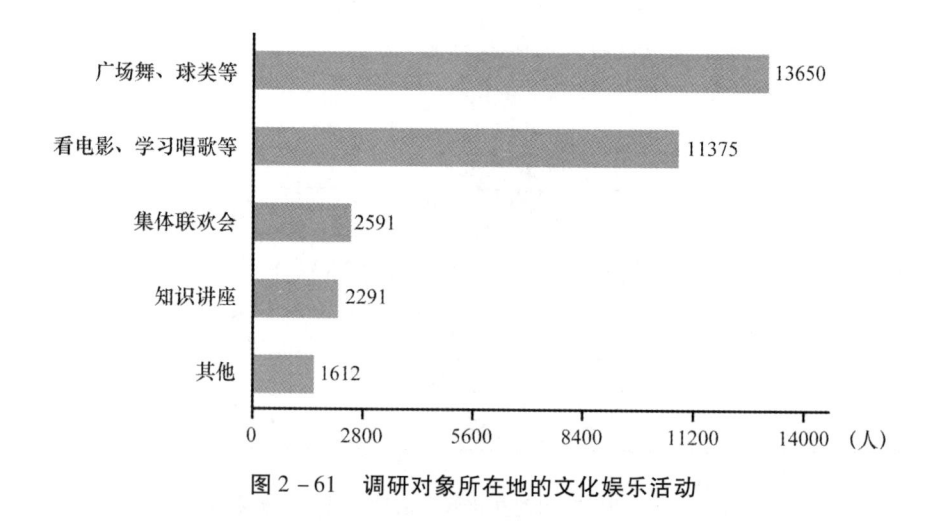

广场舞、球类等　13650
看电影、学习唱歌等　11375
集体联欢会　2591
知识讲座　2291
其他　1612

图 2-61　调研对象所在地的文化娱乐活动

6. 对所在地文化娱乐活动满意情况

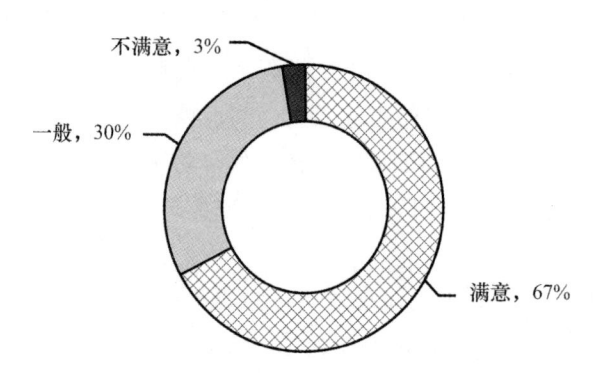

不满意，3%
一般，30%
满意，67%

图 2-62　调研对象对所在地文化娱乐活动的满意度

由图 2-62 可见：所有被调研的老年人关于对所在地文化娱乐活动的满意情况为，满意的约占 67%，认为居住地组织的娱乐活动一般的约占 30%，不满意的约占 3%。可见，被调研老年人对所在地的文化娱乐活动满意度超过 60%，还有占比 30% 的老年人认为当地举办的文化娱乐活动一般，其中 3% 的老年人选择不满意，老年人当地举办的文化娱乐活动还有很大的提升空间。

7. 对文化娱乐缓解老年人负面情绪的态度

由图 2-63 可见：在所有被调研的老年人关于对所在地文化娱乐活动缓解老年人负面情绪的态度，认为有用的约占 84%，认为居住地组织的娱乐活动对老年人情绪没用的约占 4%，无所谓的约占 12%。可见文化娱乐活动在缓解老年人负面情绪中发挥着正面作用，需要组织老年人进行文化娱乐活动。

8. 下载老年活动 App 情况

由图 2-64 可见：根据调研 20435 位老年人是否能利用手机下载 App 参与或组织娱乐活动的情况，老年人对智能化技术的掌握有限，其中仅有 12% 的老年人能够利用手机下载 App 参与活动。

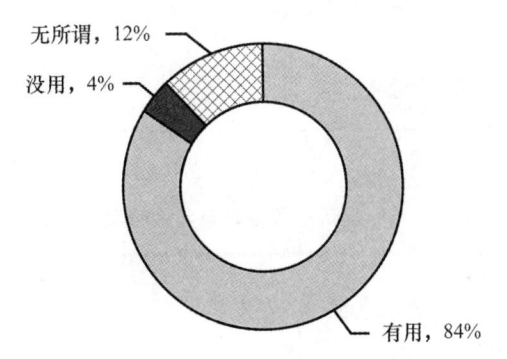

图 2-63 调研对象对文化娱乐缓解老年人负面情绪的态度

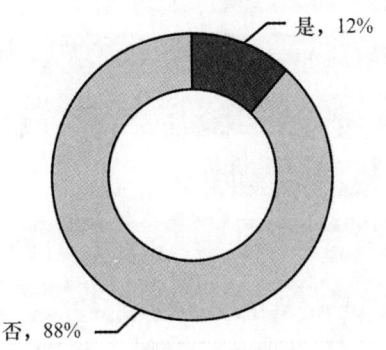

图 2-64 调研对象下载老年活动 App 的情况

9. 喜欢参与老年人活动原因

由图2-65可见：在被调研的20435位老年人中，参加老年人活动希望强身健体的为13025人，希望避免孤独的为10371人，希望交朋友的为6862人，其他原因的为3842人。可见，老年人喜欢参与老年活动的最大原因是"希望强身健体"，占比达到63.74%。

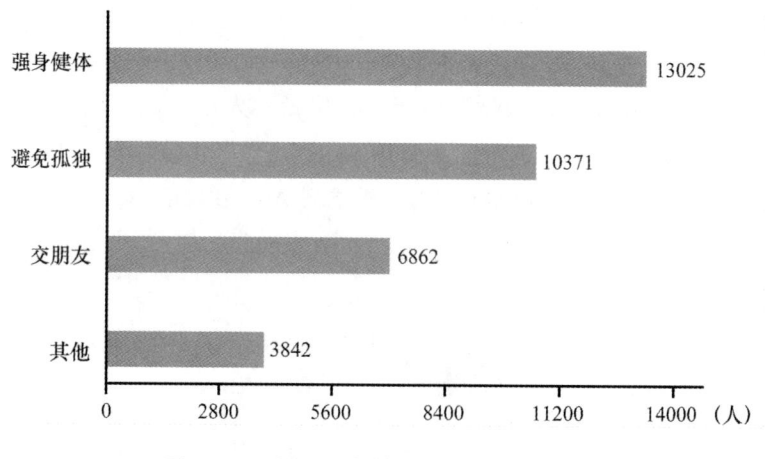

图2-65 调研对象参与老年人活动的原因

10. 妨碍老年人参与文化活动的因素

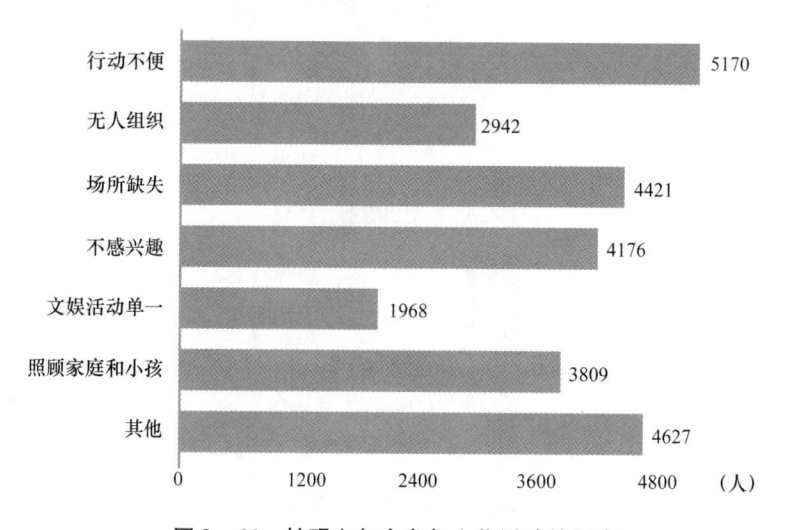

图2-66 妨碍老年人参与文化活动的因素

由图 2-66 可见：在被调研的 20435 位老年人中，因为行动不便不能参与老年人娱乐活动的有 5170 人，因为无人组织的有 2942 人，因为场所缺失、设施不全的有 4421 人，因为不感兴趣的有 4176 人，因为文娱活动单一的有 1968 人，因为照顾家庭和小孩的有 3809 人，因为诸如参加工作等其他原因不能参加老年人娱乐活动的有 4627 人。由上述数据可以看到：妨碍被访问老年人参与文化活动的因素占第一位的是"行动不便"，占第 3 位的是"场地缺失或者设施不全"。

11. 对文化娱乐活动的想法或建议

在被调查的 20435 位老年人中，其中主要有以下 5 个方面的想法与建议：一是希望有活动的固定场所，建立艺术广场，增加适合老年人活动的设施，多点建设器材；二是多组织一些适合老年人的文化娱乐活动，比如有的老年人"建议多组织一些如唱戏类的活动"，有的老年人希望多组织文化娱乐活动，她"每天坚持跳舞，做饭之余都跳"。当地不组织是老年人不参与当地文化娱乐活动的重要原因，其中有 2942 位受访老年人认为妨碍自己参加文化娱乐活动的因素是"无人组织"，很多村民希望"大队建一个活动地点"；三是文化活动受疫情影响，不好组织，考虑增加一些适合疫情情况下的文化娱乐；四是增加一些适合老年人的文化娱乐的产品。在市场经济条件下，许多文化娱乐活动是需要花钱的，有些文化娱乐活动即使不花钱，也不愿意去参加。比如说现在的电影，内容有些空洞，有些年轻人认为搞笑的电影，老年人并不觉得搞笑，甚至觉得庸俗；五是农村文化娱乐活动发展较慢，如果村里没有人支持，村里的文化娱乐活动就很难搞起来，有些老年人还出去打工，打工或者照顾孙辈的时间会挤占老年人从事文化娱乐活动的时间，如果再没人组织，老年人的文化娱乐活动就无从谈起。

（六）精神慰藉服务

1. 希望得到的精神慰藉服务

由图 2-67 可见：在被调研的 20435 位老年人中，其中被调研者得到的最大的精神慰藉服务是子女常回家看看，有 14910 人，占比达到了72.92%，希望老伴体贴的有7964人，占比达到了38.97%，希望邻里常走动的有7714人，占比达到了37.75%，希望社会工作者提供上门服务的有2738人，占比达到了13.4%，希望得到心理咨询、法律援助等服务的有1924人，占比达到了9.42%，希望其他服务的有3760人。被调研者希望得到的精神慰藉服务占前3位的依次为子女常回家看看（72.92%）、老伴体贴（38.97%）、邻里常走动（37.75%）。

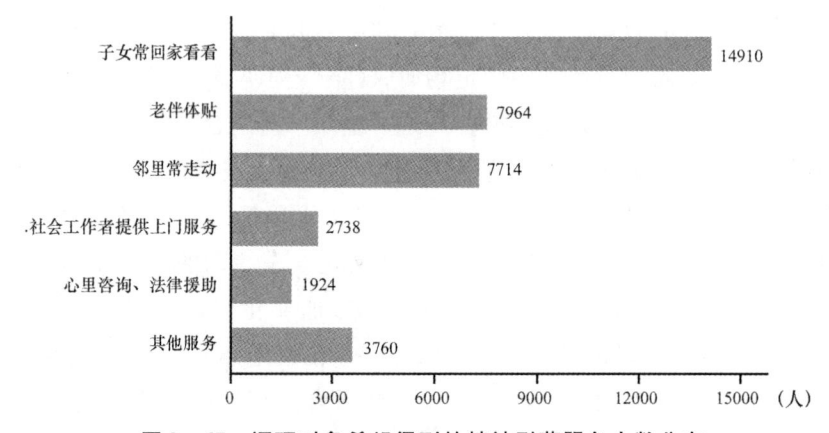

图2-67　调研对象希望得到的精神慰藉服务人数分布

2. 得到过的精神慰藉服务

由图2-68可见：在被调研的20435位老年人中得到的精神慰藉中，家人电话问候的有12467人，约占61%，子女能回家看看的有13702人，约占67%，老伴体贴的有6768人，志愿者上门服务的有1902人，工作人员经常走访的有2305人，心理咨询服务的有1168人，选择"其他"的有3454人。由此可见：被调研者得到过的精神慰藉服务占比前3位的子女能回家看看、家人电话问候、老伴体贴。从被调研者精神慰藉服务的需求与得到满足的情况来看，老年人的精神慰藉满足还主要是来自家庭、子女以及老伴。

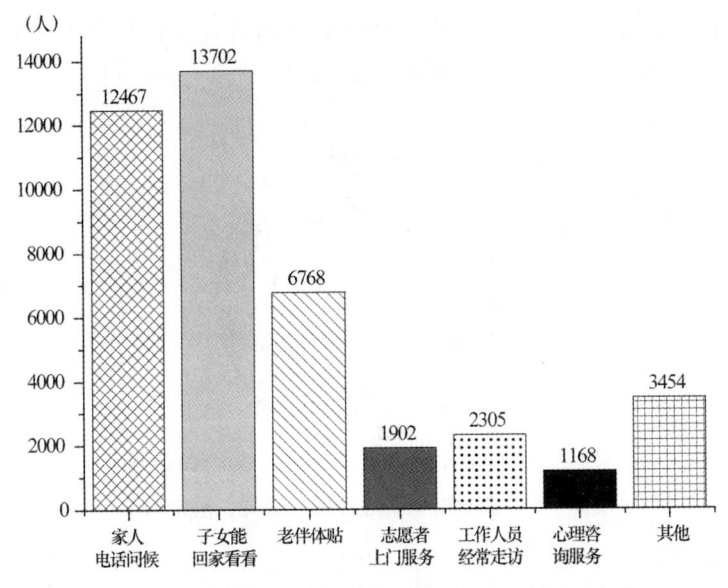

图 2-68　调研对象得到各精神慰藉服务方式的人数

3. 精神慰藉满意情况

由图 2-69 可见：在被调研的 20435 位老年人中得到的精神慰藉中，其中满意的占比较高，达到了 92.49%。

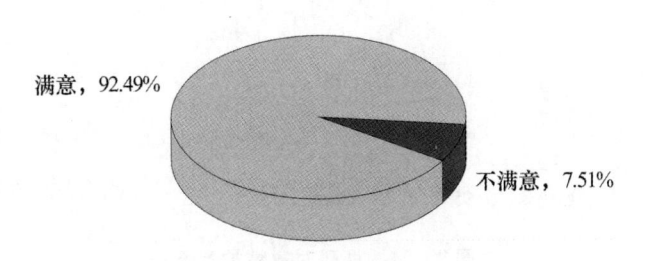

图 2-69　调研对象精神慰藉满意情况

4. 受过歧视、辱骂、虐待情况

由图 2-70 可见：在对 20435 位老年人中是否受过歧视、辱骂、虐待等情况的调研中，其中有 20161 位老年人选择否，有 274 位老年人选择是。可见：还是有少数的老年人在家、机构或者社区居家养老服务中心受到虐待。在石家庄市某地调研的过程中，有老太太向调研人员哭诉自己在托养中心受到虐待的情况。

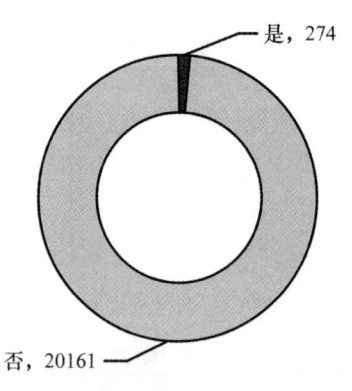

图 2-70 调研对象受过歧视、辱骂、虐待情况

（是，274；否，20161）

5. 老年人精神状态

由图 2-71 可见：被调研的 20435 位老年人中，幸福快乐的老年人占比为 54.95%，一般状态的占比为 42.54%，孤独苦闷仅占 2.51%。

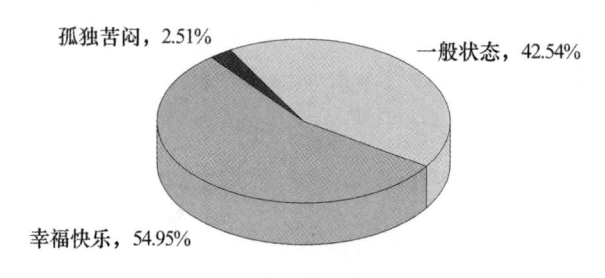

图 2-71 调研对象精神状态

（孤独苦闷，2.51%；一般状态，42.54%；幸福快乐，54.95%）

6. 老年人在精神慰藉方面的想法或建议

被调研的 20435 位老年人，在精神慰藉方面的需求主要体现在以下 6 个方面：一是快乐活着的需求。有的老年人喜欢热闹，喜欢跳舞、唱歌等文化娱乐活动，性格也比较开朗，践行着怎么快乐，就怎

么活着的生活理念，因而这部分老年人的生活质量，与孤独苦闷老年人相比，要高得多。二是没有奢求的老年人。在被调研的老年人中，不少老年人反映，没有过多的想法，拥护国家拥护党，只要身体好，不给社会增加负担，不做违法乱纪的事情。还有些老年人反映，自己眼睛花了，耳聋听不见了，已经不能融入年轻人了，能吃饱饭就行了。可见这些老年人在精神慰藉方面都没有过度的需求。三是陪伴需求。在精神慰藉方面提的最多的就是希望家人多陪伴、希望孩子们多陪伴，希望子女能够经常回家看看。四是老年人文化娱乐活动设施的需求。老年人所生活地区没有文化娱乐活动设施，比如老年人活动中心缺乏，导致老年人交流没有设施和场地，老年人缺乏交往的机会。五是党组织生活需求。栾城裕翔老年公寓中一位老年人提出来"基层应该有党组织，养老机构里边无法进行党组织生活，如果过党员生活还需要跑到市里。"这在某种程度上反映了一部分无法进行组织生活的老年人的心声。六是为社会服务的需求。在石家庄市裕华区调研的过程中，有不少老年人，有知识有文化，有为社区居家服务的热情，能言善谈，希望退休后为社会服务。这些老年人如果有好的组织，可以成为为老服务的重要力量。人口老龄化时代，提供养老服务的主体应该是多元的。不少社区老年人有为老服务的意识和能力，可以通过各种活动或者相关的政策调动这些老年人为老年人服务的热情与积极性，让这些老年人在社会参与为老服务中绽放自己的风采。

五　调研结果深度剖析

（一）不同年龄老年人养老服务需求差异

由图2-72可见：被调研的20435位老年人中，各个年龄段老年人人数分布为：60岁以下947人，60—65岁5274人，66—70岁5427人，71—75岁3752人，76—80岁2294人，80岁以上2741人。可见，在被调研的老年人中，60—65岁和66—70岁老年人占比较高，分别达到了25.81%和26.56%。

图 2-72　不同年龄段老年人人数

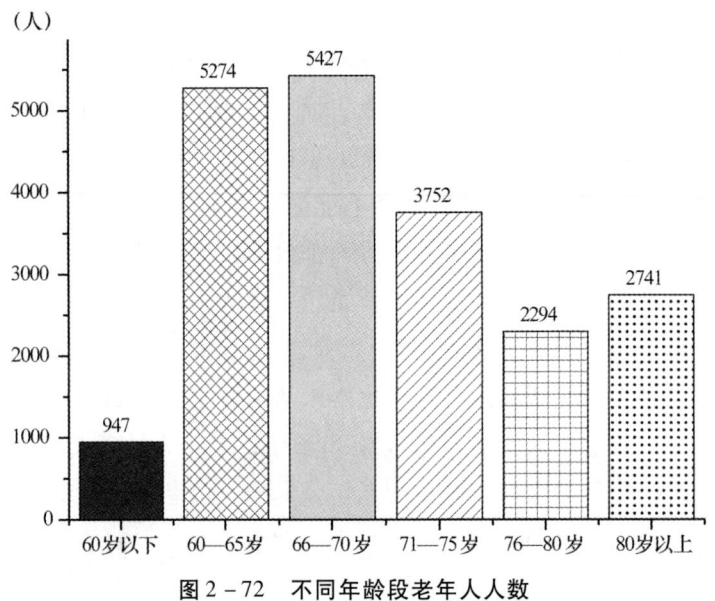

1. 养老设施需求差异

由于调研采用随机抽样方式，被调研的 20435 位老年人每一年龄段的人数不同，所以不能仅根据选择的总人数来判断该年龄段老年人的需求情况，根据选择的人数在该年龄段中的占比数据，分析每个年龄段老年人的需求情况才更加准确。

通过调研，20435 位老年人中有 9950 人选择需要养老设施，其中 66—70 岁年龄段的老年人选择需要的最多，达到了 2742 人，在该年龄段内占比也最多，为 50.5%，其次是 60—65 岁年龄段的老年人占 2487 人，但只占该年龄段的 47.2%，除了 60 岁以下的 408 位之外，80 岁以上老年人选择需要的 1345 人，在该年龄段内占比为 49.1%，76—80 岁年龄段选择需要养老设施的 1875 人，在该年龄段内占比也比较少，仅为 47.6%。

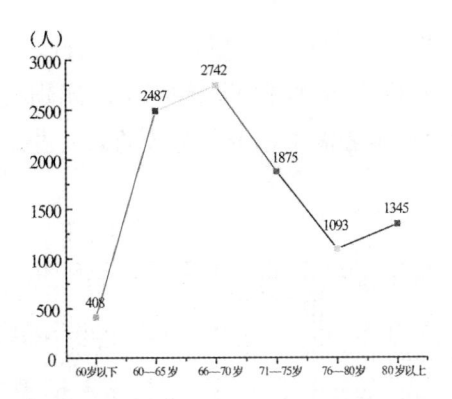

图 2-73　不同年龄段老年人养老设施需求人数

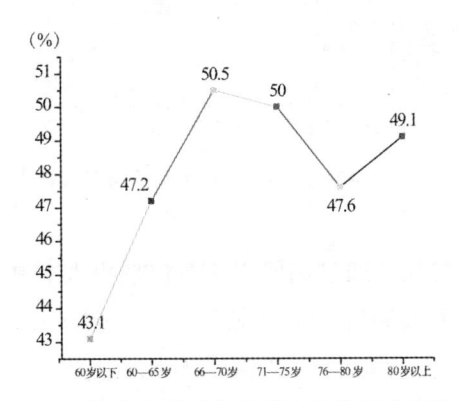

图 2-74　不同年龄段老年人养老设施需求人数占比

从图中分析得出：在同一年龄段内，只有66—70岁年龄段内的老年人对养老设施的需求超过了半数，其次是71—75岁年龄段的老年人，刚刚达到半数。

2. 基本生活照顾服务需求差异

由图2-75可见：通过调研20435位老年人对餐饮方面的需求，整体来看被调研的所有老年人对老年人餐厅和子女照顾的需求占比较大，其中，选择子女照顾需求的76—80岁年龄段的占比最大，达到了61.4%，其次是66—70岁年龄段，达到了60%，71—75岁年龄段，接近60%，选择老年人餐厅服务的占比较大的是年龄偏小的老年人，处于 65 岁以下的老年人较多，选择送餐服务和保姆照顾占比较大的都为 80 岁以上年龄段的老年人，分别达到了 25.2% 和 22.4%。对代购食材服务需求每个年龄段的老人占比都比较接近。

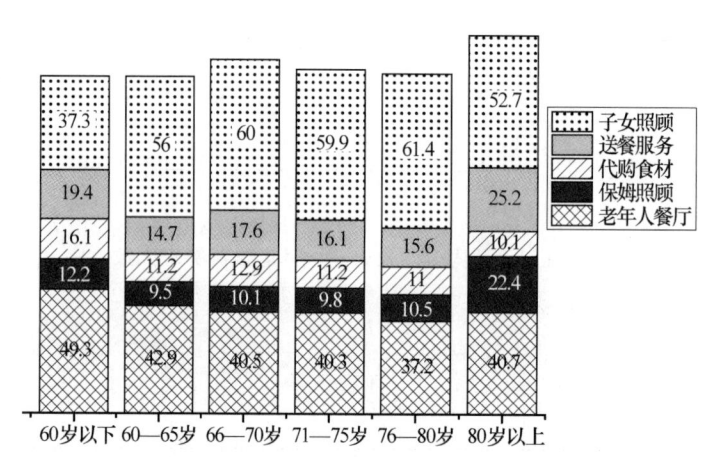

图 2-75　不同年龄段老年人餐饮服务需求人数占比（%）

由图 2-76 可见：通过调研 20435 位老年人对基本生活照顾方面的需求，整体来看被调研的所有老年人中保健医疗的需求占比较大，60 岁以上老年人对保健医疗的需求占比都达到了 50% 以上，其中 71—75 岁年龄段的占比最大，达到了 54%，因为这个年龄阶段是老年人疾病的高发时期，所需要的医疗资源及服务较多。选择送餐服务和保洁服务的占比较大的是 80 岁以上年龄段的老年人，分别达到了 38% 和 39.2%，选择探访关爱服务、心理疏导服务、出行协助服务、助浴服务、购物服务都随着年龄的增长，需求的人数占比在逐渐增加趋势。以助浴服务为例，根据图 2-76 所示，从 60—80 岁以上各年龄段的占比值为，4.8%、7.1%、8.1%、10.1%、20.5%，明显地呈现需求递增趋势。从图 2-76 可以鲜明看到：被调研老年人需要得到的基本生活照顾服务，随着年龄的增加而逐渐增加，60—65 岁、66—70 岁、71—75 岁、76—80 岁、80 岁以上的柱状图包含的服务内容呈现逐渐增多趋势。

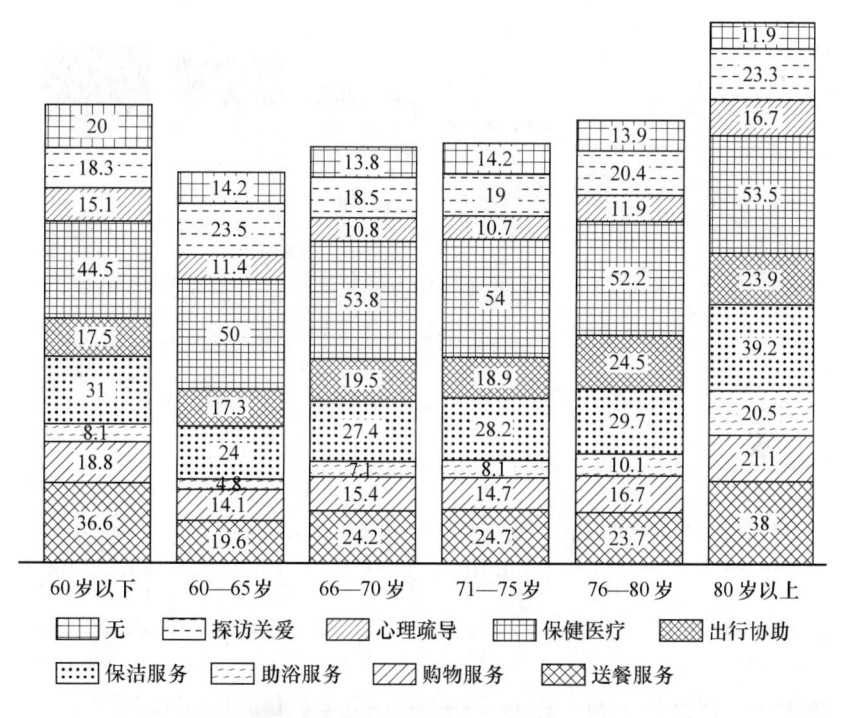

图 2-76 不同年龄段老年人基本生活服务需求人数占比

3. 医养、康养、护理、康复需求差异

由图 2-77 可见：在调研的所有老年人中，从整体来看，随着年龄的增长，失能老年人呈明显上升趋势，60—65 岁、66—70 岁、71—75 岁、76—80 岁、80 岁以上失能比例分别占到了 1.6%、2.1%、4.6%、11.3%、17.5%。随着老年人年龄的增长，重大疾病如心脏病、冠心病、癌症、肾病、尿毒症等老年人呈明显上升趋势，60—65 岁、66—70 岁、71—75 岁、76—80 岁、80 岁以上重大疾病老年人分别占到了 5.5%、7.4%、11.3%、13.6%、15.6%，传染性疾病老年人所占比例非常小，"三高"（高血压、高血糖、高血脂）和慢性病（颈椎病、腰椎病）的老年人也随着年龄的增大呈明显上升趋势，相反，身体健康的老年人随着年龄的增长呈明显下降趋势。

图 2-77　不同年龄段老年人健康状况人数占比

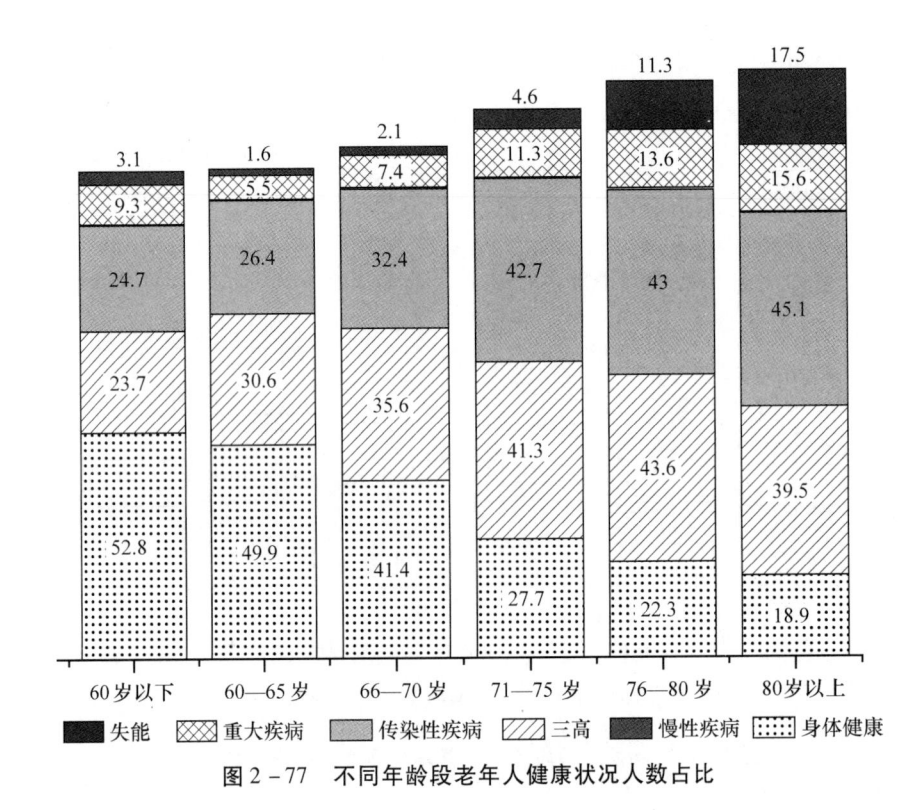

图例：失能　重大疾病　传染性疾病　三高　慢性疾病　身体健康

由图 2-78 可见：被调研的 20435 位老年人希望得到的医养、康养服务，从图中没有看出太明显的差异，如需求最大的定期体检需求，每个年龄段都达到了 80% 以上，其中 71—75 岁年龄段占比最大，为 85.2%，而代买药品、陪同就医、定期康复、用药指导、上门保健等医养、康养服务随着老年人年龄的增长，呈现了上升趋势，如代买药品的占比分别为，13%、15.8%、17.5%、16.9%、20.8%，如陪同就医的占比分别为，8.1%、10.4%、10.2%、11.8%、16.5%。

由图 2-79 可见：从整体上来看，老年人对家庭床位的需求占比率都在 60% 左右，也就是说超过了一半以上老年人希望设置家庭床位。随着老年人年龄的增长，对家庭床位的需求占比越来越高，体现在数据上分别为，59.5%、64.8%、65%、64.6%、65.7%。

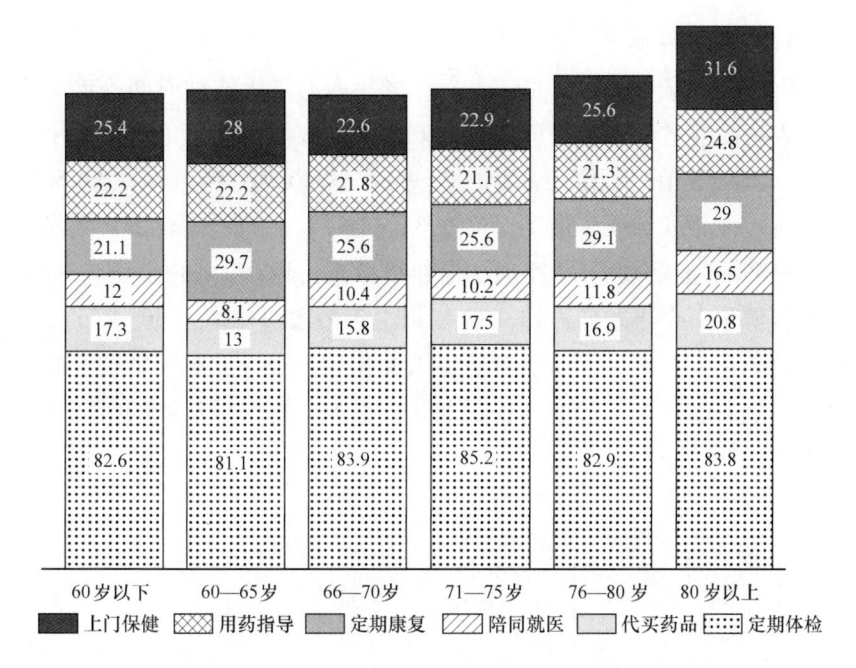

图2-78 不同年龄段医养、康养服务需求人数占比（%）

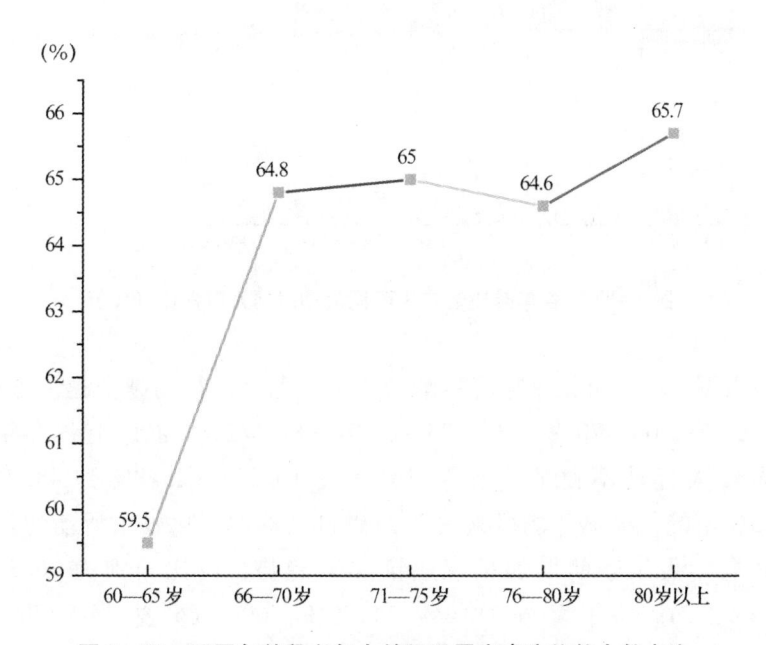

图例：■ 上门保健　▨ 用药指导　▓ 定期康复　▨ 陪同就医　□ 代买药品　▦ 定期体检

	60岁以下	60—65岁	66—70岁	71—75岁	76—80岁	80岁以上
上门保健	25.4	28	22.6	22.9	25.6	31.6
用药指导	22.2	22.2	21.8	21.1	21.3	24.8
定期康复	21.1	29.7	25.6	25.6	29.1	29
陪同就医	12	8.1	10.4	10.2	11.8	16.5
代买药品	17.3	13	15.8	17.5	16.9	20.8
定期体检	82.6	81.1	83.9	85.2	82.9	83.8

图2-79 不同年龄段老年人希望设置家庭床位数人数占比

年龄段	60—65岁	66—70岁	71—75岁	76—80岁	80岁以上
占比（%）	59.5	64.8	65	64.6	65.7

4. 文化教育服务需求差异

由图2-80可见：从整体上看，老年人的娱乐活动时间不固定占比最大，随着老年人年龄的增加，娱乐活动时间不固定的占比呈下降趋势，体现在数值上为，49.4%、45.6%、46.4%、39.8%、37.1%，老年人的娱乐活动时间在3个小时以上的占比较少，数量在5%—10%。能活动1—2小时的老年人数量占比在25%—35%。而活动时间低于1个小时的占比，80岁以上年龄段明显高于60—65岁年龄段的老年人。可见，年龄对老年人文化教育服务有很大影响，整体来看，随着老年人年龄的增长，老年人参加文化娱乐活动的时间越来越少了。

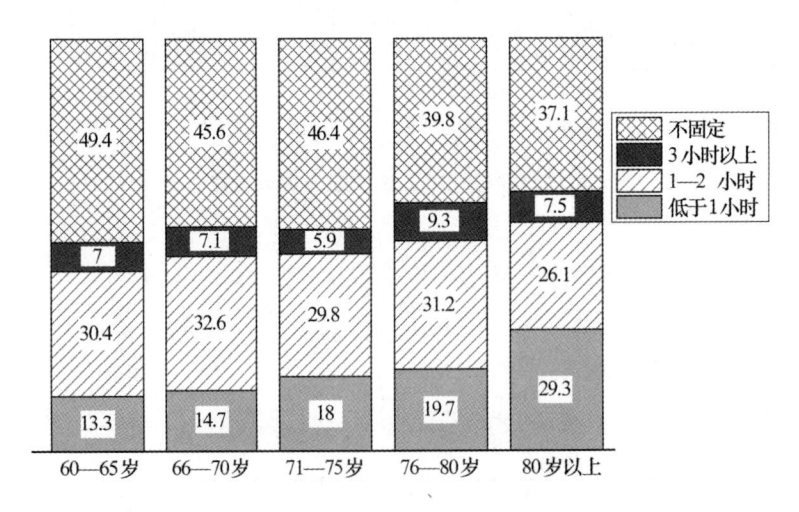

图2-80　各年龄段老年人不同活动时间人数占比（%）

由图2-81可见：随着年龄的增加，老年人行动越来越不方便，60—65岁、66—70岁、71—75岁、76—80岁、80岁以上各个年龄段老年人行动不便的占比从10.7%、16.2%、25.8%到43.2%、59.3%不等；选择"场所缺失"妨碍自己参加文化娱乐活动的占比随着老年人年龄的增加呈现逐渐递减趋势，占比分别为26.3%、23.4%、21.4%下降到18.4%、11.9%；60—65岁、66—70岁、71—75岁老年人还希望文化娱乐活动有人组织，到76—80岁、80岁

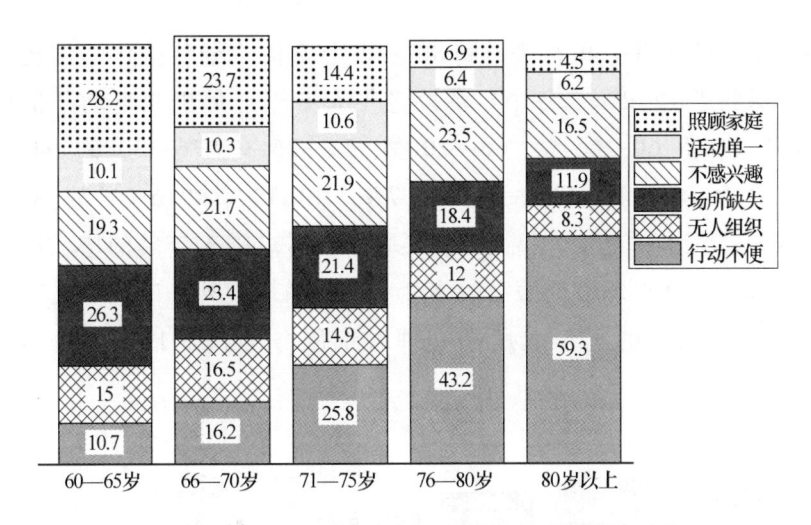

图 2-81 阻碍老年人参加娱乐活动的因素在不同年龄段的占比（%）

以上的老年人选择无人组织妨碍自己参加文化娱乐的占比已经大大降低，分别为 12%、8.3%。"照顾家庭"是妨碍老年人参加文化娱乐活动的重要因素，尤其是 60—65 岁、66—70 岁、71—75 岁老年人占比依次为 10.1%、10.3%、10.6%。可见，在被调查的对象中将近 1/10 的老年人还要照顾家庭及孙辈，这在某种程度上影响了老年人的文化娱乐活动；60—65 岁、66—70 岁、71—75 岁、76—80 岁、80 岁以上的各个年龄段老年人中，有将近 20% 对文化娱乐活动不感兴趣；从整体数据来看，影响老年人参加文化娱乐活动前 3 位的因素分别是行动不便、场所缺失、不感兴趣。

5. 精神慰藉服务需求差异

由图 2-82 可见：60—65 岁、66—70 岁、71—75 岁、76—80 岁、80 岁以上各个年龄段老年人希望"子女常回家"看看的占比都较高，集中在 70% 左右，分别占到了 69.7%、74.8%、73.7%、72.8%、76.7%；希望"老伴体贴"的老年人占比也比较大，尤其是 60—65 岁、66—70 岁的老年人，占比分别达到了 44.6%、45.7%，而 71—75 岁、76—80 岁老年人希望"老伴体贴"的占比逐渐下降，分别为41%、31.4%，这与随着年龄的增长，不少老年人的老伴去世或者分离有关，到80岁以上希望"老伴陪伴"的比例就下降到了17.2%；各个年龄段老年人希望"邻里常走动"的比例都比较高，60—65岁、66—70岁、71—75岁、76—80岁、80岁以上的老年人占比分别达到了40.7%、40.3%、40.6%、34.6%、28.1%；整体而言，老年人对志愿服务的需求随着年龄的增长而逐渐提高；需要心理咨询服务的老年人占比在7.7%—10.5%之间浮动，80岁以上的老年人所需心理咨询服务的占比最高，达到了10.5%。

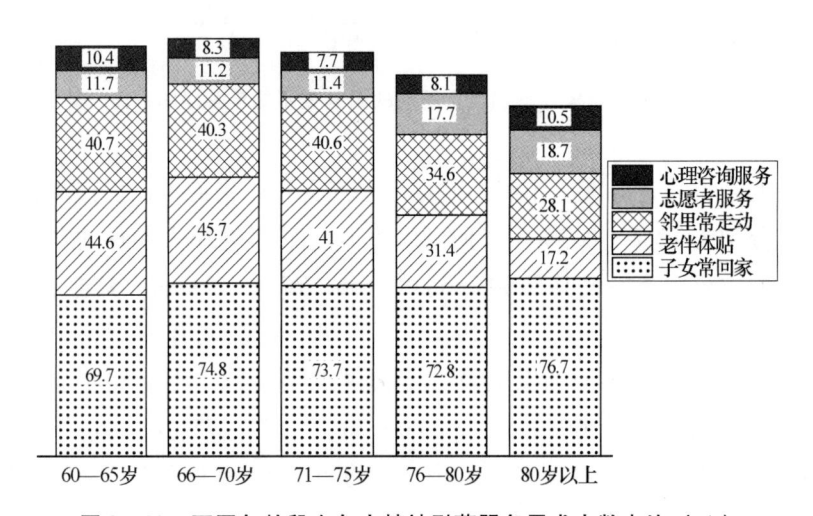

图2-82　不同年龄段老年人精神慰藉服务需求人数占比（%）

不同年龄阶段的老年人其精神状态会有很大不同，具体情况见图2-83。

由图2-83可见：随着老年人年龄的增加感到孤独苦闷的人数逐渐增多，60—65岁、66—70岁、71—75岁、76—80岁、80岁以上各个年龄段老年人中孤独苦闷的占比分别为1.2%、1.3%、3.3%、4.5%、4.8%，明显呈现出随着年龄增加递增的趋势；而老年人感觉幸福快乐的比例却随着年龄的增加逐渐下降，60—65岁、66—70岁、

71—75 岁、76—80 岁、80 岁以上各个年龄段老年人感觉幸福快乐的比例分别为 59.6%、57.3%、52.7%、49.2%、47.4%，这与老年人身体健康状况逐渐下降、基础疾病增多、疾病共患抑郁等情况增加有很大关系；除了感觉幸福快乐的老年人，随着年龄增长感觉一般状态的老年人呈现缓中有升趋势，60—65 岁、66—70 岁、71—75 岁、76—80 岁、80 岁以上的各个年龄段老年人占比分别为 39.2%、41.5%、44%、46.3%、47.8%。

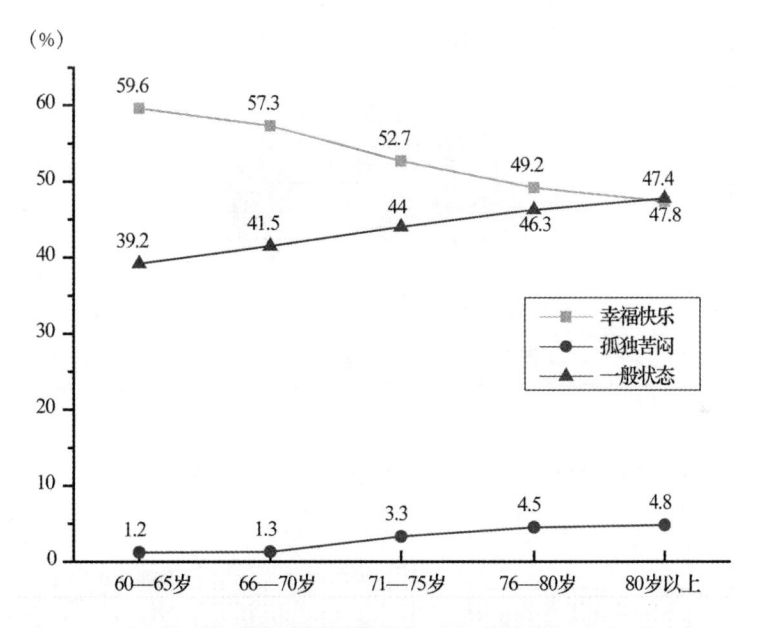

图 2-83　不同年龄段老年人精神状态人数占比

（二）不同性别老年人养老服务需求差异

1. 经济保障方面需求差异

由图 2-85 可见：被调研的老年人中，月收入在 1000 元以下的占大多数，其中被调研的女性中，有 59.2% 的老年人收入在 1000 元以下，被调研的男性中，有 49% 的老年人收入在 1000 元以下；在被调研的老年人中，有 20.2% 的男性月收入在 1000—2000 元，有

16.5%的女性月收入在1000—2000元；其中月收入在2001—3000元的女性占比为13%，男性占比为15.2%；月收入在3000元以上的老人占比越来越低，月收入在3001—4000元的老年人男性占比为9.6%，女性占比为7.4%，月收入4001—5000元的老年人男性占比为4.1%，女性占比为2.4%；月收入在5000元以上的老年人占比就更少，其中男性占比为2%，女性占比为1.4%。整体来看：不同性别视角下，随着每月收入水平的提高，老年人所占比重越来越低；其中男性整体比女性收入高一些；将近60%的被调研者月收入在1000元以下，其中女性所占比例几乎高于男性10%。

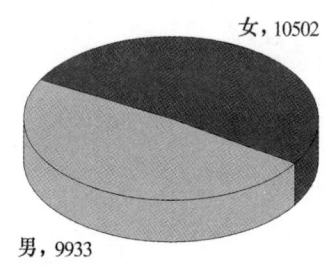

图 2-84 调研对象中男女人数

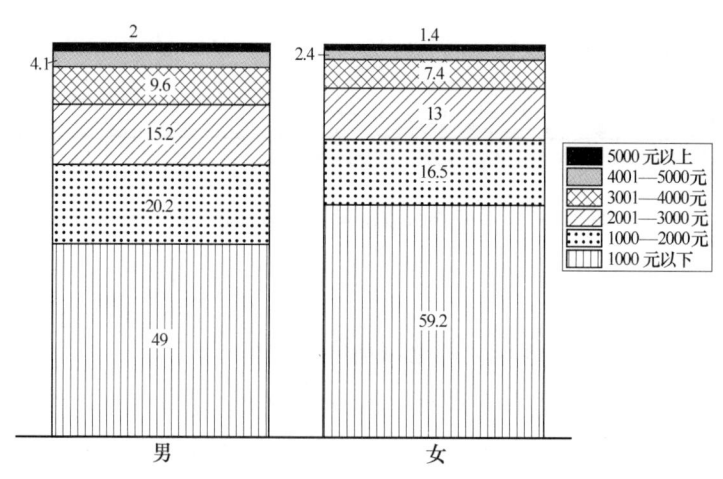

图 2-85 不同性别在不同收入区间内的人数占比（%）

由图 2-86 可见：不同性别老年人获得各项收入的人数占比情况

存在相同变化趋势。养老保险金收入占比最高，都在80%以上，女比男略高，女性为83.8%，男性为82.7%；接受子女赡养排在第2位，女性比男性高一些，女性为45.8%，男性为36.2%。第3是退休金收入，比例都在25%左右，男性比女性略高，分别为26.2%和24.7%；其他各项占比都比较低。获得打工收入的男性比例更高，为12.5%，女性较低，仅为6.5%，可见男性老年人比女性老年人有更强的工作能力。获得社会救助收入的老人男女比例相当，分别为13.3%和14.8%；获得种植养殖收入的老人男性略高于女性，男性为16.7%，女性为12.9%；获得租地收入和获得集体收入占比最低，且男女差异较小，都在4%左右。

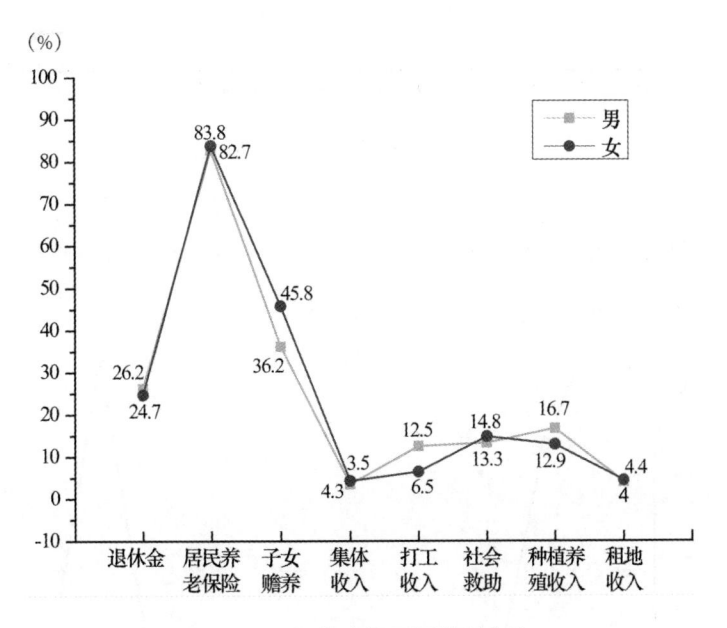

图2-86 经济来源不同性别占比

由图2-87可见：在被调研的老年人中，不同性别老年人，每个月花销情况整体趋势大致相同。超过60%老年人每个月收入在1000元以下，收入在5000元以上的所占比例在1%以下。随着收入水平的逐渐增加，男性和女性花销呈现出同频率减少趋势。

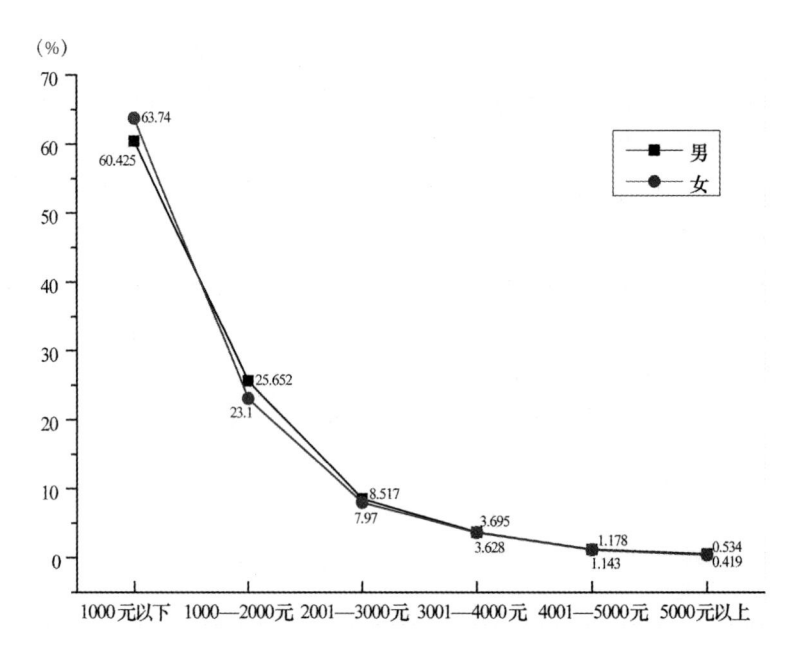

图 2-87　月花销不同性别占比

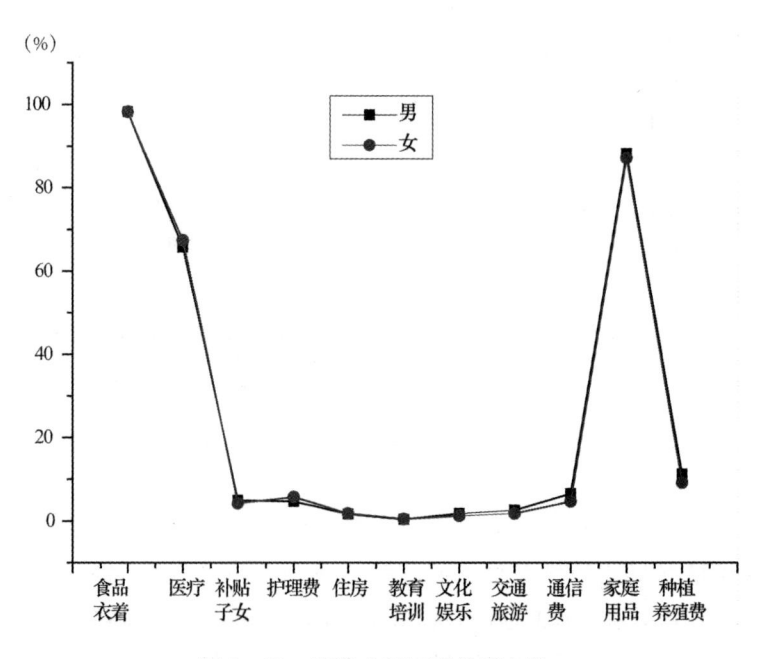

图 2-88　消费支出不同性别占比

由图 2-88 可见：在被调研的 20435 位老年人中，男性和女性在消费支出的各个方面，如食品衣着、家庭用品、医疗等呈现同频的变化趋势，可见性别因素不是影响消费结构的因素；被调研的老年人消费主要集中在食品衣着、医疗、家庭用品 3 个方面，其中不管男性还是女性，在补贴子女、护理费、住房、教育培训、交通旅游、通信费等方面的花销也呈现出同频趋势。

2. 养老设施方面需求差异

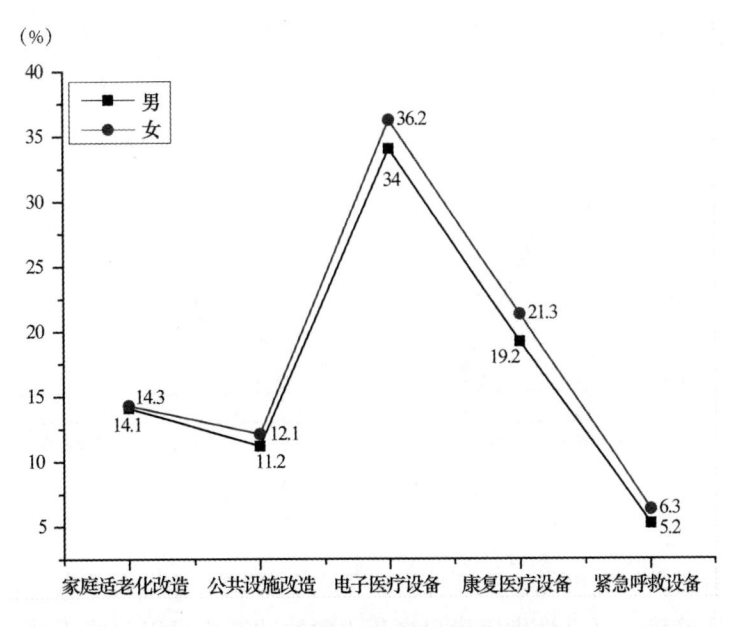

图 2-89　养老设施需求不同性别占比

由图 2-89 可见：不同性别的被调研者，在养老设施方面的各种需求也呈现同频变化趋势，没有受到性别影响。其中，老年人对电子医疗设备的需求量最大，因为受访者几乎将近 1/3 的老年人患有高血压；对康复医疗设备的需求，如烤灯、按摩椅、颈椎治疗仪等占比也比较大，男女需求占比分别达到了 21.3% 和 19.2%；再者对公共设施进行适老化改造的需求也较大，女性和男性占比分别达到了 12.1% 和 11.2%，可见女性比男性对公共设施的适老化改造需求更加强烈；需要对家庭进行适老化改造的，男性和女性的占比几乎差不多，占比 14.3% 左右；其中对于紧急呼救设备的需求，女性和男性占比分别达到了 6.3% 和 5.2%。

3. 基本生活照顾服务方面需求差异

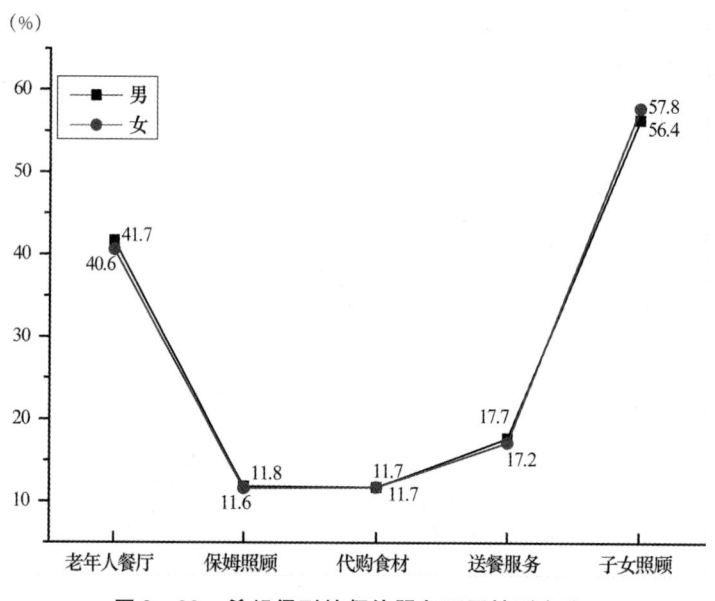

图 2-90　希望得到的餐饮服务不同性别占比

由图 2-90 可见：不同性别老年人在餐饮服务方面需求呈现出同频发展趋势，可见性别因素对老年人餐饮的影响可以忽略不计。从统计数据可以看到：目前老年人在餐饮方面还是寄希望于家庭照顾，无论男性还是女性所占比例都比较高，其中男性占比为 57.8%、女性占比为 56.4%；其中对老年人餐厅的需求比较高，男性和女性的占比分别达到了 41.7% 和 40.6%，但目前农村没有老年人餐厅，城市也是个别的社区有老年人餐厅或者送餐服务，这与老年人需求有较大差距。这启发石家庄市应加大在老年人餐饮方面的宏观指导与政策服务。很大一部分老年人还是希望子女能够照顾，通过制定家庭政策，弘扬尊老、爱老、孝老的社会文化，为老年人提供餐饮方面的基本生活保障，这应该成为社会政策考虑的一个重要方面，另一方面，也要发展社会化的助餐服务，提高老年人的基本生活品质。

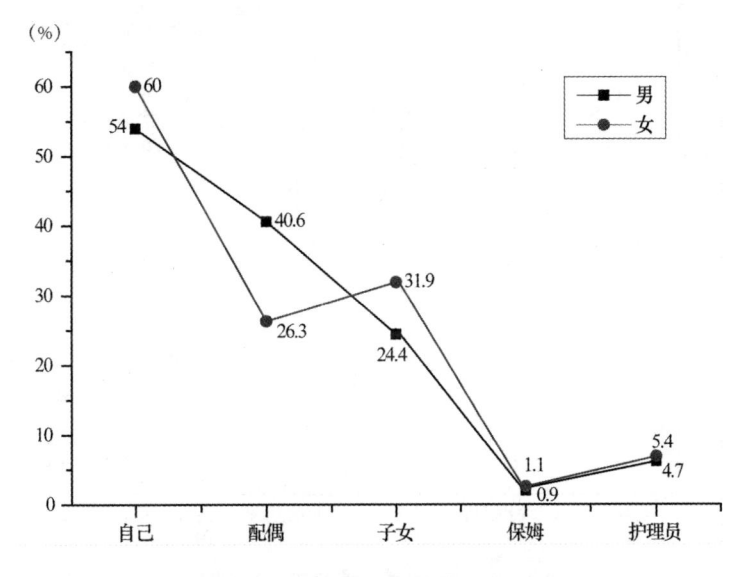

图 2-91 受照顾方面不同性别占比

由图 2-91 可见：老年人在获得照护方面男女呈现出一定的差异，差异最大的是配偶照顾，男性 40.6% 的老年人需要配偶照顾，女性仅为 26.3%，可见，男性更加依赖配偶照顾；其次是自己照顾，女性 60% 的老人自己照顾自己，而男性照顾自己的比例仅为 54%，相差 6 个百分点；再者为子女照顾，女性需要子女照顾的为 31.9%，男性为 24.4%，可见女性更加依赖子女；其他在靠保姆和护理员照顾方面，男女比例相当，靠护理员照顾的男女都在 5% 左右，而靠保姆照顾的比例最低，男女都在 1% 左右。

4. 医养康养护理康复方面的需求差异

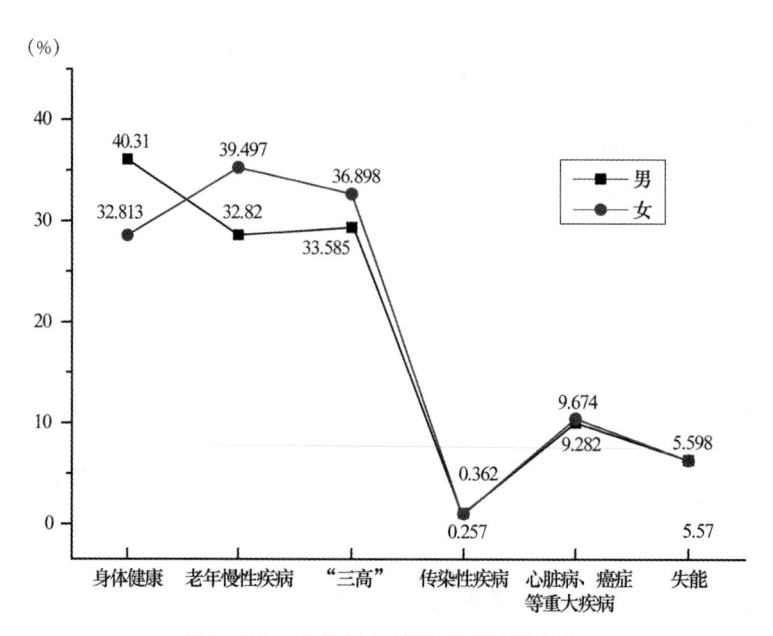

图 2-92 身体健康情况不同性别占比

由图 2-92 可见：除了患有传染病、癌症、失能等重大疾病之外，不同性别的老年人在身体是否健康、老年人慢性病、"三高"（高血压、高血糖、糖尿病）方面还是存在差异的。被调研的老年人中，有 32.813% 的女性老年人身体健康、男性老人身体健康的比例为 40.31%；患有慢性病的老年男性占比为 32.82%，女性占比为 39.497%；无论男性还是女性，"三高"比例都比较高，分别占到了 36.898% 和 33.585%。

由图 2-93 可见：不同性别的老年人希望得到的医养康养服务同频程度很高，在定期体检、上门保健、定期康复、用药指导、代买药品、陪同就医等各个方面的康养服务需求都呈现了高度的同频，看来性别因素对老年人希望得到的康养服务方面没有什么影响。从统计数据可以看到：无论男性还是女性老年人，都希望定期体检，占比超过 80%，大多数老年人认识到定期体检的重要性；其次无论男性还是女

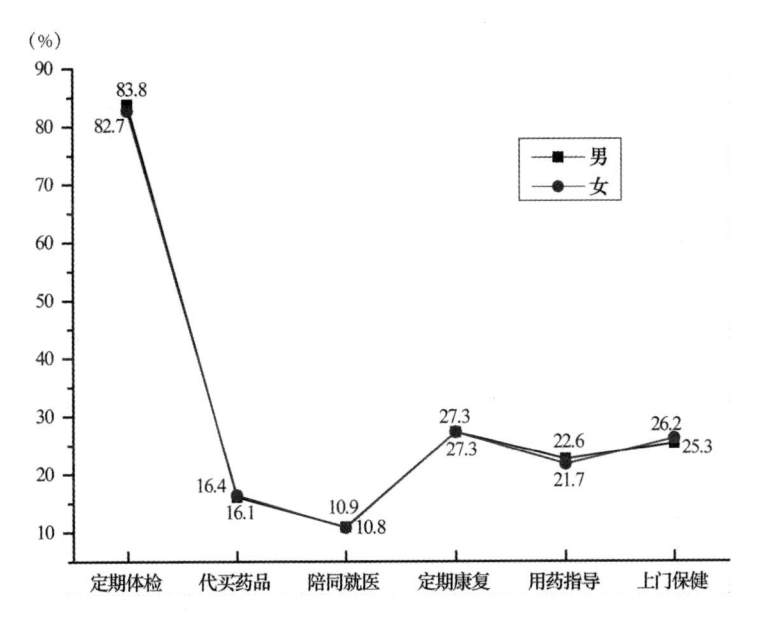

图 2-93　希望得到的医养、康养服务不同性别占比

性老年人,对定期康复都有一定需求,占比超过 27%,达到被调研老年人的近 30%;再则无论男性还是女性老年人,对上门保健的需求占比也比较高,都在 25% 以上;还有用药指导的需求也占一定比例,超过 20%;最后,男性女性老年人在代买药品、陪同就医方面的需求也高度同频。

5. 文化教育服务方面需求差异

由图 2-94 可见:阻碍老年人参与活动的因素在性别方面有一定差异,其中行动不便、场所缺失和照顾家庭是差异最大的 3 项,但整体趋势大体相同。因行动不便导致无法参加活动的比例女性高于男性,女性为 27.1%,男性为 23.4%;因场所缺失无法参加活动的男性高于女性,男性占 23.6%,女性占 19.8%,可见男性老年人更加需要活动场所;因照顾家庭无法参加活动的女性高于男性,女性为 20.9%,男性为 16.2%,可见,女性老年人对于家庭的责任更重;其他方面,因不感兴趣不参加活动的比例男女略有差异,男性为 21%,女性为 19.9%;最后,因无人组织或活动单一而不参加活动的差异最小,无人组织男女占比都在 14% 左右，活动单一占比在 9% 左右。

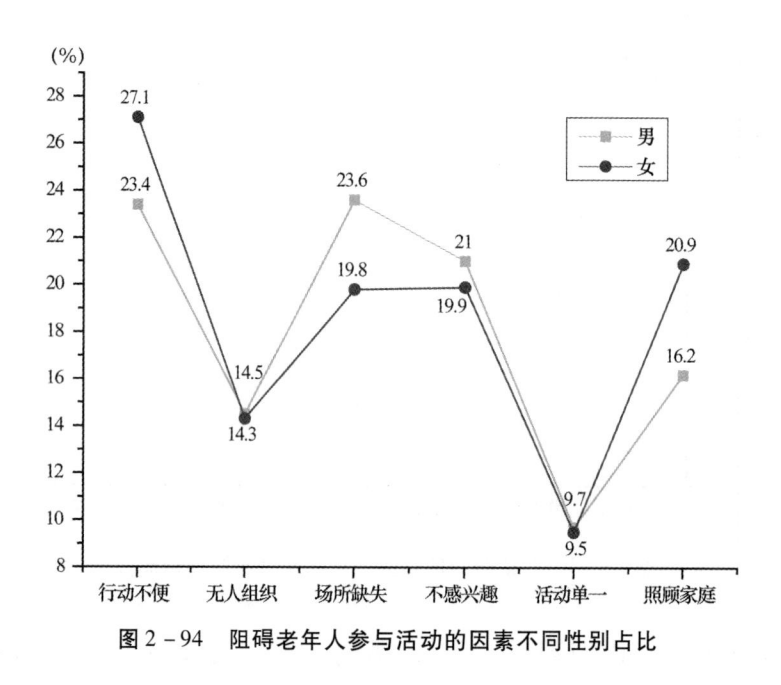

图 2-94　阻碍老年人参与活动的因素不同性别占比

6. 精神慰藉服务方面需求差异

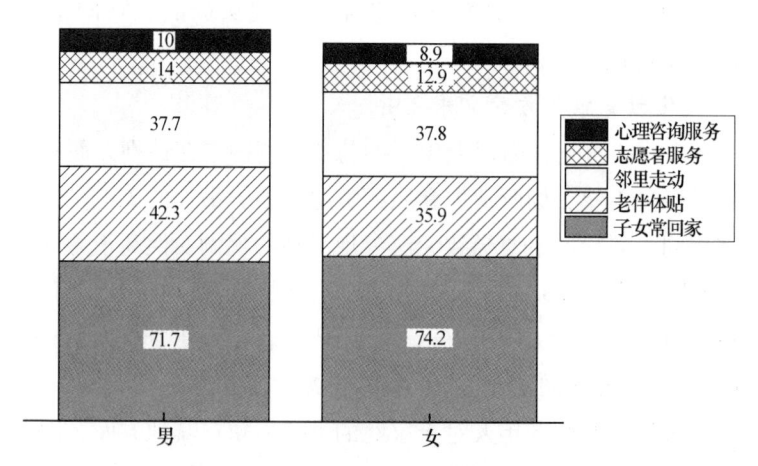

图 2-95　精神慰藉服务需求不同性别老年人数占比（%）

由图 2-95 可见：不同性别的老年人在需要精神慰藉服务方面高度同频，没有明显性别差异。需要子女常回家来满足精神慰藉需求的占比最高，男性为 71.7%，女性为 74.2%；需要老伴体贴的男性比女性略高，男性为 42.3%，女性为 35.9%；需要邻里走动的男女高度一致，都在 37% 左右；以上 3 项（子女常回家、老伴陪伴、邻里走动）为满足老年人精神慰藉需求的主要因素。此外，志愿者服务和心理咨询服务占比都比较低，需要志愿者服务的男性为 14%，女性为 12.9%；需要心理咨询服务的男性为 10%，女性为 8.9%，差异不大。

由图 2-96 可见：不同性别的老年人对精神慰藉的满意度表现出高度一致，其中男性对精神慰藉的满意度为 92.7%，女性为 92.3%。

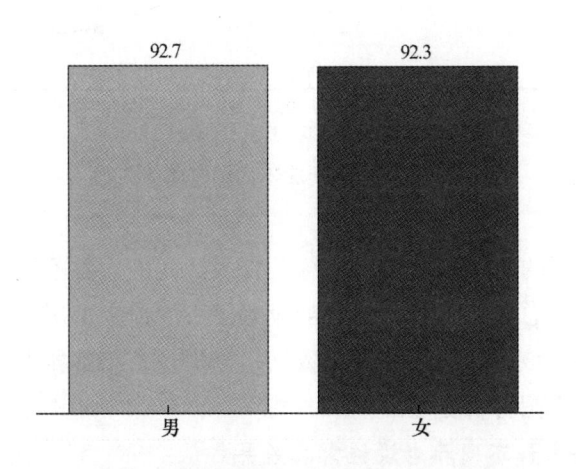

图 2-96 精神慰藉满意度不同性别老年人满意度（%）

（三）不同经济条件老年人的养老服务需求差异分析

由图 2-97 可见：被调研的 20435 位老年人中，不同经济状况人数分布为：1000 元以下 11086 人，占比达到了 54.25%，1000—2000 元 3742 人，占比达到了 18.31%，2001—3000 元 2874 人，3001—4000 元 1733 人，4001—5000 元 656 人，5000 元以上 344 人。可见，

被调研的约占72.56%的老年人收入都在2000元以下。

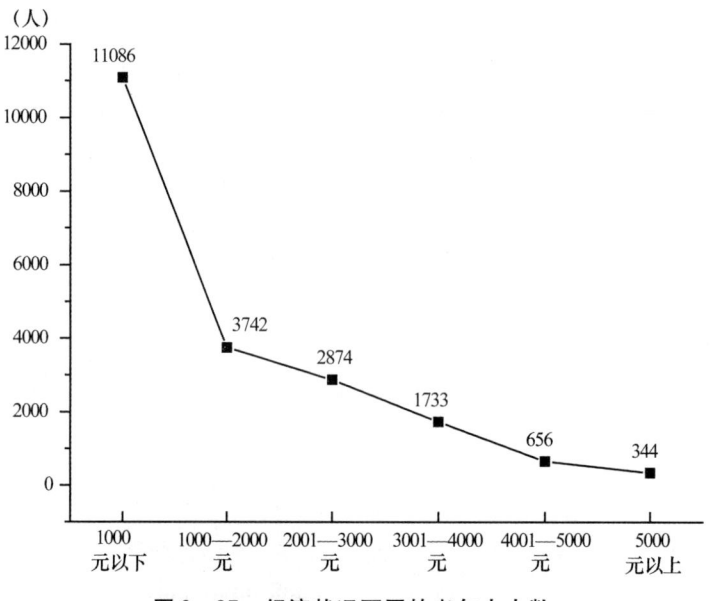

图2-97 经济状况不同的老年人人数

在被调研的20435位老年人每一收入区间的人数不同，所以不能仅根据选择的总人数来判断该年龄段老年人的需求情况，该部分根据选择的人数在该年龄段中的占比数据，分析每个年龄段老人的需求情况，使得结果图分析更加准确。

1. 经济条件不同养老设施需求差异

由图2-98可见：在老年人每月收入超过3000元的人群，对养老设施的需求占比能超过50%，反之，占比低于50%，说明老年人对养老设施需求受到经济条件的影响。老年人月收入在3001—4000元、5000元以上对养老设施的需求呈现递增趋势，需求占比从48.3%增加到了50.0%。可见，随着经济条件的提升，老年人在养老设施方面需求呈现上升趋势。

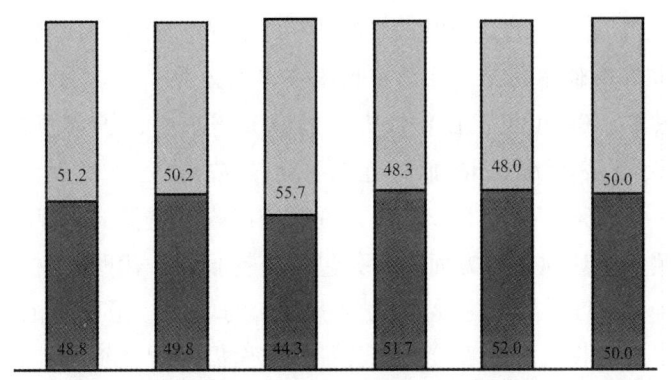

图 2-98　经济状况不同的老年人养老设施需求情况（%）

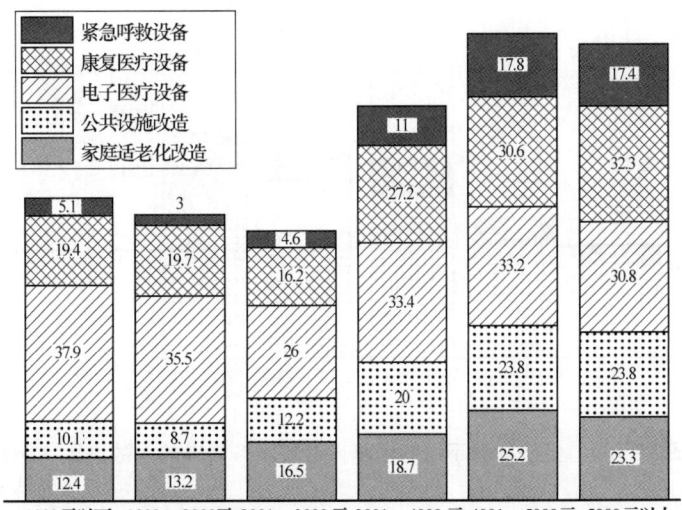

图 2-99　经济状况不同的老年人养老设施需求人数占比（%）

由图 2-99 可见：家庭适老化改造、公共设施改造、康复医疗设备的需求率，随着老年人月收入的增加呈上升趋势，家庭适老化改造的占比在各收入区间的占比分别为，12.4%、13.2%、16.5%、18.7%、25.2%、23.3%，数值呈明显上升趋势，在 5000 元以上的区间，占比稍有下降，这可能与老年人在身体机能下降后，会选择去机构设施养老或卧病在床，因而对家庭适老化改造的选择，呈现小幅的下降趋势。

2. 经济条件不同基本生活照顾服务需求差异

由图 2-100 可见：在餐饮方面的服务需求中，子女照顾一项随着老年人经济状况的增加而逐渐减小，数值上表现为，65.9%、57.3%、41.9%、40%、32.3%，说明经济收入越低的老年人越依赖子女照顾，而其他餐饮方面的服务包括送餐服务、代购食材、保姆照顾、老年人餐厅等都随着老年人经济收入的增加，呈明显上升趋势，说明老年人的收入状况直接影响其餐饮方面需求，经济条件越好，餐饮服务需求人数占比越大。

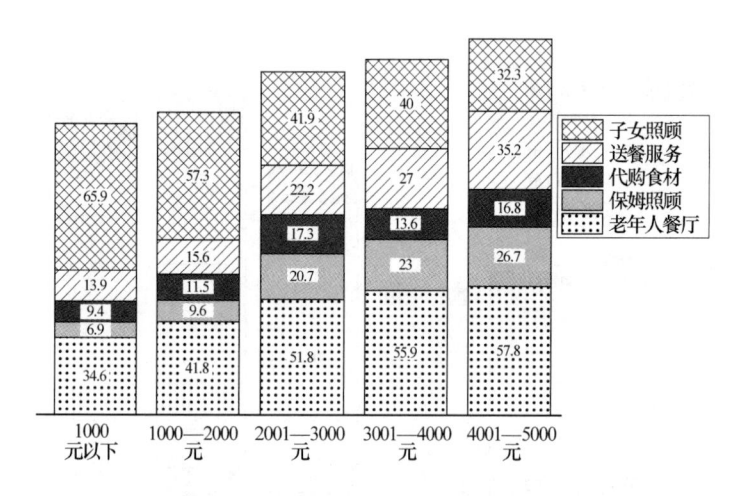

图 2-100 经济状况不同的老年人餐饮服务需求的人数占比（%）

由图 2-101 可见：在基本生活照顾服务需求中，整体来看，送餐服务、保洁服务、保健医疗服务等占据主要需求项，占比达到了 40% 左右，从图中数值变化来分析，保健医疗服务的占比比较均衡，都处于 50% 左右，说明老年人对保健医疗的需求都比较强烈。送餐服务和保洁服务的占比都随着经济状况的增加而逐渐增加。探访关爱服务的占比也比较均衡，都处于 22% 左右，说明老年人不管经济条件如何，都需要精神慰藉方面的关爱。心理疏导、出行协助、助浴服务都随着老年人经济状况的增加而逐渐增加，以心理疏导为例数值上

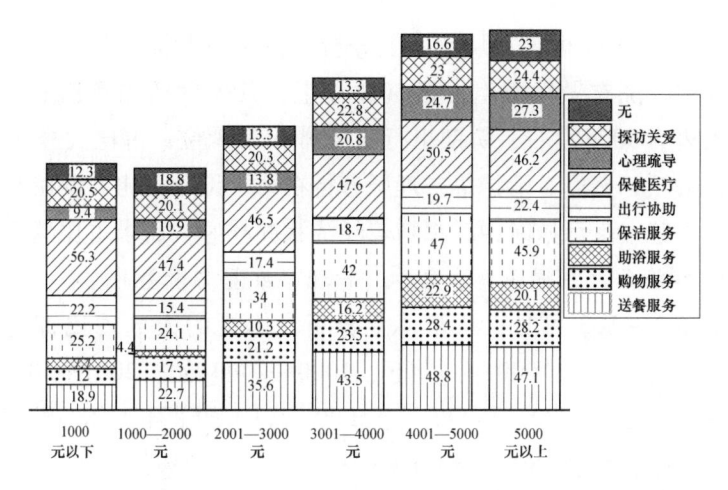

图2-101 经济状况不同的老年人对基本生活照顾服务需求的人数占比（%）

表现为，9.4%、10.9%、13.8%、20.8%、24.7%、27.3%。说明老年人的收入状况直接影响其基本生活照顾服务的需求，经济条件越好，基本生活照顾服务的需求占比越大。

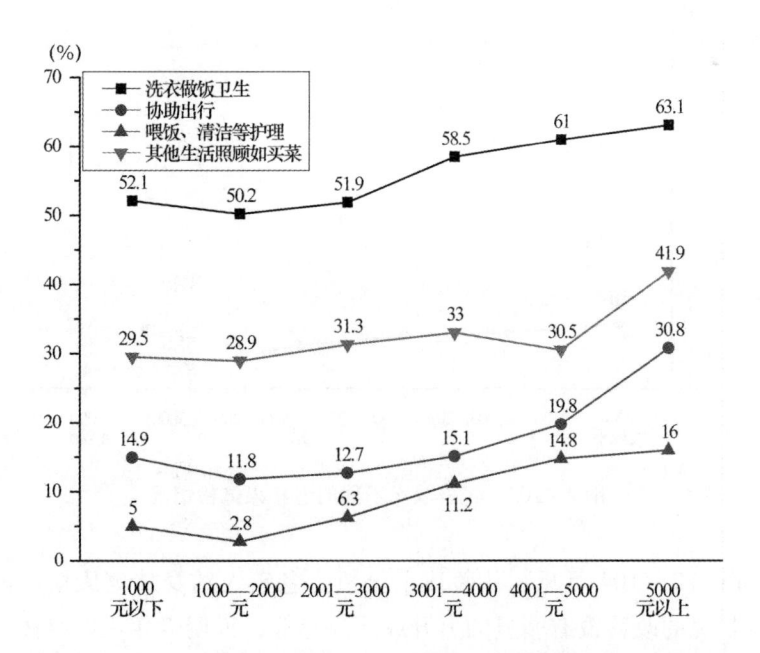

图2-102 经济状况不同的老年人需要的生活照顾服务人数占比

由图 2-102 可见：从整体上分析，在照顾者提供的基本生活照顾服务中，洗衣做饭卫生占据 50% 以上，其他生活照顾比如买菜等占比大概为 30% 左右，协助出行服务排在第 3 位，占比大概在 20% 以下，喂饭、按摩、清洁等护理服务排在第 4 位，占比大概在 10% 左右，这些基本生活照顾中，都随着经济状况越好，需求占比越大。

3. 经济条件不同医养、康养、护理、康复需求差异

由图 2-103 可见：从整体上分析，体检的人数占比都超过了 80%，月收入在 1000 元以下、1000—2000 元、2001—3000 元、3001—4000 元、4001—5000 元、5000 元以上的老年人体检情况的人数占比数据分别为 86%、88.1%、88.7%、90.8%、95%、96.2%，随着老年人经济条件的改善，体检人数的占比呈明显上升趋势。

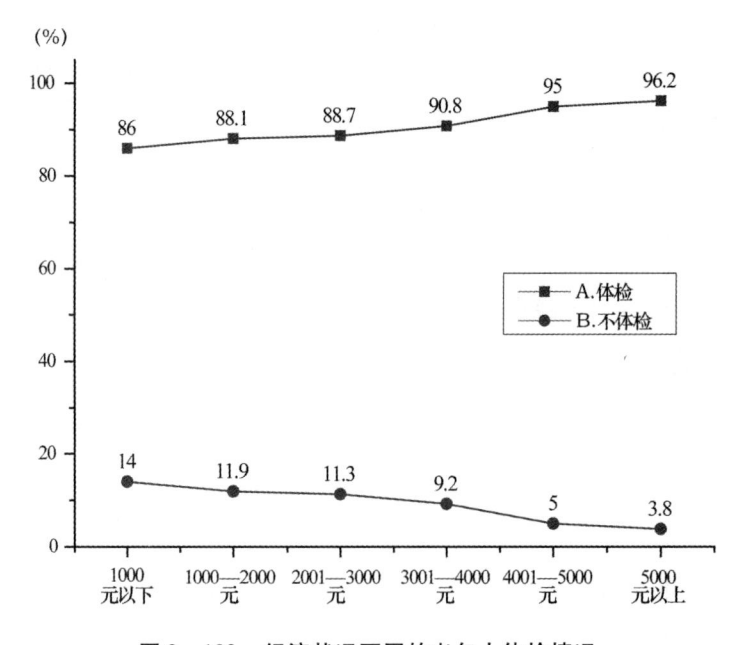

图 2-103 经济状况不同的老年人体检情况

由图 2-104 可见：从整体上分析，老年人的身体健康情况随着经济状况的改善没有明显的上升或下降趋势，说明老年人的身体健康情况受老年人经济状况的影响程度不大。

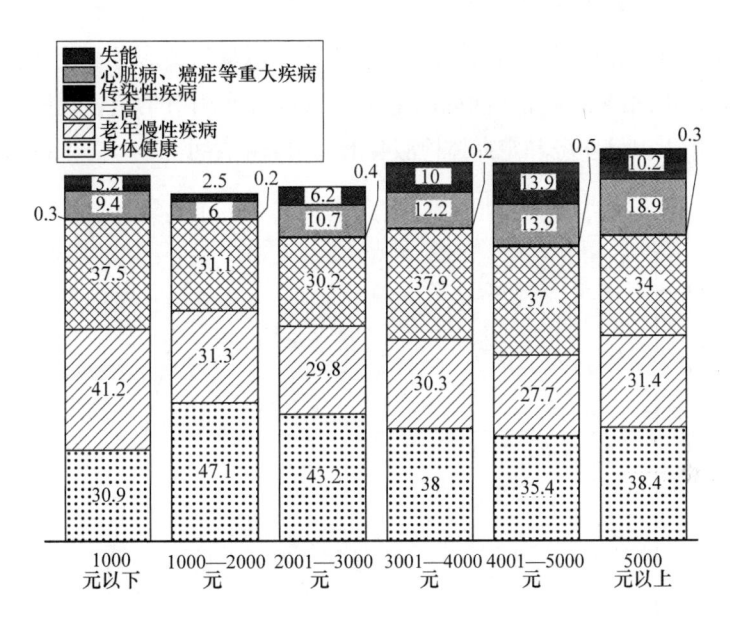

图2-104 经济状况不同的老年人身体健康情况人数占比（%）

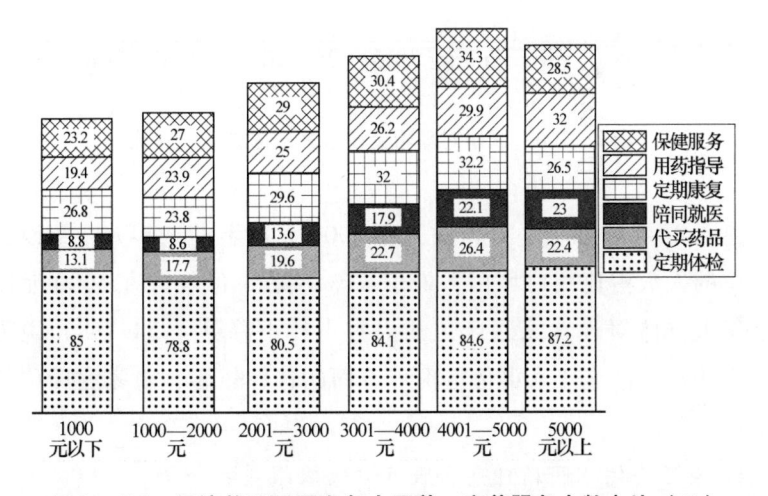

图2-105 经济状况不同老年人医养、康养服务人数占比（%）

由图2-105可见：从整体上分析，经济状况达到3000元以上的老年人对医养和康养服务的需求人数占比明显高于经济状况在3000元以下的老年人群体，特别是用药指导服务、陪同就医服务、代买药品服务经济状况在3000元以上和以下的占比更加明显。但从保健服务和定期体检服务来看，不同经济状况区间内的老年人数量占比相对均衡，说明经济状况对老年人保健服务和定期体检服务的需求影响略小。

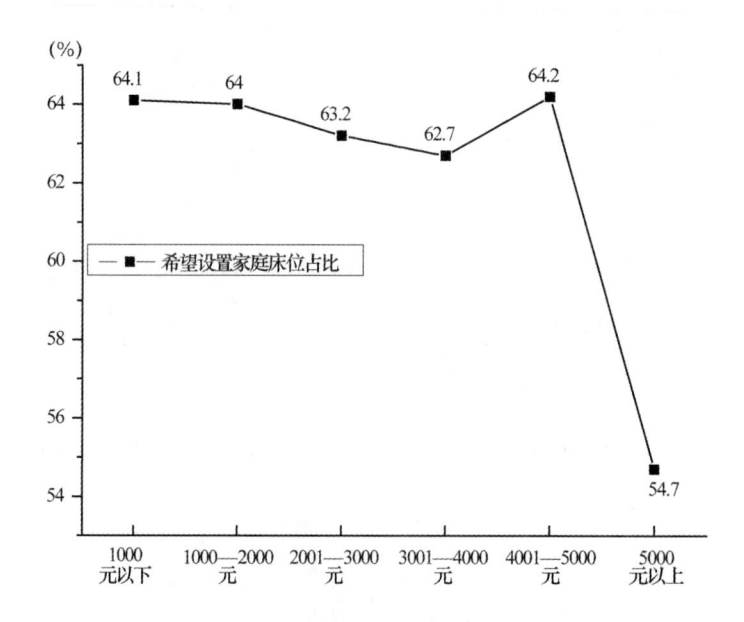

图 2-106　调研对象希望设置家庭床位人数占比

由图 2-106 可见：经济收入在 5000 元以下的老年人希望设置家庭床位的人数占比相对均衡，处于 63% 左右，但收入在 5000 元以上的老年人群体对设置家庭床位的人数占比下降到了 54.7%，说明经济条件非常好的老年人群体在医养方面的选择较多，对家庭床位的需求反而下降。

4. 经济条件不同精神慰藉服务方面需求差异

由图 2-107 可见：不同经济条件老年人不管是每月收入多少，70% 以上老年人都希望子女常回家看看，从月收入 1000 元以下、1000—2000 元、2001—3000 元、3001—4000 元、4001—5000 元、5000 元以上，对子女常回家看看的占比分别达到了 71.7%、74.1%、

72.9%、75.6%、78.7%、77.6%,而且随着每个月收入的增加,希望子女常回家看看的人数大体呈增加趋势;通过数据可以看到:随着老年人经济条件的提高,对老伴体贴的需求人数在下降,月收入1000—2000元、2001—3000元、3001—4000元、4001—5000元、5000元以上的不同老年人对老伴体贴占比分别为45.8%、41.8%、40.6%、39%、32.6%;随着老年人收入的增加,尤其是月收入在3001—5000元的老年人,对志愿者服务的需求逐渐增加,但是从月收入4001—5000元区间再到5000元以上的,其对志愿者服务需要的人数反而是下降的;随着收入的提高,老年人对心理咨询服务的需求人数呈现缓中有升的趋势。整体而言,老年人月收入不同,对老伴体贴、邻里走动、志愿者服务、心理咨询4个方面的需求呈现较大差异,可见,经济条件对老年人精神慰藉服务需求有较大影响。

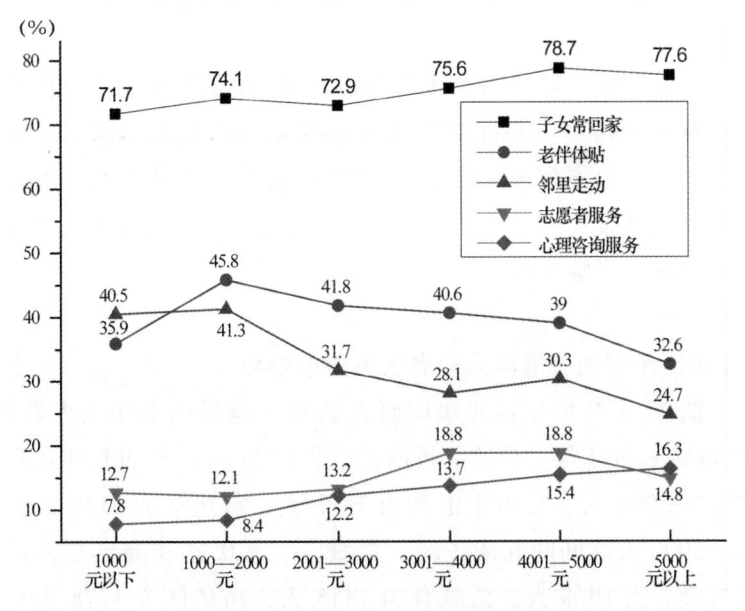

图 2-107 经济状况不同老年人精神慰藉服务需求人数占比

由图 2-108 可见:幸福快乐的老年人占比随着经济收入的增加呈现明显上升趋势,其数据占比分别为,49.6%、54.2%、64.8%、

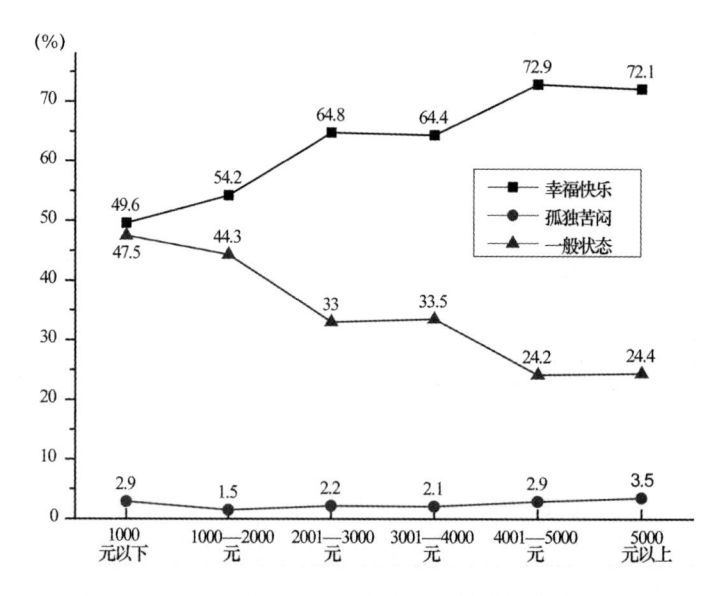

图 2-108　经济状况不同老年人不同精神状态人数占比

64.4%、72.9%、72.1%，其中 2001—4000 元老年人幸福快乐的占比基本相同，4000 元以上老年人幸福快乐的占比基本相同。整体上看老年人的幸福指数和经济收入的增加成正比。老年人的一般状态人数占比和经济收入的增加成反比。孤独苦闷的比例基本平稳，受老年人经济状况的影响不大。

（四）不同地域老年人养老服务需求差异

由图 2-109 可见：此次调研在鹿泉区调研的老年人人数最高，为 4840 人；处于第 2 位的是桥西区，为 3731 人；行唐县和正定县都在 2000—3000 人，其中正定县为 2411 人，行唐县为 2129 人；处于 1000—2000 人之间的有裕华区、栾城区、元氏县和高邑县，其中元氏县最高，为 1969 人，栾城县为 1855 人，裕华区为 1778 人；高邑县为 1102 人。处于 1000 人以下的只有井陉矿区，仅为 620 人。

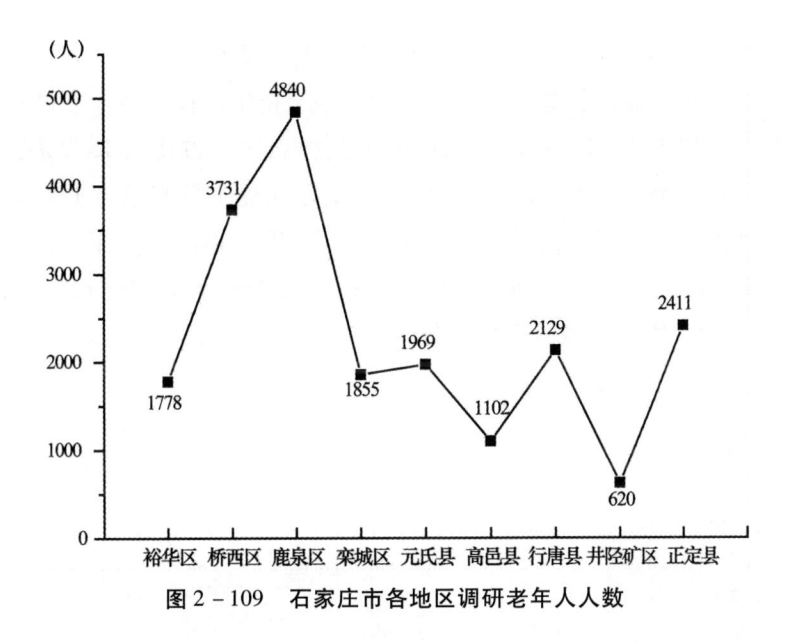

图 2-109 石家庄市各地区调研老年人人数

1. 不同地域基本生活照顾服务差异分析

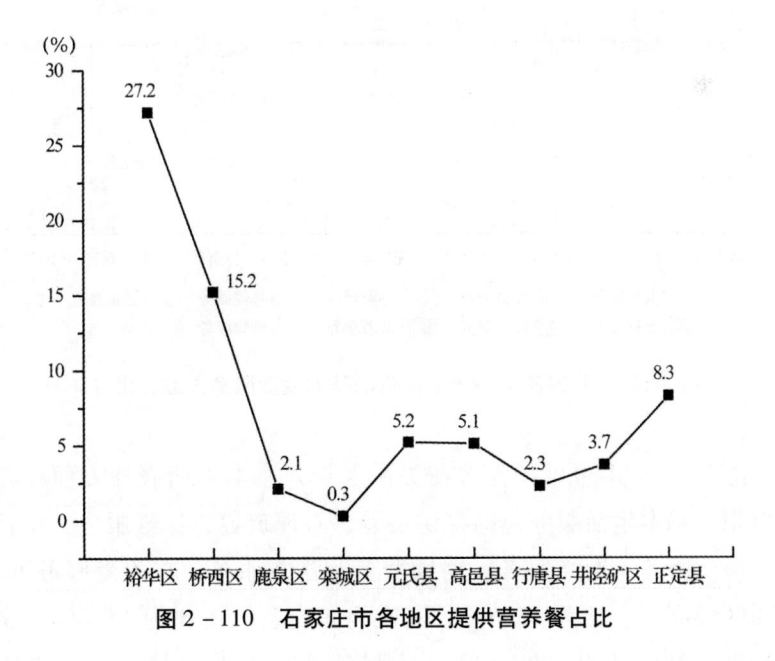

图 2-110 石家庄市各地区提供营养餐占比

由图 2-110 可见：各地在提供营养餐方面存在较大差距，反映出在为老年人提供服务方面存在很大差距。裕华区提供营养餐的比例最高，占比为 27.2%；占据第二位的是桥西区，占比为 15.2%，其余地区占比都在 10% 以下。可见中心城区在提供营养餐方面具有优势。其他地区中正定县最高，为 8.3%，元氏县和高邑县相当，分别为 5.2% 和 5.1%；井陉矿区为 3.7%；鹿泉区和行唐县相当，分别为 2.1% 和 2.3%；栾城区最低，仅为 0.3%。

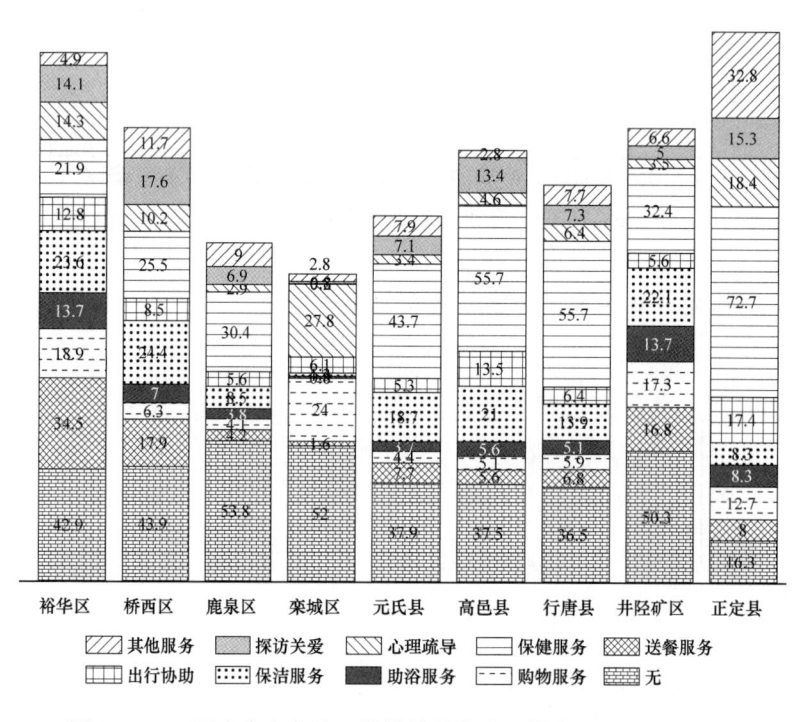

图 2-111 石家庄市各地区提供的基本生活服务人数占比（%）

由图 2-111 可见：各地在提供老年人基本生活服务方面存在较大差距。基本生活服务包括探访关爱、心理疏导、保健服务、出行协助、保洁服务、助浴服务、购物服务和送餐服务。在关爱服务方面，桥西区最高，占比为 17.6%，其次为正定县，占比为 15.3%，栾城区最低，基本为 0；在心理疏导服务方面，正定县最高，占比为

18.4%，最低还是栾城区，基本为0；在保健服务方面，正定县最高，占比为72.7%，最低的是裕华区，占比为21.9%；在出行协助方面，最高的还是正定县，占比为17.4%，最低的是元氏县，占比为5.3%；在保洁服务方面，最高的是桥西区，占比为24.4%，助浴服务方面，最高的是井陉矿区，占比为13.7%；在购物服务方面，最高的是栾城区，占比为24%；在送餐服务方面，最高的是裕华区，占比为34.5%。

从各地区来看，裕华区占比前3的基本生活服务为送餐、保洁和保健服务；桥西区占比前3的是保健、保洁和送餐；鹿泉区占比前3的是保健、出行和探访关爱；栾城区占比前3的是购物、保健和出行；元氏县占比前3的是保健、保洁和送餐；高邑县和行唐县占比前3的是保健、保洁和探访关爱；井陉矿区占比前3的是保健、保洁和购物；正定县占比前3的是保健、心理疏导和探访关爱。

2. 不同地域医养、康养服务差异分析

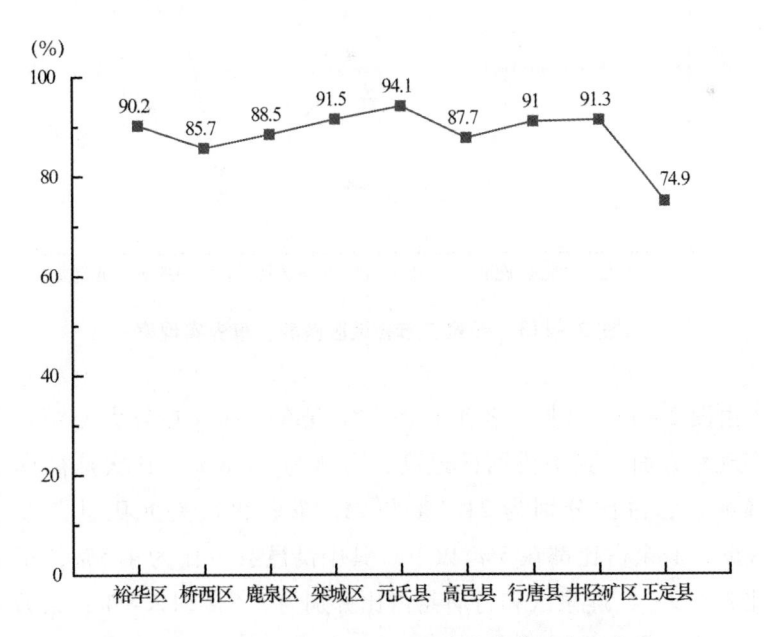

图2-112　石家庄市各地区老年人体检情况人数占比

由图 2-112 可见：不同地区体检人数占比存在一定的差距，总体而言差距不大，被调研的几个地方，体检率都比较高。元氏县体检率最高，占比为 94.1%，其次占比在 90% 以上的还有栾城区、井陉矿区和行唐县。栾城区占比为 91.5%，井陉矿区占比为 91.3%，行唐县占比为 91%；体检率在 80%—90% 的有桥西区、鹿泉区和高邑县，其中鹿泉区为 88.5%，高邑县为 87.7%，桥西区为 85.7%；体检率最低的是正定县，仅为 74.9%。

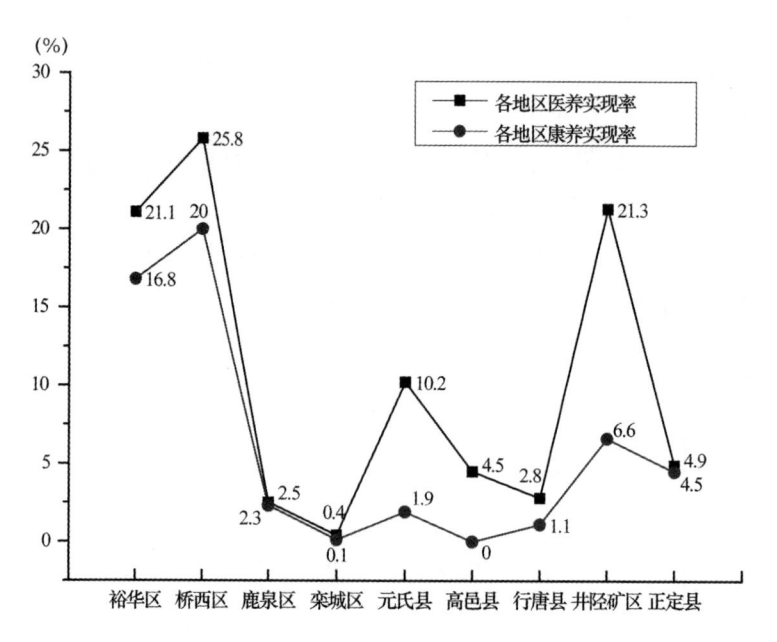

图 2-113　石家庄市各地区医养、康养实现率

由图 2-113 可见：各地在医养实现率方面存在较大差距。在医养实现率方面，其中桥西区最高，占比为 25.8%，其次是裕华区和井陉矿区，占比分别为 21.1% 和 21.3%；再次是元氏县，占比为 10.2%，其余占比都在 5% 以下。其中高邑县占比为 4.5%，正定县占比为 4.9%，鹿泉区和行唐县占比分别为 2.5% 和 2.8%；栾城区最低，占比仅为 0.4%。

各地康养实现率差别也比较大,最高的是桥西区,康养实现率最高的是20%;其次是裕华区,康养实现率为16.8%;第3位是井陉矿区,康养实现率为6.6%,其余地区,其中正定县康养的实现率为4.5%;鹿泉区康养实现率为2.3%,元氏县康养实现率为1.9%,行唐县康养实现率为1.1%,高邑县康养实现率最低,为0。

从整体趋势来看,各地在医养、康养方面虽然存在差距,但是各地医养、康养实现率总体呈现了频率大致相同的总体趋势。

由图2-114可见:各地区定期体检的医疗服务方面都占有较大比例,是老年人得到占比最大的医养服务,其中定期体检占前3位的依次是行唐县、正定县、高邑县;其次是在医疗卫生服务方面的可及性提升,还体现在老年人能够享受到打针输液方面的服务,各地区占比都比较高,尤其是高邑县、元氏县和正定县占到了前3名;从保健按摩服务来看,主要是桥西区、裕华区、正定县老年人得到的保健、按摩服务占比,比其他地区要高一些。

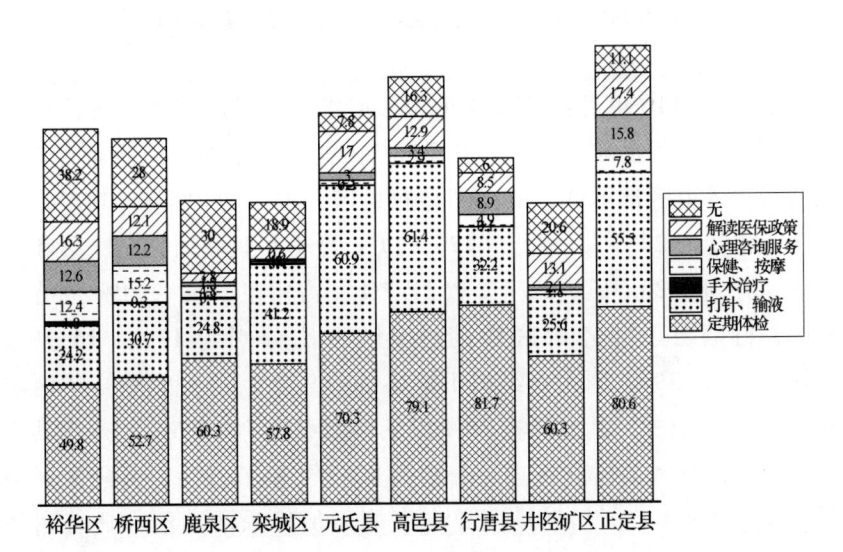

图2-114 石家庄市各地区提供的医养、康养服务人数占比(%)

3. 不同地域文化教育服务方面需求差异

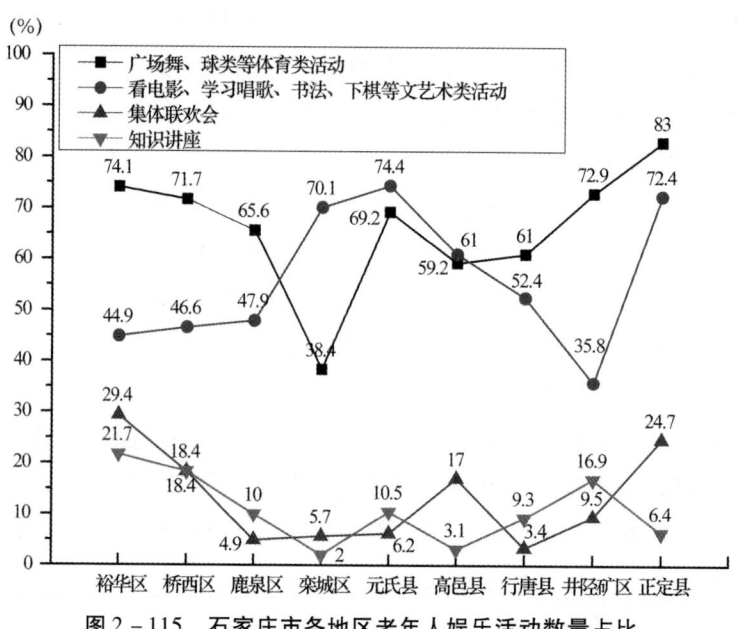

图 2-115　石家庄市各地区老年人娱乐活动数量占比

由图 2-116 可见：阻碍老年人参加娱乐活动的因素对各地区老年人的影响呈现出较大差异。因场所缺失而不能参加娱乐活动的老年人比例在各地区都不低，最高的是鹿泉区，占比为 28%，其次是裕华区，占比为 27.3%，占比在 20% 以上的还有栾城区、元氏县和正定县，分别为 20.3%、22.4% 和 21.7%；占比在 10%—20% 的有桥西区、行唐县、井陉矿区和高邑县，占比分别为 17%、16.9%、15.8% 和 13.3%；因无人组织不能参加娱乐活动的占比除裕华区达到 27.1%。以外，其他都在 20% 以下，鹿泉区为 17.6%，行唐县为 16%，元氏县和高邑县接近，分别为 12.7% 和 12.2%，井陉矿区最低，仅为 8.4%；因活动场所单一不能参加娱乐活动的占比普遍较低，最高的裕华区为 18.1%，桥西区和正定县分别为 12.2% 和 11.6%，其余都在 10% 以下，其中高邑县最低，占比为 4.5%。

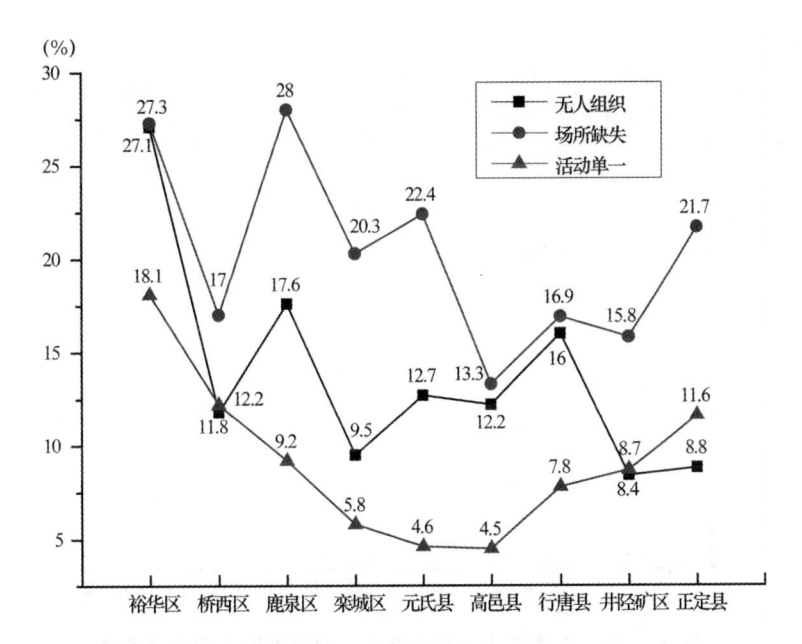

图 2-116 石家庄市各地区阻碍老年人参加娱乐活动的因素

4. 不同地域精神慰藉服务方面需求差异

由图 2-117 可见：各地区老年人对精神慰藉服务的满意度呈现出较大差异。最高的是栾城区，为 97.4%，满意度在 90% 以上的还有元氏县、高邑县、桥西区、行唐县和鹿泉区，分别为 95.8%、95%、93.8%、93.6% 和 92.3%。其余地区都在 90% 以下，其中裕华区为 88%，正定县为 87.8%，井陉矿区为 84.2%。

由图 2-118 可见：各地没有受过虐待的老年人占比差异不大。都在 95% 以上，其中井陉矿区最高，为 99.8%，元氏县、鹿泉区、行唐县和高邑县与之接近，分别为 99.7%、99.5%、99.5% 和 99.4%。栾城区和正定县分别为 98.8% 和 98.4%，裕华区和桥西区相对较低，分别为 97.6% 和 96.8%。

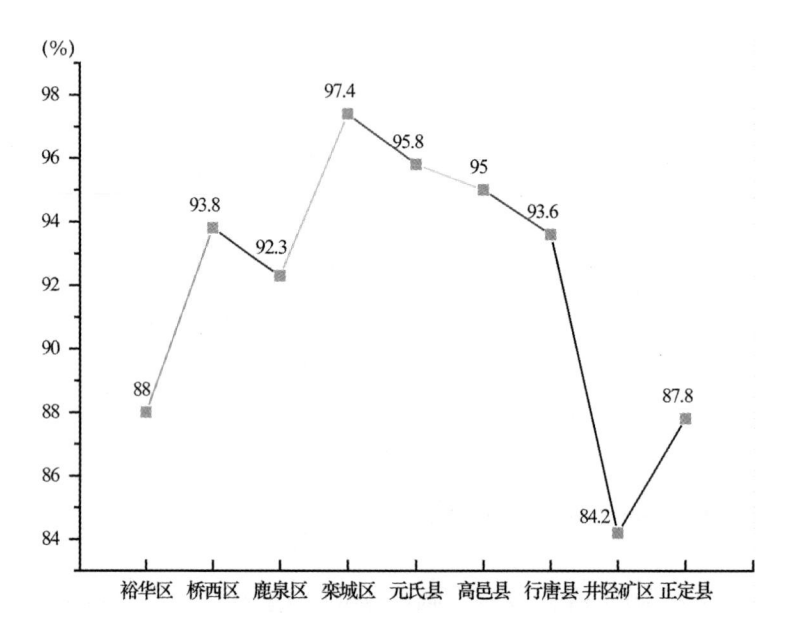

图 2-117　石家庄市各地区老年人对精神慰藉服务满意度

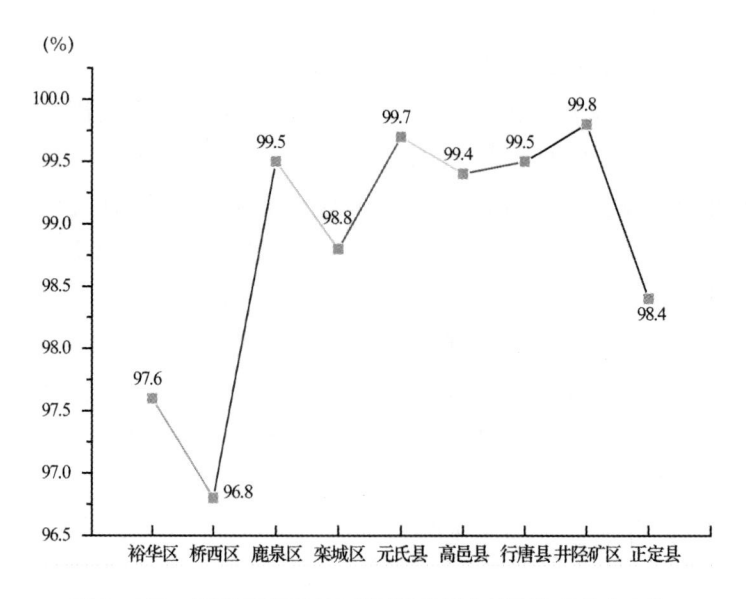

图 2-118　石家庄市各地区没有受到过虐待的老年人占比

（五）不同身体状况老年人养老服务需求差异

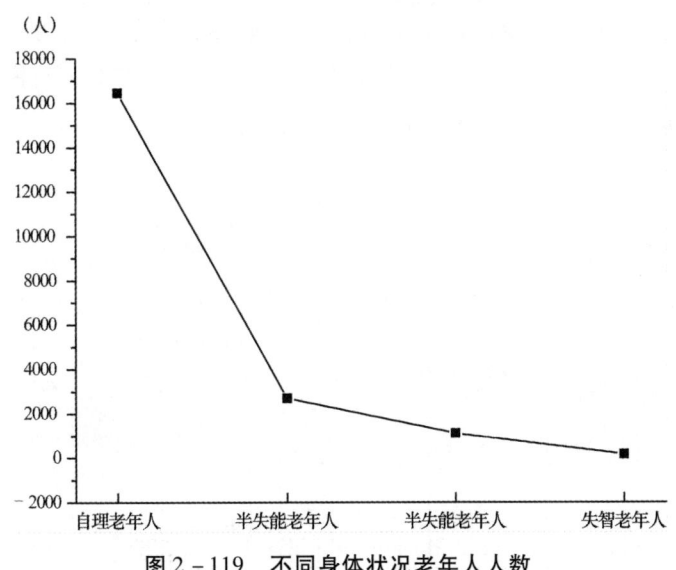

图 2-119　不同身体状况老年人人数

1. 身体状况不同经济保障需求差异

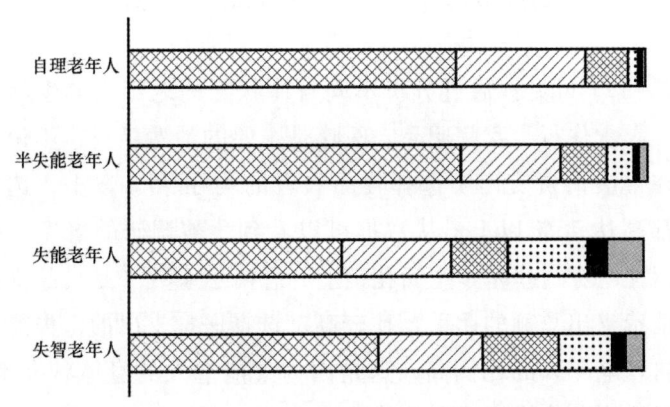

图 2-120　不同身体状况的老年人花销情况

由图 2-120 可见：通过分析不同身体情况的老年人对应的花销情况，可以看出大部分老年人的生活花销在 1000 元以下，在 1000—2000 的消费水平，不同身体情况的老年人比例大致相同。在 2000 以上的消费水平，不能自理的老年人占比居多，可能原因为：不能自理，身体有各种疾病，除去日常的家庭开销外，还需要进行医疗的治疗或者吃药，所有日常开销水平较高。

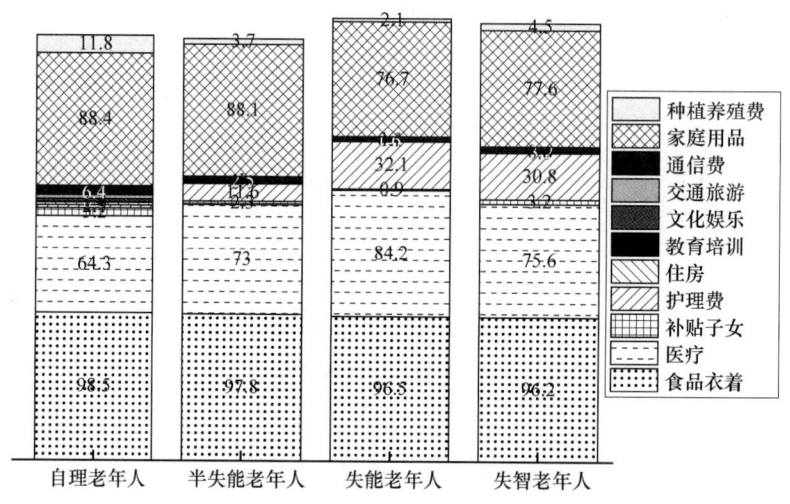

图 2-121　不同身体状况的老年人各消费支出方式人数占比（%）

由图 2-121 可见：通过分析不同身体状况的老年人的生活消费支出得出，衣食住行、家庭用品、医疗是主要的消费项目，不论哪类老年人，在生活消费支出中选择食品衣着的均在 95% 以上，选择家庭用品的都高达 75% 以上，从数据可以看到：被调研的老年人生活花销还停留在吃穿这些基本生活花销上，恩格尔系数（是食品支出总额占个人消费支出总额的比重）比较高。选择医疗支出的，失能老年人明显比自理老年人的比例高，这是因为失能老人的身体状况不好，有疾病缠身需要药物维持或者医院治疗。

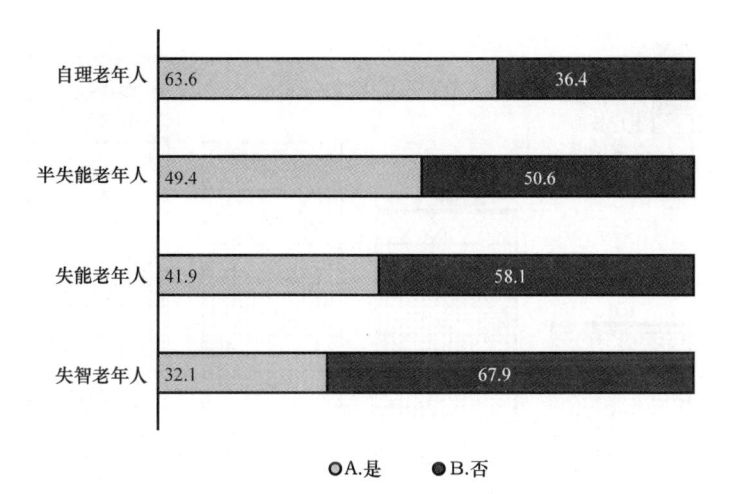

自理老年人	63.6	36.4
半失能老年人	49.4	50.6
失能老年人	41.9	58.1
失智老年人	32.1	67.9

○A.是 ●B.否

图 2-122　不同身体状况的老年人每月收支平衡情况（％）

由图 2-122 可见：通过分析不同身体状况的老人每月收支是否平衡可以看出，能自理或者基本能自理的老人每月收支平衡的比例比不能自理的老人的比例高。能自理的老人中有 63.6% 的人实现收支平衡；半失能老年人中有 49.4% 的人实现收支平衡；失能老年人中有 41.9% 的人实现收支平衡；失智老年人中仅有 32.1% 的人实现收支平衡；身体情况的变化和收支平衡与否是成比例的。身体情况好的老年人，更容易实现收支平衡，因为能自理的老人具备基本的劳动力，其中有部分老人还存在打工收入，而且相比失能老年人的身体情况要好，在医疗方面的支出要少。

由图 2-123 可见：身体状况不同老年人得到的救助情况不同，在收支不平衡时，得到的救助最多的是来自儿女资金的支持，分别为：自理老年人得到儿女资金支持的为 32.1%；半失能老年人得到儿女资金支持的为 42.2%；失能老年人得到儿女资金支持的为 49.5%；失智老年人得到儿女资金支持的为 50%；其中享受低保、医疗救助的比例，也随着老年人的身体情况进行变化，身体情况越差的老年人享受低保的比就越高。

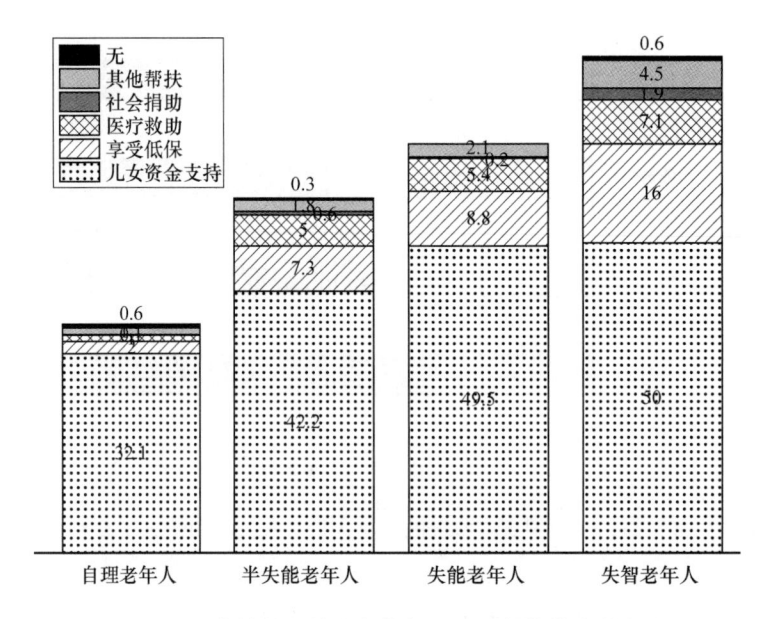

图 2-123 不同身体状况的老年人得到不同帮扶的人数占比（%）

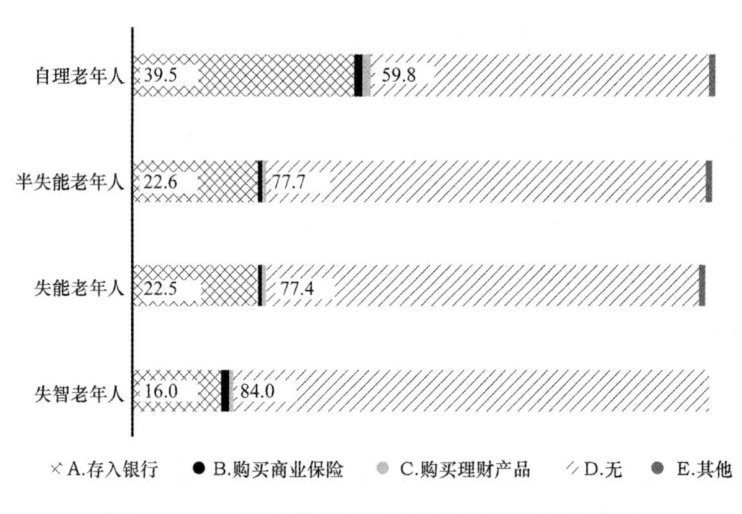

图 2-124 不同身体状况的老年人的理财方式（%）

由图 2-124 见：分析身体状况不同的老年人对应的理财方式可以得出：大部分老年人没有理财方式，而且这个比例根据老年人身体的状况的改变而改变，自理老年人中 59.8% 没有理财方式；半失能老年人中 77.7% 没有理财方式；失能老年人中 77.4% 没有理财方式；失智老年人中 84.0% 没有理财方式。不同身体状况的老年人中占比最多的理财方式是存入银行，其中自理老年人中有 39.5%，半失能老年人中有 22.6%，失能老年人中有 22.5%，失智老年人中有 16.0%。由此可见，老年人身体越好，就有更多的钱存入银行；身体状况越差的老年人，一般不涉及理财方式这块。

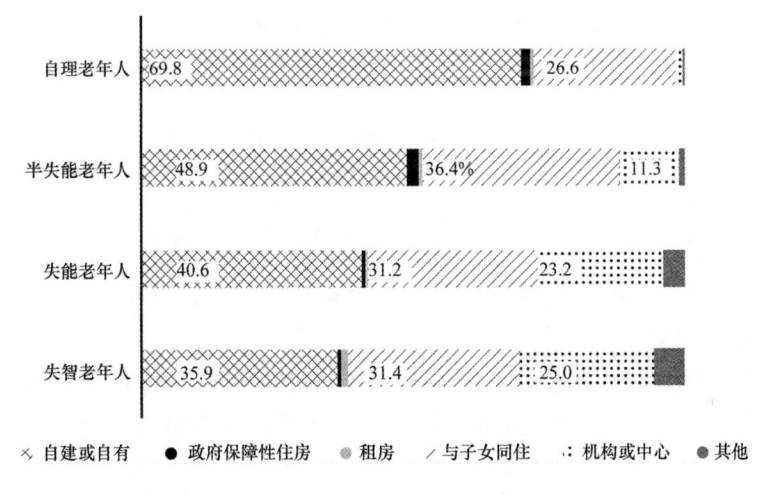

图 2-125　不同身体状况的老年人的住房情况（%）

由图 2-125 可见：分析不同身体状况的老年人的住房情况的不同，可以看出，大部分老年人的住房方式是自建或自有、与子女同住这 2 种方式，自理老年人有 69.8% 是自建或自有；半失能老年人有 48.9% 是自建或自有；失能老年人有 40.6% 是自建或自有；失智老年人有 35.9% 是自建或自有。自理老年人、半失能老年人、失能老年人、失智老年人，与子女同住的情况的比例依次是 26.6%、36.4%、31.2%、31.4%。而且可以看出老人们的住房情况和老人自身的身体状况有很大关系，身体情况越不好的老年人居住在机构或中心的比例就越大。半失能老年人有 11.3% 居住在机构或中心；失能老年人有23.2%居住在机构或中心；失智老年人有25.0%居住在机构或中心。

```
自理老年人   44.7   46.0        11.8  9.3
半失能老年人  46.3   27.8             24.1
失能老年人   26.1   22.0   9.3   47.0
失智老年人   23.1   17.9         53.8
```

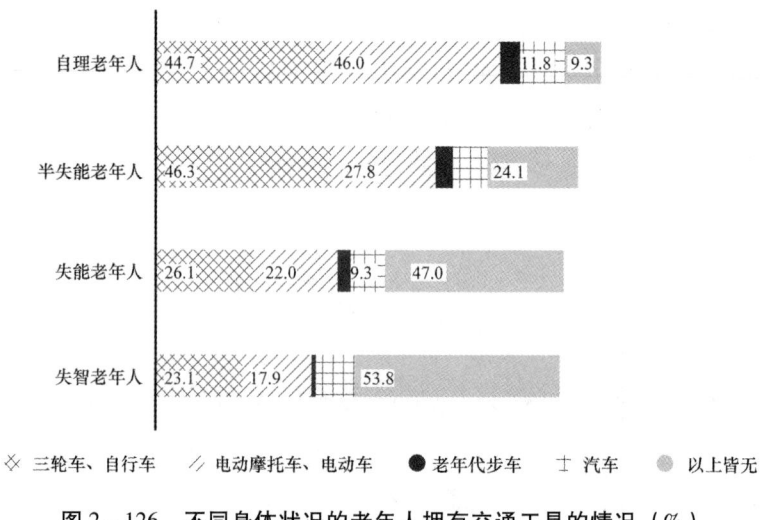

◇ 三轮车、自行车　╱ 电动摩托车、电动车　● 老年代步车　╪ 汽车　▨ 以上皆无

图2-126　不同身体状况的老年人拥有交通工具的情况（%）

由图2-126可见：分析不同身体情况的老年人拥有交通工具情况不同可以看出，身体好的老年人有交通工具比例最多，自理老人中仅有9.3%没有交通工具；半失能老年人中有24.1%没有交通工具；失能老年人中有47.0%没有交通工具；失智老年人中有53.8%没有交通工具；而有交通工具的老人，拥有三轮车、自行车的比例依次是44.7%、46.3%、26.1%、23.1%。拥有电动摩托车、电动车的比例依次是46.0%、27.8%、22.0%、17.9%。

由图2-127可见：分析不同身体状况的老年人购买商业保险情况可以看出，大部分老年人没有购买商业保险，不同身体情况的老年人没有购买商业保险的比例都高达90%以上。可以看出，老人们购买商业保险的情况和老人自身的身体状况并无太多关联。

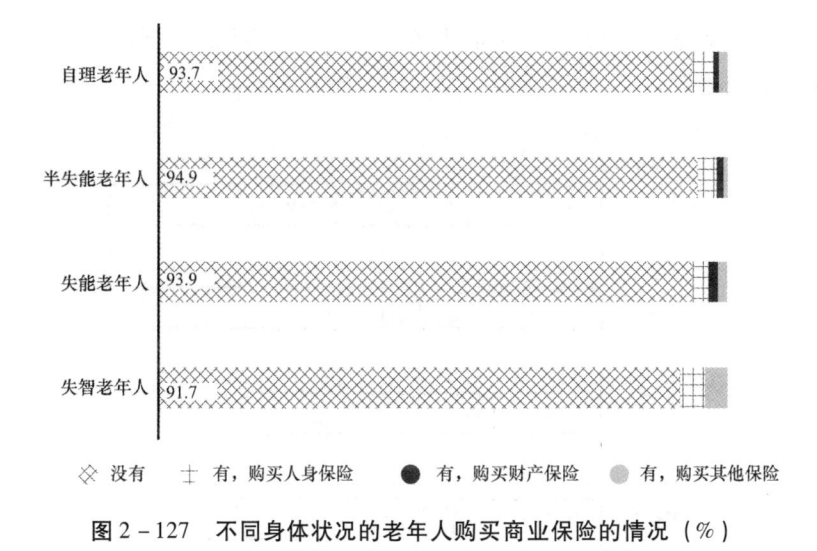

图 2-127 不同身体状况的老年人购买商业保险的情况（%）

2. 身体状况不同养老设施需求差异

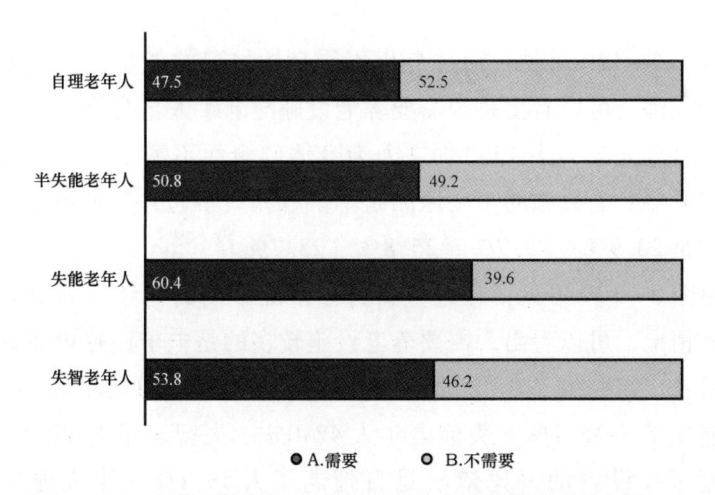

图 2-128 不同身体状况的老年人对养老设施的需求比例（%）

由图 2-128 可见：通过分析不同身体状况的老年人对养老设施需求的比例可以看出：身体越不好的老年人对养老设施需求越大，自理老年人有 47.5% 需要养老设施；半失能老年人有 50.8% 需要养老设施；失能老年人有 60.4% 需要养老设施；失智老年人有 53.8% 需要养老设施。

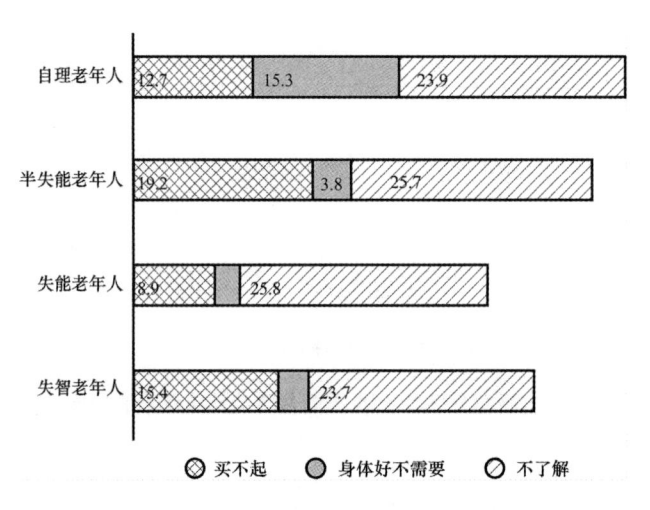

图 2－129　不同身体状况的老年人不需要养老设施的原因占比（%）

由图 2－129 可见：通过分析不同身体情况的老年人不需要养老设施的原因，可以看出是否需要养老设施与老年人自身身体状况密切相关。自理老年人中 15.3% 是因为身体健康而不需要养老设施，而其他不需要养老设施的主要原因是不了解和买不起，其中不了解的占比依次是 23.9%、25.7%、25.8%、23.7%。

由图 2－130 可见：通过分析身体情况不同的老年人需要具体养老设施情况，可以看出，需要养老设施较多的是电子医疗设备和康复医疗设备。需要电子医疗设备的占比依次是，自理老年人 34.6%、半失能老年人 35.1%、失能老年人 42.0%、失智老年人 37.2%。需要康复医疗设备的占比依次是自理老年人 19.1%、半失能老年人 23.0%、失能老年人 31.3%、失智老年人 21.8%。

第二章　石家庄市老年人需求调研报告 | 113

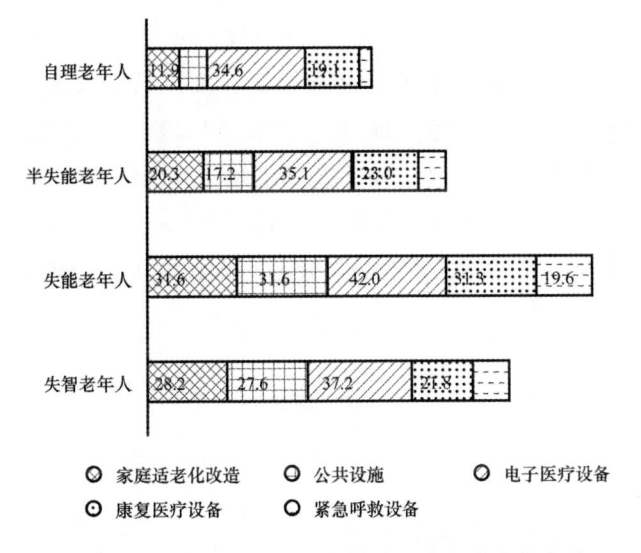

自理老年人 11.9 | 34.6 | 19.1
半失能老年人 20.3 | 17.2 | 35.1 | 28.0
失能老年人 31.6 | 31.6 | 42.0 | 31.8 | 19.6
失智老年人 28.2 | 27.6 | 37.2 | 21.8

○ 家庭适老化改造　　○ 公共设施　　○ 电子医疗设备
○ 康复医疗设备　　○ 紧急呼救设备

图2-130　不同身体状况的老年人养老设施需求人数占比（%）

3. 身体状况不同基本生活照顾服务需求差异

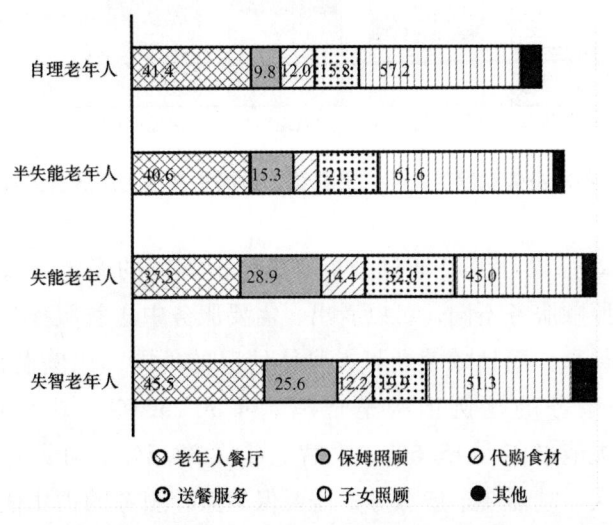

自理老年人 41.4 | 9.8 | 12.0 | 15.8 | 57.2
半失能老年人 40.6 | 15.3 | 23.1 | 61.6
失能老年人 37.3 | 28.9 | 14.4 | 32.3 | 45.0
失智老年人 45.5 | 25.6 | 12.2 | 33.9 | 51.3

○ 老年人餐厅　　○ 保姆照顾　　○ 代购食材
○ 送餐服务　　○ 子女照顾　　● 其他

图2-131　不同身体状况的老年人餐饮方面需要得到的服务的人数占比（%）

由图2-131可见：分析不同身体情况的老年人在餐饮方面希望得到的服务，可以看出老年人在餐饮方面最需要的服务是老年人餐厅和子女照顾。需要老年人餐厅的比例自理老年人是 41.4%、半失能老年人为 40.6%、失能老年人为 37.3%、失智老年人为 45.5%。需要子女照顾服务的比例自理老年人是 57.2%、半失能老年人为 61.6%、失能老年人为 45.0%、失智老年人为 51.3%。而需要保姆照顾和送餐服务的比例明显与老人的身体状况有关，他们的比例依次是失能老年人需求最高，其次是失智老年人，需求最小的则是自理老年人。

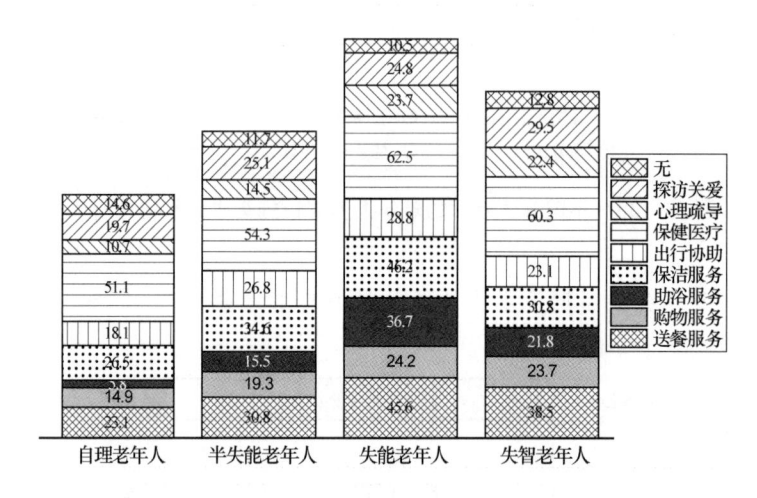

图 2-132　不同身体状况的老年人需要居住地提供基本生活服务人数占比（%）

由图 2-132 可见：通过分析身体情况不同的老年人需要所住地提供生活照顾服务不同，可以看出，需要服务中送餐服务和保健医疗服务占比最高。而且随着老年人身体情况的不同，比例也有所变化。其中送餐服务的比例依次是自理老年人 23.1%、半失能老年人 30.8%、失能老年人 45.6%、失智老年人 38.5%。可见身体状况越差的老年人，越需要送餐服务；需要保健医疗服务的占比依次是自理老年人 51.1%、半失能老年人 54.3%、失能老年人 62.5%、失智老年人 60.3%。可见身体状况越差的老年人越需要保健医疗服务。可以看出不论哪种照顾服务，失能老年人的需求，要比其他老年人的比例都要高一些。

由图 2-133 可见：通过分析不同身体情况的老年人的所在地提供服务的比例，可以看出：各种身体状况老年人的所在地没有提供照顾服务占比都较大，自理老年人的所在地中有 43.7% 没有提供生活照顾服务；半失能老年人的所在地中有 38.9% 没有提供生活照顾服务；失能老年人的所在地中有 28.8% 没有提供生活照顾服务；失智老年人中有 30.1% 没有提供生活照顾服务。所在地提供的生活照顾服务占比最多的是保健医疗服务，依次是 38%、39.2%、49.9%、42.9%。

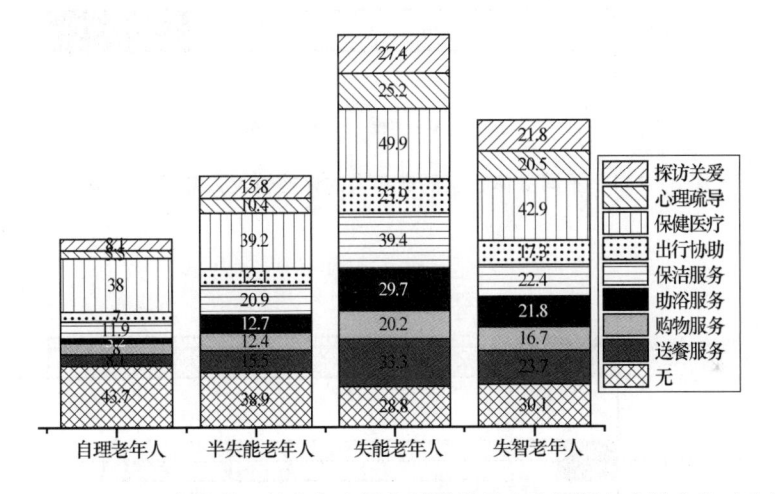

图 2-133 不同身体状况的老年人居住地提供基本生活服务人数占比（%）

4. 身体状况不同医养、康养、护理、康复方面需求差异

由图 2-134 可见：通过分析不同身体情况老年人体检情况，可以看出：老年人体检情况和他自身身体状况是有联系的，自理老年人的体检比例最高，是 89.9%；其次是半失能老年人为 81.3%；失能老年人的身体不方便所以体检比例最低为 70.8%；失智老年人为 74.4%。

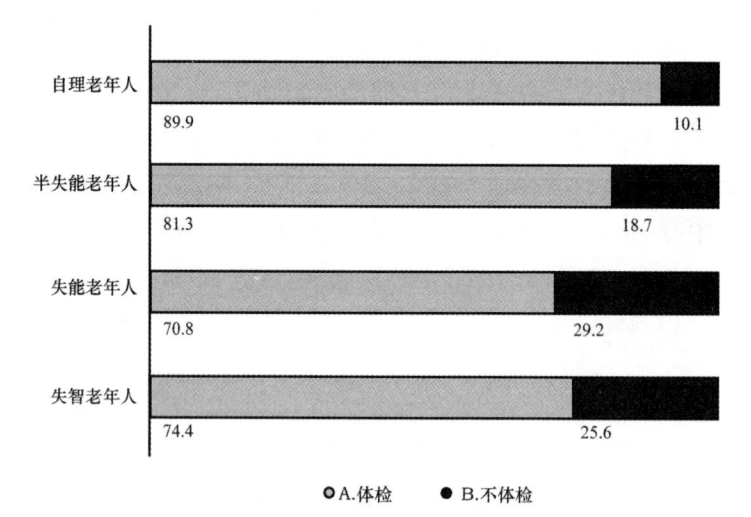

图 2-134　不同身体状况的老年人的体检情况人数占比（%）

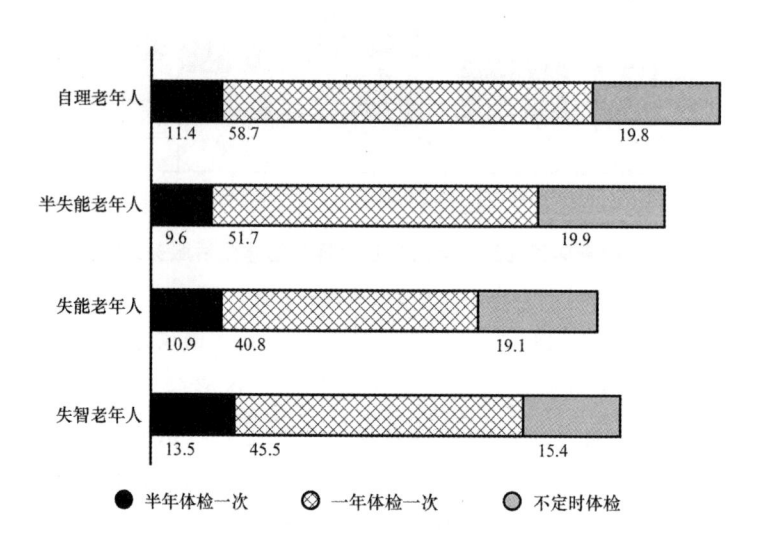

图 2-135　不同身体状况的老年人的体检周期人数占比（%）

由图 2-135 可见：通过分析不同身体情况的老年人的体检周期，可以看出，大部分老年人的体检周期是每年 1 次，而且比例也会随着老年人的身体情况发生轻微变动。其中自理老年人每年体检1次的比例是58.7%；半失能老年人1年体检1次的比例是51.7%；失能老年人1年体检1次的比例是40.8%；失智老年人1年体检1次的比例是45.5%。可见，老年人身体状况越差，体检比例也就越低。

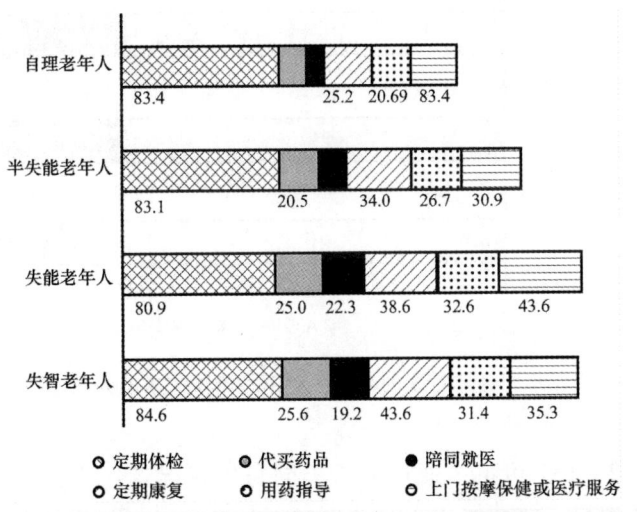

类别	定期体检	代买药品	陪同就医	定期康复	用药指导	上门按摩保健或医疗服务
自理老年人	83.4			25.2	20.69	83.4
半失能老年人	83.1	20.5		34.0	26.7	30.9
失能老年人	80.9	25.0	22.3	38.6	32.6	43.6
失智老年人	84.6	25.6	19.2	43.6	31.4	35.3

图2-136 不同身体状况的老年人希望得到的医养、康养服务人数占比（%）

由图2-136可见：通过分析不同身体状况老年人希望得到的医养、康养服务可以看出，老年人最希望得到的医养、康养服务是定期体检，比例依次是83.4%、83.1%、80.9%、84.6%；其中占比的大小与老年人身体状况也有一定联系。其次希望得到的服务是定期康复服务，身体情况越不好的人需要的比例也越大，依次是25.2%、34.0%、38.6%、43.6%；无论老年人身体状况任何变化，对上门按摩保健或者医疗服务的占比需求都比较高，尤其是失能、失智老年人对上门按摩保健或医疗服务的占比分别达到了43.6%和35.3%；此外，在用药指导方面需求，随着老年人失能程度的加深，需求占比呈现大幅增加趋势，自理老年人、半失能老年人、失能老年人需求占比分别为20.69%、26.7%、32.6%。总之，随着老年人失能程度的加深，在定期体检、代买药品、陪同就医、定期康复、用药指导、上门按摩保健或医疗服务的需求都呈现了上升趋势。

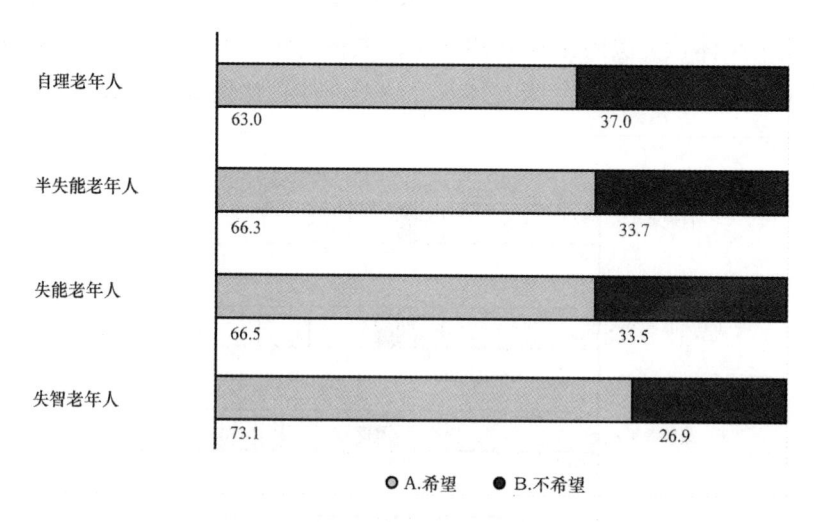

自理老年人	63.0	37.0
半失能老年人	66.3	33.7
失能老年人	66.5	33.5
失智老年人	73.1	26.9

○A.希望　●B.不希望

图2-137　不同身体状况的老年人对家庭床位需求的人数占比（%）

由图2-137可见：通过分析不同身体状况老年人是否希望设置家庭床位情况，可以看出大部分老年人是希望设置家庭床位的，而比例也随着老年人身体状况有所变化。依次是自理老年人中有63.0%的人希望设置；半失能老年人中有66.3%的人希望设置；失能老年人中有66.5%的人希望设置；失智老年人中有73.1%的人希望设置。可见，身体状况越差的老年人，越希望设置家庭床位。

5. 身体状况不同精神慰藉服务方面需求差异

由图2-138可见：通过分析不同身体情况老年人需要得到的精神慰藉可以看出：不论身体状况如何，老年人最希望得到的精神慰藉是子女常回家看看，希望子女常回家看看的比例依次是73.2%、70.8%、76.7%、61.5%。其次希望得到的精神慰藉是老伴体贴和邻里常走动，它们的占比也随着老年人身体情况不同而发生变化。整体来看：随着老年人身体状况恶化，希望老伴体贴的占比越来越小，希望邻里之间经常走动的占比越来越小，而希望社会工作者上门服务或者心理咨询服务的占比呈现上升趋势。

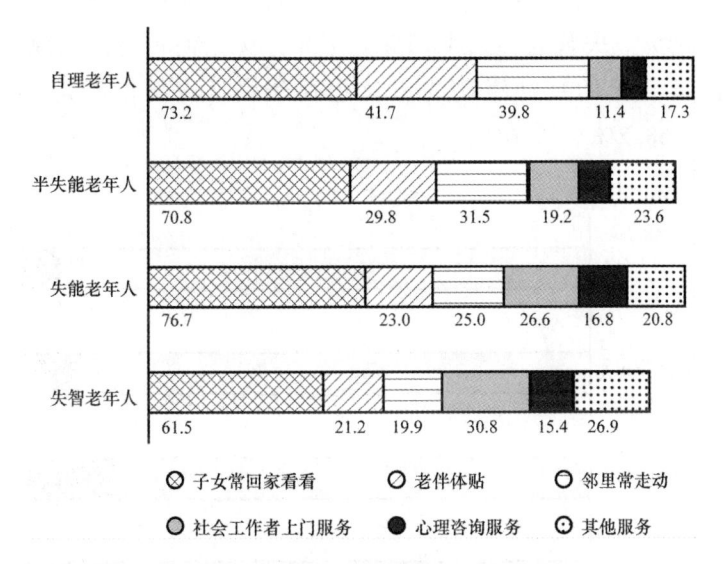

图 2-138　不同身体状况的老年人需要得到的精神慰藉服务人数占比（%）

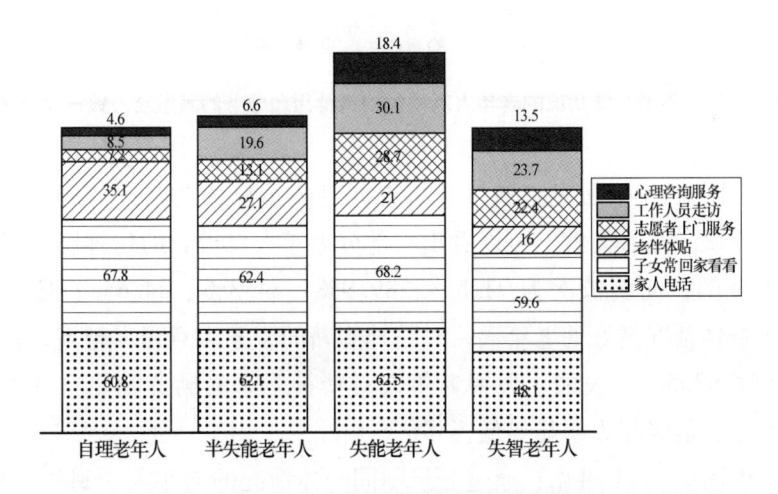

图 2-139　不同身体状况的老年人得到最多的精神慰藉服务方式人数占比（%）

由图 2-139 可见：通过分析不同身体情况的老年人得到的精神慰藉情况，可以看出，老年人无论何种身体状况，老年人得到最多的精神慰藉是家人打电话问候和子女常回家看看。其中得到家人电话问候的比例依次是自理老年人 60.8%、半失能老年人 62.1%、失能老年人 62.5%、失智老年人 48.1%。老年人无论何种身体状况，希望子女回家看看的精神慰藉的占比也比较高，比例依次是 67.8%、62.4%、68.2%、59.6%。

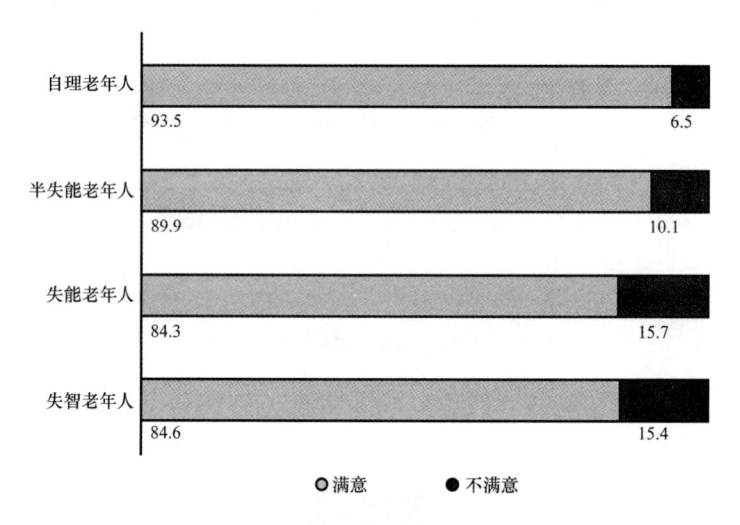

```
自理老年人    93.5                              6.5
半失能老年人  89.9                              10.1
失能老年人    84.3                              15.7
失智老年人    84.6                              15.4
              ○满意    ●不满意
```

图 2-140　不同身体状况的老年人对提供的精神慰藉服务的满意度人数占比（%）

由图 2-140 可见：通过分析不同身体情况的老年人对提供的精神慰藉服务是否满意，可以看出大部分老年人对得到的精神慰藉服务是满意的，比例依次为 93.5%、89.9%、84.3%、84.6%，还可以看出身体情况越好的老年人，对精神慰藉的服务满意程度越高，占比达到了 93.5%，失能、失智老年人对精神慰藉的满意度比自理老年人和半失能老年人明显要低得多。

由图 2-141 可见：通过分析不同身体情况的老年人受到的歧视、辱骂等行为的图表可以看出，失智老年人受到的歧视的比例最高，而其他身体情况的老年人受到歧视、辱骂等行为的比例较低。

由图 2-142 可见：通过分析不同身体状况的老年人目前的精神状态，可以看出老年人的精神状态和老年人自身的身体情况有紧密的关联，身体越不好的老年人孤独苦闷的占比越大。反之身体情况越好

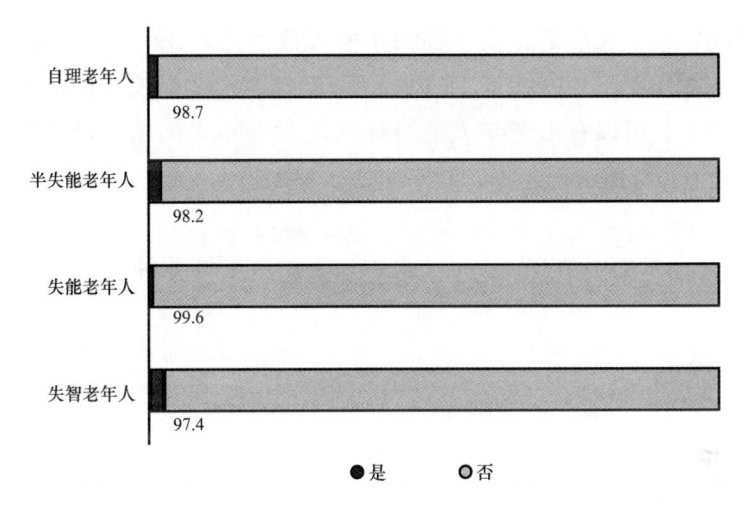

第二章　石家庄市老年人需求调研报告 | 121

图2-141　不同身体状况的老年人受到歧视、辱骂等行为的人数占比（%）

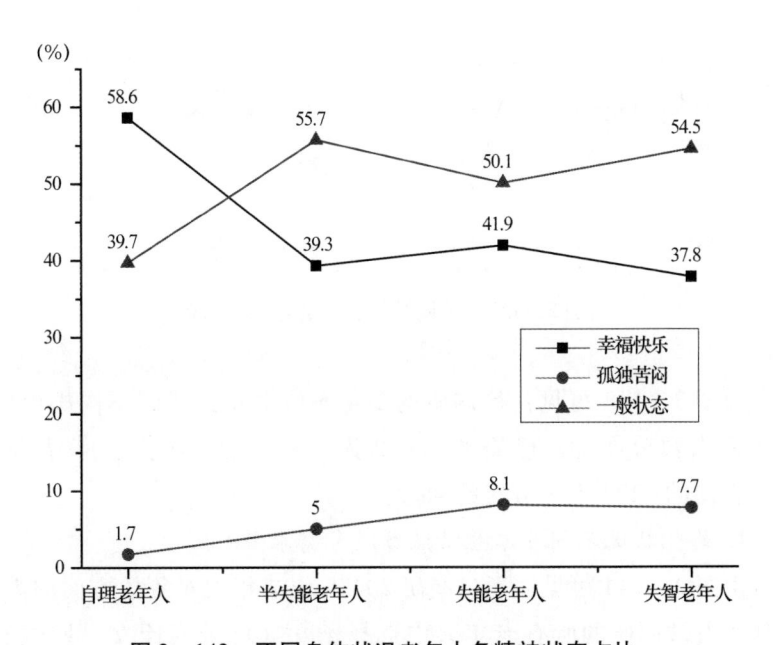

图2-142　不同身体状况老年人各精神状态占比

的老年人幸福快乐的比例越高。其中自理老年人幸福快乐的人数占比是 58.6%；半失能老年人幸福快乐的人数占比是 39.3%；失能老年人幸福快乐的人数占比是 41.9%；失智老年人幸福快乐的人数占比是 37.8%；可以看出老年人的身体状况对老年人的精神状态影响很大，老年人身体状况越好，其幸福快乐程度越高。

（六）不同婚姻状况老年人养老服务需求差异分析

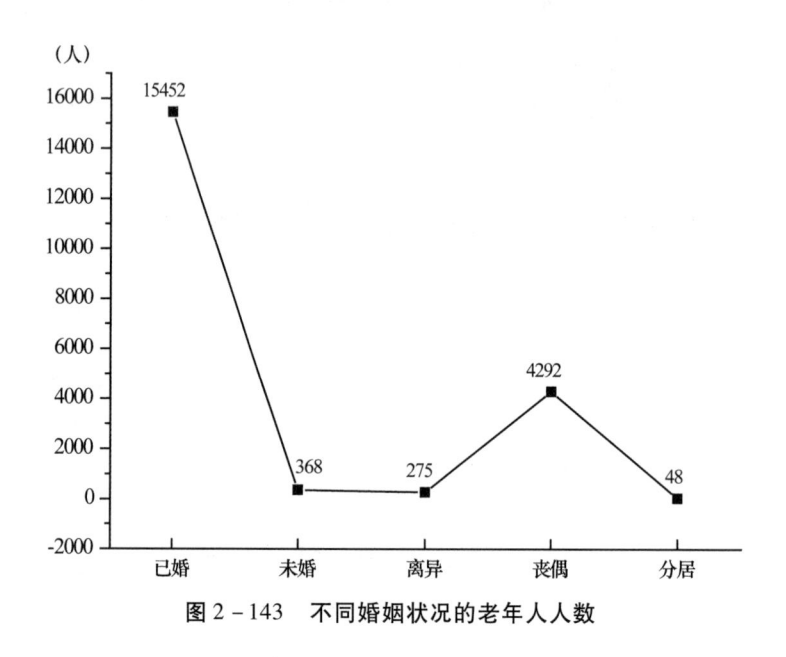

图 2-143 不同婚姻状况的老年人人数

由图 2-143 可见：被调研的 20435 位老年人中，不同婚姻状况老年人人数分布为：已婚的 15452 人、未婚的 368 人、离异的 275 人、丧偶的 4292 人、分居的 48 人。

1. 婚姻状况不同基本生活照顾服务需求差异

由图 2-144 可见：通过调研 20435 位老年人对餐饮方面的需求，整体来看被调研的所有老年人中选择子女（侄子或侄女）照顾的占比最多的是丧偶人群，占比为 58.3%，其次是已婚人群，占比为 58.2%。选择子女照顾比较少的是未婚人群（侄子或侄女照顾）和离异人群，分别为 17.9% 和 29.8%。选择老年人餐厅服务和送餐服务的占比最多的是未婚老年人群体，为 59.2%、31.3%，其次是离异老年人群体，为 54.2%、29.8%。选择保姆照顾和代购食材最多的是分居老年人群体，为 22.9%、20.8%，其次是离异老年人群体，为 22.2%、15.3%。

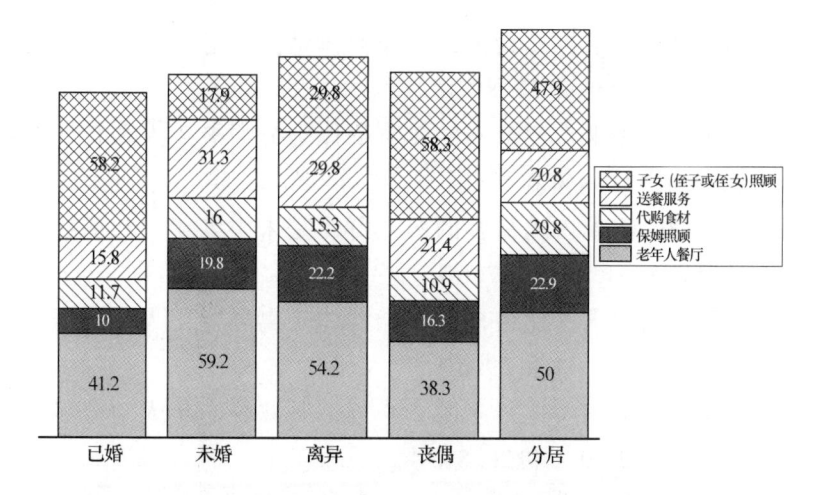

图 2-144 不同婚姻状况的老年人餐饮服务需求人数占比（%）

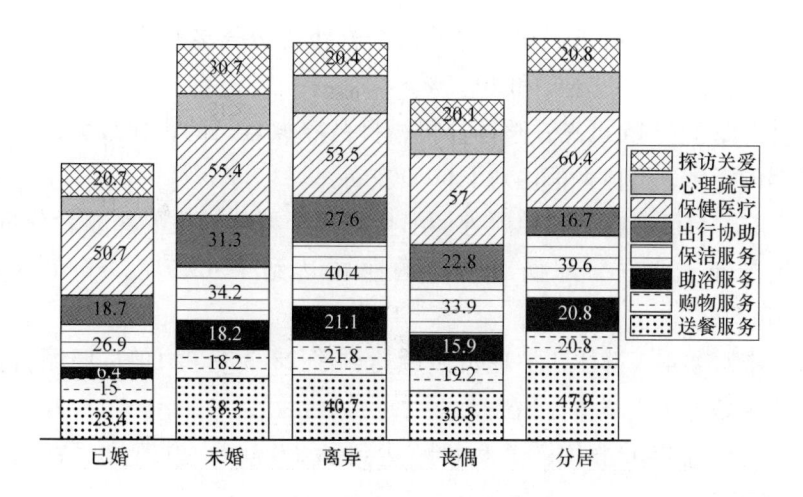

图 2-145 不同婚姻状况的老年人基本生活服务需求人数占比（%）

由图 2-145 可见：整体分析，每一种婚姻状况占比最多的 3 种基本生活服务为，保健医疗服务、送餐服务、保洁服务，说明老年人对这 3 种基本生活服务需求比较强烈。

从细化到各个基本生活服务需求来看，探访关爱的需求占比最多的 2 个群体是未婚老年人和分居老年人，占比分别为 30.7% 和 20.8%。

心理疏导的需求占比最多的 2 个群体是分居老年人和离异老年人，占比分别为 25% 和 23.8%。

保健医疗的需求占比最多的 2 个群体是分居老年人和丧偶老年人，占比分别为 60.4% 和 57%。

出行协助的需求占比最多的两个群体是未婚老年人和离异老年人，占比分别为 31.3% 和 27.6%。

保洁服务的需求占比最多的 2 个群体是离异老年人和分居老年人，占比分别为 40.4% 和 39.6%。

助浴服务的需求占比最多的 2 个群体是离异老年人和分居老年人，占比分别为 21.1% 和 20.8%。

购物服务的需求占比最多的两个群体是离异老年人和分居老年人，占比分别为 21.8% 和 20.8%。

送餐服务的需求占比最多的两个群体是分居老年人和离异老年人，占比分别为 47.9% 和 40.7%。

由图 2-146 可见：整体分析，自己照顾自己的占比最大，除了丧偶的老年人群体，都达到了 60% 左右。

除了自己对自己的照顾外，细化到每个群体的主要照顾者分析：已婚老年人群体，配偶对自己的照顾达到了 42.7%，子女达到了 23.5%。

未婚老年人群体，护理员照顾达到了 28.3%。护理员照顾占比中，未婚老年人群体占比最大。

离异老年人群体，子女照顾达到了 27.3%，护理员照顾达到了 15.6%。

丧偶老年人群体，子女照顾达到了 47.3%，在子女照顾中，丧偶

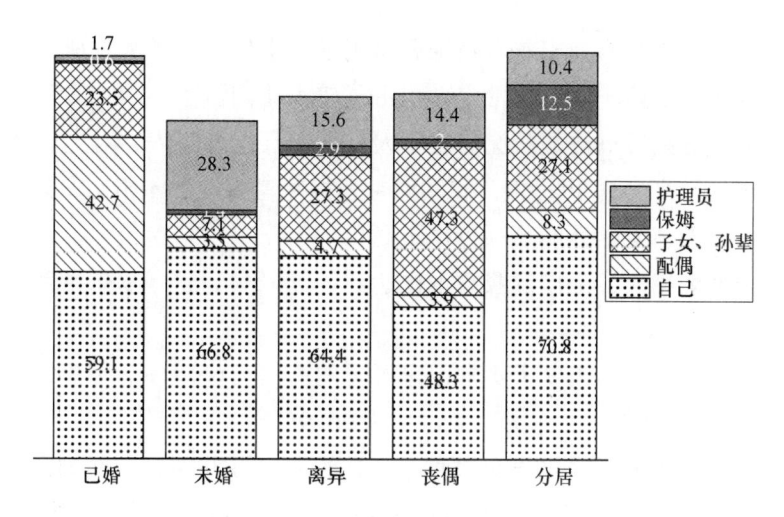

图2-146 不同婚姻状况的老年人受照顾的方式人数占比（%）

老年人群体占比最大，能够看出丧偶老年人更需要子女的关心。

分居老年人群体，子女照顾达到了27.1%，保姆照顾达到了12.5%，保姆照顾中，分居老年人群体占比最大。

2. 婚姻状况不同精神慰藉服务方面需求差异

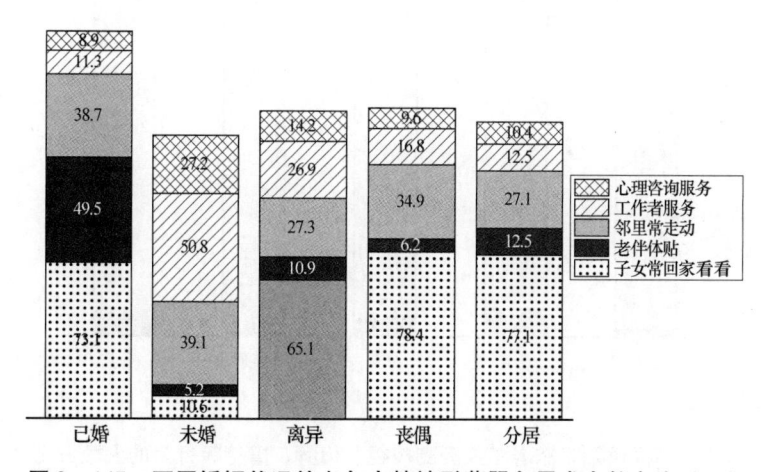

图2-147 不同婚姻状况的老年人精神慰藉服务需求人数占比（%）

由图2-147可见：精神慰藉服务需求整体分析，除了未婚老年人群体,对子女常回家看看精神慰藉服务需求的比例最大。所有婚姻状况老年人群体中,邻里常走动也占了较大比例。

细化讨论每一婚姻状况的老年人群体,已婚老年人,对老伴体贴的需求比较高,为49.5%,和其他4类特殊老年人群体相比,只有已婚老年人群体老伴体贴这项占比最高。

未婚老年人,工作者服务占比达到了50.8%,这一项未婚老年人占比最高。

离异老年人,需要子女常回家看看的占比为65.1%、邻里常走动的占比为27.3%、工作者服务占比为26.9%。

丧偶老年人,需要子女常回家看看的占比为78.4%,邻里常走动的占比为34.9%,其中子女常回家看看这一项占丧偶老年人群体的最大比例。

分居老年人,需要子女常回家看看的占比为77.1%,邻里常走动的占比为27.1%。

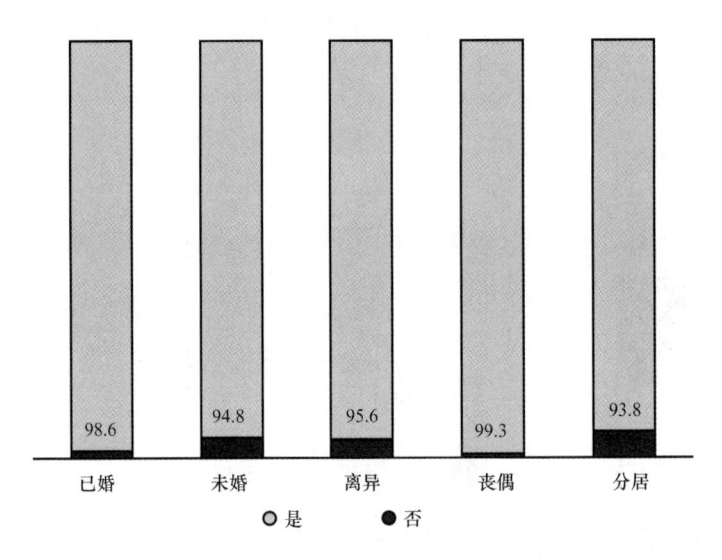

图2-148 不同婚姻状态老年人受到歧视、侮辱、虐待等行为的人数占比(%)

由图2-148可见:对受到歧视、侮辱、虐待等行为的结果分析,没有受过类似行为的占比分别为，已婚老年人 98.6%，未婚老年人 94.8%，离异老年人 95.6%，丧偶老年人 99.3%，分居老年人 93.8%，可见受过该行为比例最大的是分居老年人，占比 6.2%，其次是未婚老年人 5.2%。

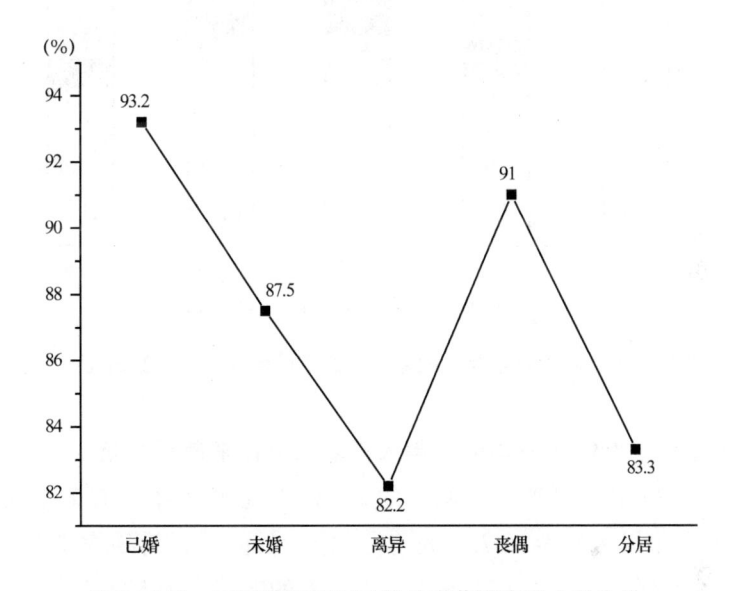

图 2-149　不同婚姻状况对精神慰藉满意度人数占比

由图 2-149 可见：对精神慰藉满意度最高的是已婚老年人群体，达到了 93.2%，其次是丧偶老年人群体，对精神慰藉的满意度为 91%，最低的是离异老年人群体和分居老年人群体，对精神慰藉的满意度分别为 82.2% 和 83.3%

由图 2-150 可见：目前精神状态为幸福快乐的占比最高的是已婚老年人群体，为 57.7%，其次是离异老年人群体，为 47.6%。目前的精神状态为孤独苦闷的占比最高的是未婚老年人群体和离异老年人群体，分别为 9.5% 和 8.7%。

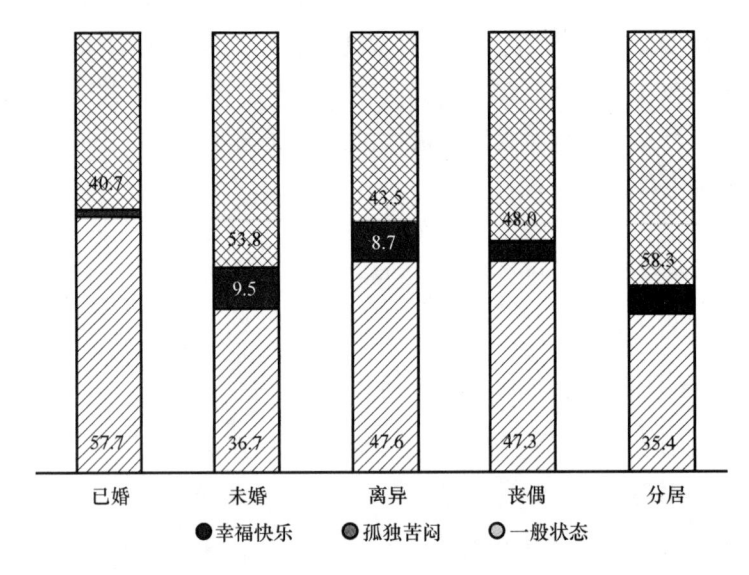

图 2-150 不同婚姻状况的老年人的不同精神状态人数占比（%）

（七）子女情况不同的老年人养老服务需求差异分析

由图 2-151 可见：被调研的 20435 位老年人中，有 2 个及以上子女的老年人人数为 16727 人，占比为 81.85%，为绝大部分，有 1 个子女的老年人人数为 3135 人，无子女的老年人为 573 人。

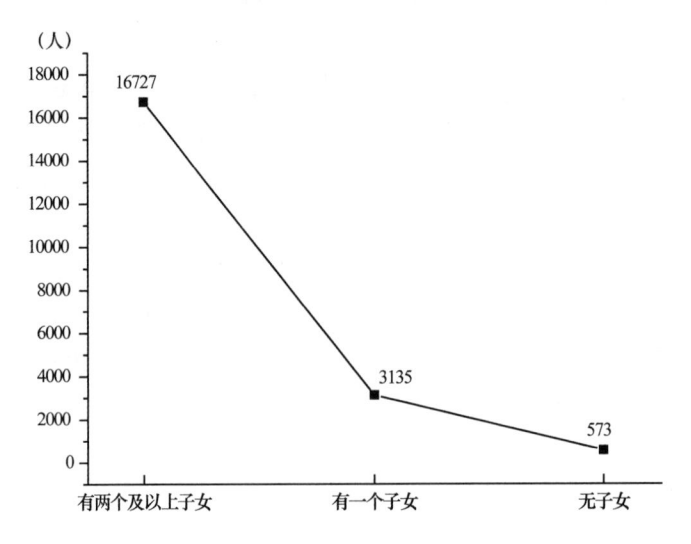

图 2-151 不同子女情况老年人数量

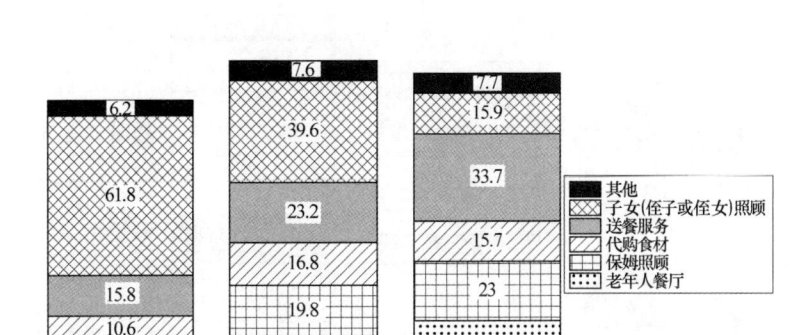

1. 子女状况不同基本生活照顾服务需求差异分析

图 2-152　子女情况不同餐饮服务需求人数占比（%）

由图 2-152 可见：通过调研 20435 位老年人对餐饮方面的需求，整体来看，被调研的所有老年人中选择老年人餐厅的占比明显无子女的老年人群最大，占到了 57.2%，有 1 个子女的老年人群体选择老年人餐厅的占比达到了 51.1%，有 2 个及以上子女的占到了 38.7%，占比最少。

选择子女照顾的占比最多的是有 2 个及以上子女的老年人群体，为 61.8%，其次是有 1 个子女的老年人群体，为 39.6%。

选择送餐服务、代购食材、保姆照顾等服务的老年人占比趋势都是随着有 2 个及以上子女、有一个子女、无子女的老年人群体而递增。

由图 2-153 可见：基本生活照顾中探访关爱服务、心理疏导服务、出行协助服务、助浴服务、送餐服务的需求老年人占比最大的都是无子女的老年人群体；保健医疗服务需求老年人占比最大的是有 2 个及以上子女的老年人群体；保洁服务、购物服务需求老年人占比最大的是有 1 个子女的老年人群体。

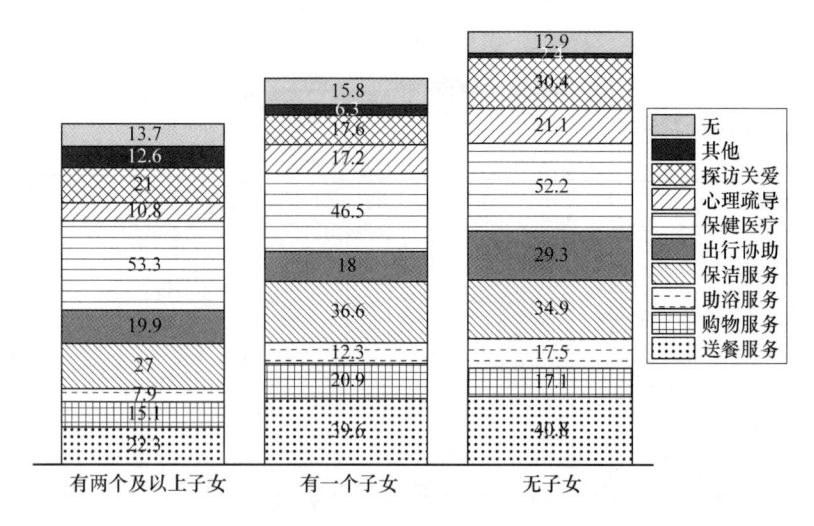

图 2-153 子女情况不同所需服务方式人数占比（%）

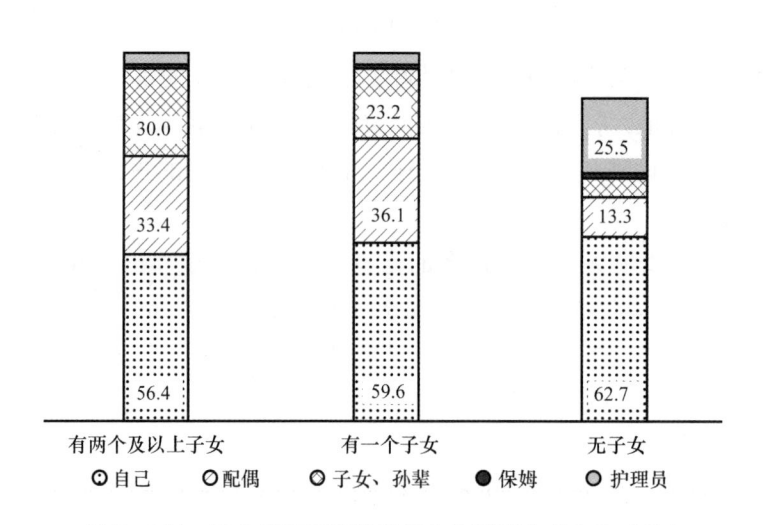

图 2-154 子女状况不同的老年人的照顾方式占比（%）

由图 2-154 可见：对子女状况不同的老年人的照顾者分析，护理员照顾老年人占比最大的是无子女老年人群体，达到了 25.5%，被访问老年人中，保姆照顾的比例都比较小，配偶照顾的占比中最大的是有 1 个子女的老年人群体，达到了 36.1%，子女照顾的占比最大的是有 2 个及以上子女的老年人群体，达到了 30.0%。自己照顾自己的比例最高的是无子女的老年人群体，达到了 62.7%。

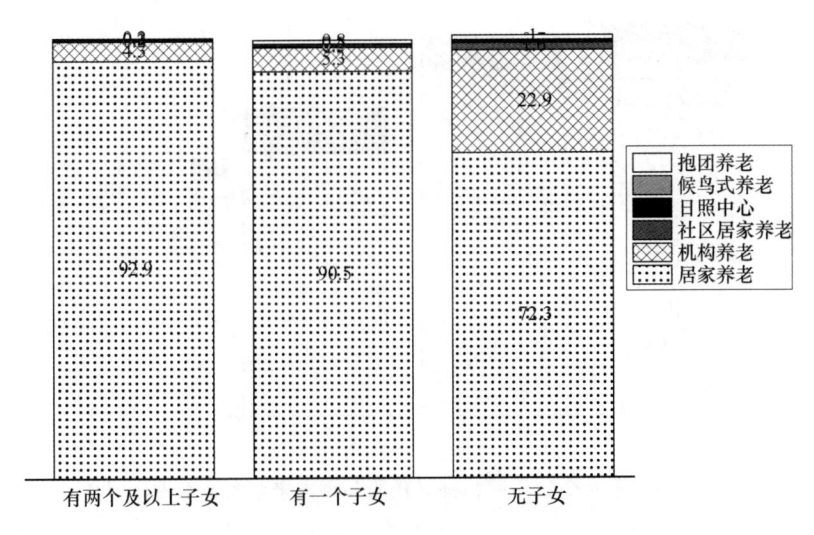

图 2-155　子女情况不同养老方式人数占比（%）

由图 2-155 可见：大部分老年人都是居家养老，而抱团养老、候鸟式养老、日照中心、社区居家养老等养老方式的老年人占比都非常小，在机构养老的老年人中，无子女的老年人占比最大，为 22.9%，有 1 个子女的老年人占比为 5.3%，有 2 个及以上子女的老年人占比最小为 4.3%。可见，老年人如果子女多，选择入住养老机构的占比会降低，有 2 个及以上子女入住养老机构的占比比有 1 个子女和无子女的占比低。

2. 子女状况不同精神慰藉服务需求差异分析

由图 2-156 可见：老年人对子女常回家看看的精神慰藉服务需求最大，有 2 个及以上子女的老年人占比 74.7%，有 1 个子女的老年人占比 74.9%，基本和有 2 个及以上子女的老年人群体占比相同，无子女的老年人群体在工作者上门服务和邻里常走动 2 项精神慰藉服务的占比较高，分别达到了 44% 和 33.7%，心理咨询精神慰藉服务也是无子女的老年人群体占比较高,达到了 24.1%,老伴体贴服务需求,有 2 个及以上子女和有 1 个子女的老年人占比基本相同,分别为 39.7% 和 39.4%。

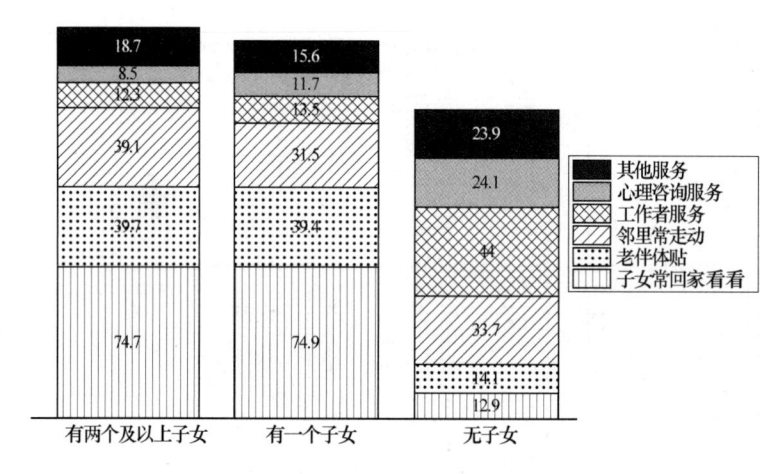

图 2-156　子女个数不同精神慰藉服务需求老年人人数占比(%)

由图 2-157 可见:对精神慰藉服务的满意程度由高到低排序为,有 2 个及以上子女的老年人群体,占比为 93.4%,有 1 个子女的老年人群体占比为 88.7%,无子女的老年人群体占比为 87.6%。可见,有子女的比无子女的精神慰藉服务满意度高,目前有 2 个及以上子女的比有 1 个子女的精神慰藉满意度要高。

由图 2-158 可见:对是否受到过歧视、辱骂、虐待等行为的分析,受到过这种行为的占比由低到高排序为,有 2 个及以上子女的老年人群体占比为 1%,有 1 个子女的老年人群体占比为 2.5%,无子女的占比为 3.8%。可见没有子女的老年人受到歧视的比例要高。调研组在调研的过程中发现:在养老机构里边,没有子女的老年人受到歧视的占比会更高。在石家庄市某地调研过程中,有一位老年人因为没有子女,当看到同屋的老年人的儿媳妇过来探访时,就会向同屋这个老年人的儿媳妇诉说护理员对自己不友好的事实,这也反映出老年人自己没有儿女,从心理上不如有儿女的幸福感强。与此同时,个别

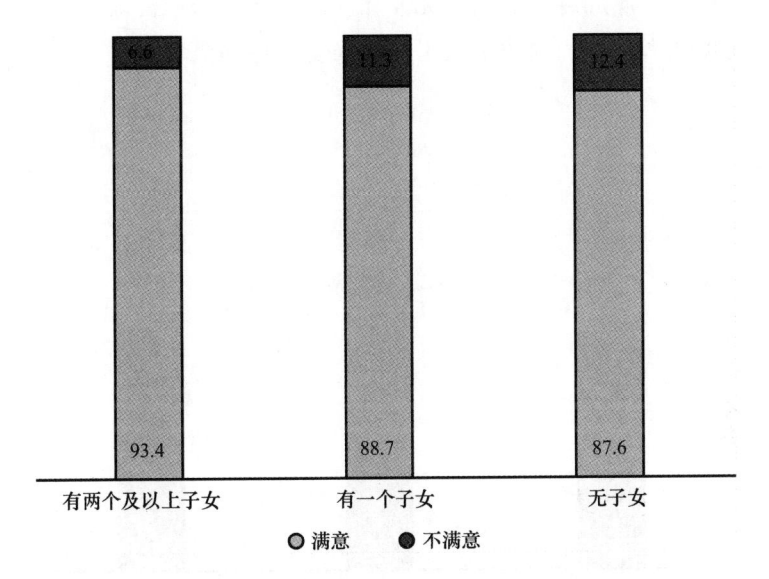

图 2-157　对精神慰藉服务满意度与子女个数对比分析（%）

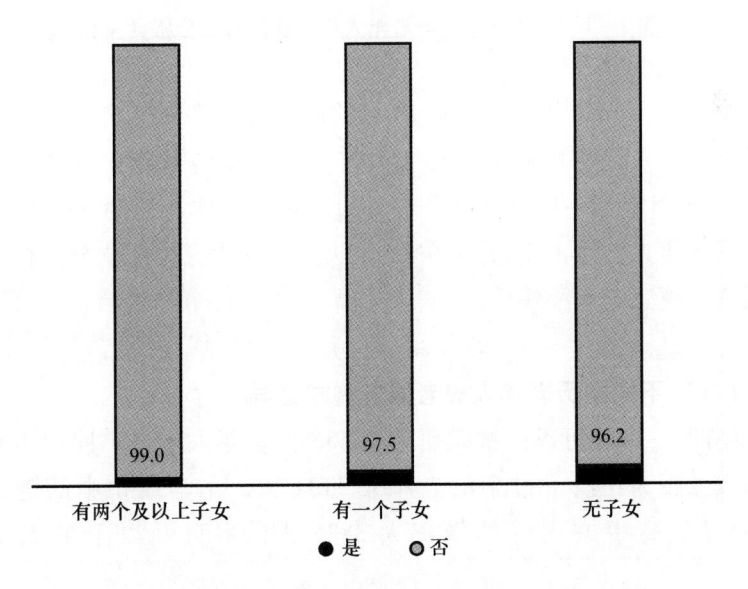

图 2-158　受到歧视、辱骂、虐待等行为与子女个数对比分析（%）

护理员由于素质问题，也会对无儿无女的老年人采取冷暴力或者不友善的态度或者行为，这也加大了老年人受虐待的概率。

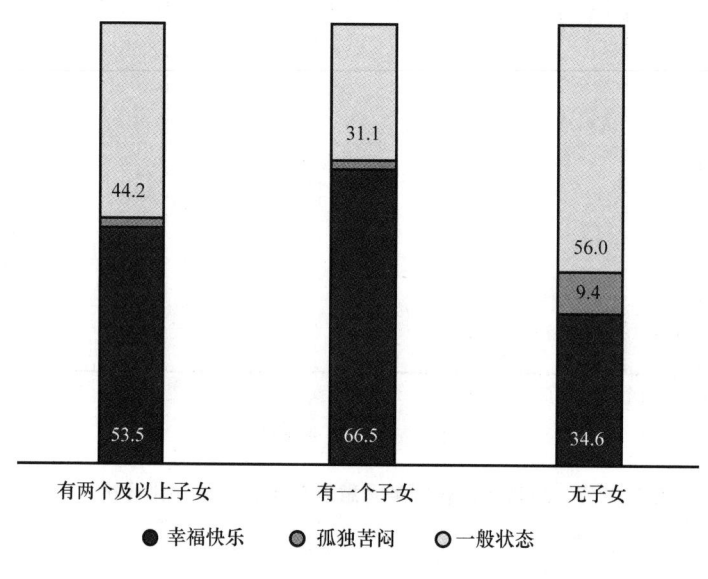

图 2-159　子女个数与老年人精神状态对比分析（%）

由图 2-159 可见：对老年人目前的精神状态对比分析，幸福快乐的老年人占比由高到低排序为，有 1 个子女的老年人群体占比最高，为 66.5%，有 2 个及以上子女的老年人群体占比为 53.5%，无子女的老年人群体占比为 34.6%。可见，有 1 个子女的老年人的幸福感最强，更感觉幸福快乐。

（八）不同学历老年人养老服务需求差异

由图 2-160 可见：被调研的 20435 位老年人中，不同学历老年人人数分布为：没上过学的老年人 3134 人，小学或初中的老年人 13195 人，高中或大专的老年人 3835 人，本科及以上的老年人 271 人。

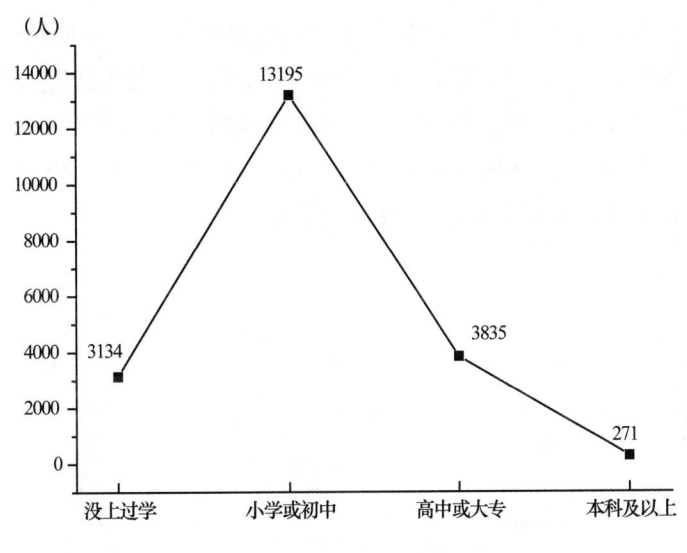

图 2-160 不同学历老年人数

1. 学历不同经济保障差异分析

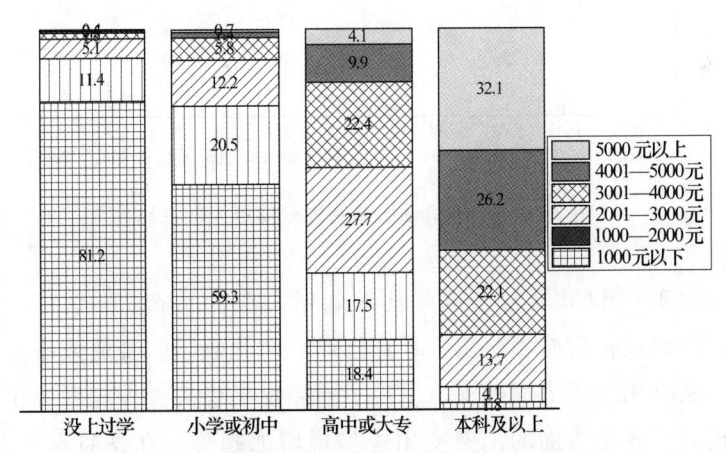

图 2-161 不同学历不同收入老年人数占比（%）

由图 2-161 可见：从图中能够非常明显地看出，随着学历的增高，每月收入也会随着增加。1000 元以下收入的没上过学的老年人占比达到了 81.2%，小学或初中的老年人占比为 59.3%，高中或大专的老年人占比为 18.4%，本科及以上的老年人占比仅为 1%。说明学历越低的老年人，每月收入在 1000 元以下的占比越高。4000 元以上收入的老年人，学历在初中以下的占比基本为零，学历为高中或大专的占比为 14%，学历在本科及以上的占比达到了 58.3%，可见老年人的学历水平和老年人的月收入成正比。

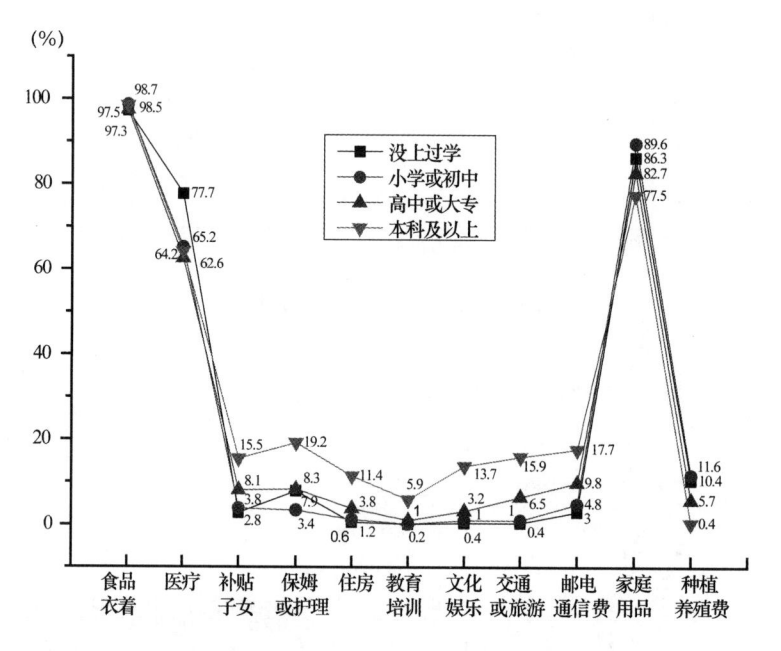

图 2-162　不同学历消费支出项目人数占比

由图 2-162 可见：不同学历的老年人在食品衣着、医疗、补贴子女、保姆或护理费、住房、教育培训、文化娱乐、交通或旅游、通信费、家庭用品等方面的支出呈现了同频发展趋势，即随着老年人学历的提升，各个方面的消费支出也呈现增加趋势。在食品衣着方面，和家庭日用品方面为每个老年人的日常花销，不需要详细分析。在医疗方面，没上过学的老年人消费支出占比最高，为 77.7%，可见学历低的老年人在医疗方面消费支出占比，比高学历的老年人更高一些，这与低收入老年人收入低、没有更高水平的医疗保障有关。除了基本生活，就是在医疗服务方面支出有很大的关系；补贴子女方面、保姆或护理费方面、住房支出、教育培训费支出、文化娱乐支出、交通或旅游支出、电话上网费用支出等方面本科及以上学历的老年人占比，都明显高于其他学历的老年人占比。而种植养殖业支出，没上过学或上过小学的老年人占比明显高于本科及以上或高中、大专学历的老年人。可见，学历高的老年人的收入高，也就增加了支出的项目种类，特别是增加了一些旅游消费、娱乐消费、教育消费等。

2. 学历不同文化教育服务差异分析

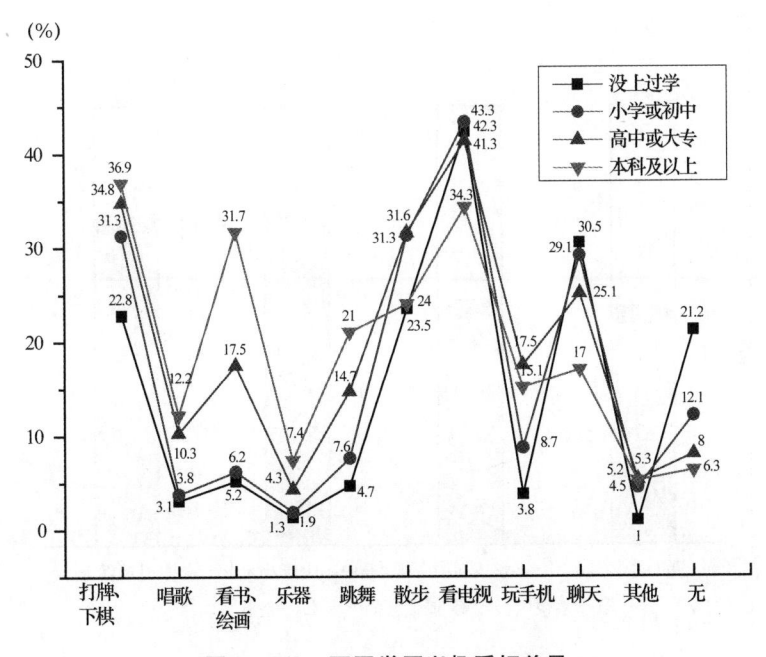

图 2-163　不同学历兴趣爱好差异

由图 2-163 可见：学历在本科及以上的老年人在打牌、下棋，唱歌，看书、绘画，乐器，跳舞等娱乐活动爱好方面的占比，都远远高于其他学历的老年人占比，分别达到了 36.9%、12.2%、31.7%、7.4%、21%，可见，学历对老年人的文化娱乐活动有很大影响，学历高老年人的娱乐生活也非常丰富；与此同时，在看电视、聊天或者没有文化娱乐的方面，没上过学或者小学或者初中学历的占比更高一些。

3. 学历不同精神慰藉服务差异分析

由图 2-164 可见：通过梳理不同学历对老年人目前精神状态的影响发现，学历在本科及以上的老年人幸福快乐的占比为 70.8%，是所有学历层次中占比最高的，这个调研结果与前面的分析结果一致。学历为高中、中专及大专的老年人幸福快乐的占比为 66.2%，学历为小学或者初中的老年人幸福快乐的占比为 52.5%，没有上过学的老年人幸福快乐的占比为 50.4%。可见老年人学历越高，其幸福快乐程度越高。

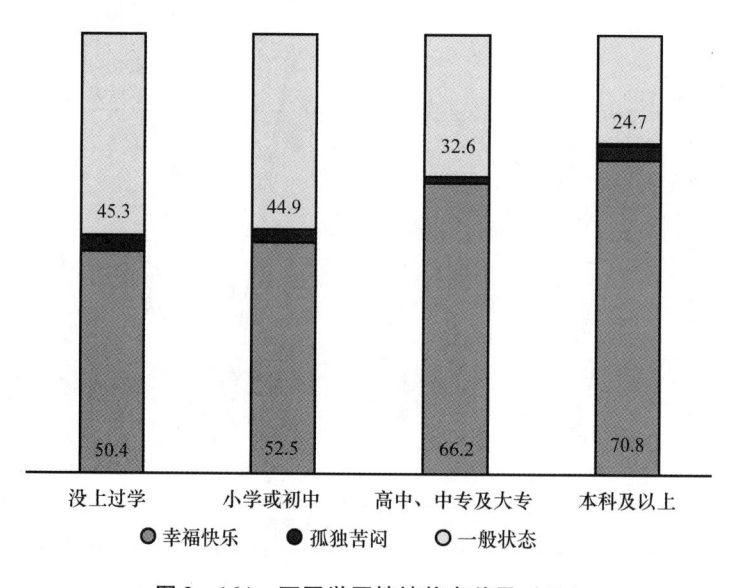

图 2-164 不同学历精神状态差异（%）

六 石家庄市养老服务最近几年发展情况

(一) 重视养老服务发展,制定养老服务政策文件

1. 落实省里政策

《中共中央关于制定国民经济和社会发展第十四个五年规划和二〇三五年远景目标的建议》指出:实施积极应对人口老龄化国家战略、加强和创新社会治理、全面推进健康中国建设、健全多层次社会保障体系、稳步建立长期护理保险制度、积极开发老龄人力资源。国务院 2017 年印发《国家人口发展规划(2016—2030)》的通知指出,积极应对人口老龄化,加快构建以社会保障、养老服务、健康支持、宜居环境为核心的应对老龄化的制度框架。

与此同时,《国务院办公厅关于推进养老服务发展的意见》《民政部办公厅关于进一步做好贫困地区农村留守老年人关爱服务工作的通知》《关于积极推行政府购买服务 加强基层社会救助经办服务能力的意见》《关于印发〈关于推进农村特殊困难群体社会救助兜底保障工作的实施方案〉的通知》《关于加快推行政府购买服务加强基层社会救助经办服务能力的实施意见》《民政部关于做好当前困难群众基本生活保障工作的通知》等文件的制定,对于推动国家养老服务的发展起到了重要的作用,在此背景下,河北省贯彻国家养老服务政策,抓紧制定河北省养老服务的相关政策,《河北省加快推进养老服务体系建设三年行动方案(2020—2022 年)》《河北省人民政府办公厅关于加快推进养老服务体系建设的实施意见》《河北省人民政府办公厅关于老年人照顾服务项目的实施意见》《河北省民政厅、河北省财政厅关于省级财政支持养老服务体系建设改革的实施意见》《河北省民政厅、河北省扶贫开发办公室、河北省财政厅关于印发〈河北省农村贫困失能半失能人员照护服务工作方案〉的通知》《河北省民政厅、河北省财政厅关于政府购买社会工作服务的实施意见》《河北省民政厅、河北省财政厅关于加快推进社区社会工作服务的实施意见》等政策文件相继出台。

2. 制定市里专门养老政策

在河北省养老服务政策相继制定的情况下，石家庄市也出台了养老服务的一些政策，如2018年《石家庄市人民政府办公厅印发〈石家庄市全面放开养老服务市场提升养老服务质量的若干措施〉的通知》《石家庄市人民政府办公室关于贯彻落实新修改的〈中华人民共和国老年人权益保障法〉进一步优化养老服务业营商环境的通知》《石家庄市人民政府办公室关于印发〈加快普惠型养老床位建设解决"一床难求"问题专项工作方案〉的通知》《关于入住养老机构的"六类"老人可以享受困难老年人社区居家养老服务补贴的通知》。

（二）推动社区居家养老服务的发展

1. 打造社区居家养老服务中心的典型

2021年8月习近平总书记在承德考察时，强调要完善社区居家养老服务网络，构建居家社区机构相协调、医养康养相结合的养老服务体系。通过笔者在桥西区的调研和实地走访，石家庄市桥西区振头街道普爱综合居家养老服务中心探索居家养老、社区日间照料、机构养老相互融合的养老服务体系建设。2018年石家庄市桥西区为了让辖区内的老年人老有所养、健康长寿，建立社区居家养老服务中心，这里不仅提供老年人整洁的环境，还有娱乐室、阅览室和康复设施，实现依托社区，提供日间照料、短期托养、阶段康护、长期照护、安宁疗护等方面的为老服务，为老年人提供专业化、便捷化的服务。同时依托社区居家养老服务中心，还为社区内健康的老年人提供文化娱乐、助餐、助浴、保洁等方面的便捷服务。此外，目前普爱居家养老服务中心还设置失智照护专区为老年人提供专业照护。

为减轻年轻人照护的负担，2021年11月2日，振头二街北苑社区居家养老服务中心也投入使用，可以让老人在自己熟悉的环境下实现安享晚年的目标，又能得到社会化的服务，在这里老年人可以看报纸、聊天，社区75岁以上的老年人居民，还可享受每餐2元的配送餐服务，这里还通过举办各种文化娱乐活动，丰富老年人的精神文化生活。

2. 推进日间照料中心的建设

石家庄市民政局为了推进社区和居家养老民心的发展,出台了具体的实施方案、实行清单制度、建立台账表,通过每周进行调度,定期进行会议分析和现场督导。日间照料站点项目站点选址,由社会企业和基层政府共同进行,采用了"民建公助"机制,主要由社会企业进行投资建设,民政给予每个站点5万元奖励,到2021年9月底,共完成投资2157万元的74个日间照料站点的新改建工程,由企业和办事处签订运营监管协议,确保74个站点建设完成就可以投入使用。采用市、区两级民政部门和第三方共同检查验收的方式进行评估,确保日间照料中心工程质量。截止到2020年12月底,石家庄各地区日间照料中心现有及计划建设日间照料中心的情况,具体情况如表2-1所示。

表2-1　石家庄市各地区日间照料中心现有及计划情况

县市区	日间照料中心个数	床位数	计划建设数	计划床位数
桥西区	14	126	114	293
长安区	9	37	108	102
裕华区	12	47	61	38
高新区	4	41	14	47
井陉矿区	0	0	41	214
鹿泉区	3	47	8	40
栾城区	2	12	4	15
井陉县	0	0	3	44
新华区	13	33	79	128
藁城区	0	0	72	102
正定县	0	0	39	28
行唐县	0	0	13	0
灵寿县	0	0	5	14
高邑县	0	0	2	35
深泽县	0	0	2	10
赞皇县	1	47	7	14

续表

县市区	日间照料中心个数	床位数	计划建设数	计划床位数
平山县	0	0	22	54
元氏县	0	0	3	14
赵县	0	0	4	24
晋州市	0	0	10	55
新乐市	0	0	10	28
无极县	0	0	2	0

通过市民政局的最新（截止到2021年12月9日）数据显示：2021年石家庄市政府和民政部门重视日间照料中心的建设，截止到2020年12月底计划建成的日间照料中心目前已经全部建成。

（三）促进机构养老服务发展

1. 改造现有养老机构

通过石家庄市、区（县）2级民政部门的努力，对原有敬老院进行消防改造、进行内部装修，到2021年的9月底，投资1069.72万元由平山县、晋州市、高邑县、灵寿县承担的5个特困供养机构改造完成。

2. 培训星级养老机构

为推进养老机构星级评定工作，石家庄市民政局养老服务处进行动员和组织培训、星级预申报统计、第三方评估、评估后机构进行整改提升行动，目前已经完成了78家星级养老机构培训任务，其中5星级1家、4星级5家、3星级3家、2星级31家、1星级38家。

3. 开展补齐养老院床位工程

石家庄市民政局根据任务要完成4200张新增养老床位，推进8区共26个建设项目，"2021年，截止到6月底已完成13个项目，新增1775张床位，其中长安区完成50张，新华区完成600张，裕华区完成160张，藁城区完成156张，鹿泉区完成794张；正在施工12

个项目，筹备施工 1 个项目。当前，进度较慢的是栾城区贺邦大厦养老项目，因图纸修改需过会拉低了工程进度。"

截止到 2021 年 12 月初，补齐养老院床位的工程全部完成，"市内 8 区实现新增养老床位 4315 张，超额 115 张完成全年任务。同时，还推动其他县（市）新增备案养老机构 15 家，新增养老机构床位 1478 张，全市实现新增养老床位 5793 张。"

4. 解决存量养老机构消防审验遗留问题

经各县（市、区）摸底统计，2020 年度各县（市、区）共上报 115 家养老服务机构列入本级一事一议处置范围，在消防方面涉及整改。按照 2021 年 1 月市民政局等 4 部门发布的《关于处置存量养老机构消防审验遗留问题的指导意见》，明确处置原则、适用范围、处置要件、处置流程和工作要求。截止到 2020 年的 12 月底，"115 家机构中已经取得消防安全认定或验收意见的共 27 家，关停取缔的 17 家，经辖区政府一事一议同意施工改造纳入审验流程的 65 家"，其中到 2020 年底未完成消防改造取得审验合格证书的机构，已全部提前进行了第三方消防安全检测，确保入住老人安全。

5. 预计建立 5 所中型公办养老机构

《加快普惠型养老床位建设解决"一床难求"问题专项工作方案》中指出：预计建立 5 所中型公办养老机构在 2024 年年底前建成并投入使用，主要面向的困难老年人群体，"在长安区、裕华区、新华区、高新区和正定县分别谋划建设 1 所不少于 200 张床位的公办普惠型养护院，预计总投资约 3 亿元，建设完成后新增 1000 张以上兜底保障型养老床位，切实保障困难群众基本养老服务需求。"与此同时，方案还提出在"3—5 年内能够落实实施的普惠型养老服务项目，重点面向补齐短板缺项，解决老年人急需的公益性养老服务床位需求"。

6. 开展养老院服务质量建设专项行动

开展养老院服务质量专项行动，主要做了以下 5 个方面的工作：（1）围绕着国家养老院服务质量建设专项行动，专门制定了《实施方案》，规范养老机构日常登记统计，推动特困供养服务机构（敬老院）全部完成法人登记；（2）在全市组织116家养老机构负责人参加省厅组织的专题培训，配合人社部门开展全市养老护理员培训，为提高养老服务水平提到人力资本的基础；（3）消除养老机构重大风险隐患；（4）养老院护理型床位占比达到37%领先全省；（5）推进公办养老机构改革试点，新乐市养护院被民政部和国家发改委评为公办养老机构改革优秀案例。

（四）发展农村养老服务

1. 开展农村县、乡、村三级养老服务网络试点

2021年，石家庄市确定栾城区、高邑县、行唐县3地开展农村县、乡、村3级养老服务体系建设试点：县级建设养老服务指导中心和县级养老服务信息平台，发挥好指导和服务作用；乡镇建设区域性养老服务照料中心、依托乡镇特困供养机构或民办养老机构，打造区域性养老服务综合体；村、街建设日间照料站点或邻里互助点，探索农村老年人巡防关爱、互助养老发展路径和可持续运营模式。县乡2级机构重点发展集中照料托养和延伸上门服务的功能，村街重点开展互助养老服务和日间照料服务。目标是试点地区年内实现50%乡镇有区域性养老服务中心、70%行政村实现日间照料站点或邻里互助点服务圈覆盖，县级建立相应工作机制，出台支持政策。目前，试点县区已经引入了部分知名养老服务企业，结合当地实际进行模式探索。试点模式成功后，将在全市进行宣传和推广。

以栾城区三级养老服务建设为例。截止到2020年底，栾城区共有户籍人口364159人，60岁以上老年人口65497人，占全区总人口的17.99%。全区60岁以上老年人口中农村老年人口55253人，占84.36%，可见栾城农村养老服务的任务艰巨，"老有所养"正成为越来越迫切的社会问题。

2021年4月栾城区被确定为全省3级养老服务网络试点建设县，栾城区委、区政府高度重视养老服务工作，分管区长和主要领导就加强养老服务工作多次做出批示，不定期召开乡镇养老服务网络建设推进会，压实各方责任，建立协调机制。为推动试点工作顺利开展，区

民政局党组第一时间进行了安排部署，抽调精干力量专门成立了养老服务科，及时对全区老年人口及养老体系现状进行了梳理，并结合实际确定机构养老改革方向，将3级养老网络建设工作作为民政工作的重中之重，整合全局力量全力推进。

栾城区现有7家养老机构，实际安放床位1048张，收住老年人607人，床位闲置441张；7个乡镇全部建成乡镇综合居家养老服务中心；日间照料服务站（点）实现9个城镇社区全覆盖；全区实行政府为6类老人购买居家养老服务。栾城区已初步形成了"以机构为基础、农村为依托、政策为保证、购买为补充"的社会化养老服务体系发展新模式，推动了城乡基本养老服务均等化。

县、乡、村3级养老服务体系，是符合目前农村发展实际的养老新模式。一是县、乡、村3级养老服务网络可以实现对全区资源的整合，有利于统筹资金安排、人才培养、标准制定、综合监管等方面，通过引导养老服务机构的资源向农村延伸，在农村建立农村互助点作为养老服务机构服务点，由养老服务机构派出有资质的服务人员，依托相应的设施设备，提供生活照料、康复护理、健康管理、心理服务等专业规范的机构式照护服务；二是满足了老年人就近养老、在自己熟悉的环境中养老的现实需求，针对目前养老机构空置率较高的社会现实，不能一味发展机构养老床位，为此需要考虑老年人养老意愿；三是通过政府购买的方式，由市区级财政资金负担，为60周岁及以上特困人员、低保家庭老人、社会孤老、重度失能老人等6类老人购买居家养老服务，进一步补齐居家养老服务短板；四是通过区和乡镇2级筹款的方式，打造乡镇综合居家养老服务中心，新建和改造具有全托、日托、上门服务等综合功能的区域养老服务中心，提升了对农村老年人的照顾服务能力。

2. 发展农村社区居家养老服务

鹿泉区铜冶镇南甘子村是发展社区居家养老服务的典型案例。由于该村年轻劳动力外出就业者越来越多，造成村内好多老年人和孩子没人照看。照顾家庭和外出工作矛盾日益冲突，好多年轻人因此错过了工作机会。

为了解决年轻人外出工作的后顾之忧,村书记任占华带领两委会筹划成立托管中心,获得了村民们的大力支持。2020年9月托管中心建成,10月1日开始试运营。托管中心分为上、中、下3层,建筑面积800余平方米,设有床位30张,并有老年活动室、休闲娱乐室、儿童活动室等。托管中心的每个房间都配备了呼叫系统,村卫生所2名医生负责托管中心老年人的健康管理,如遇突发状况可以及时处理。村委会还建立了养老服务制度,配备了专职人员,负责养老服务站的日常管理工作。托管中心现有工作人员4名,各有分工,负责入住人员的日常饮食、卫生打扫、值班。托管中心为每个房间统一配备被褥、洗漱用具。制定了标准的管理制度、入住制度、工作制度、应急预案。

托管中心针对本村村民完全免费,只要村民有需要,托管中心就服务。无论老年人还是儿童,都可以在这里临时托管照顾,中心采取小时托、日托、月托、年托等灵活形式。现有长期入住人员7人,有"五保户"、失独老年人、儿女长期在外老年人等情况。采用灵活日托形式,6—8人。

南甘子村坚持以人民为中心的发展理念,以托管中心为载体,积极服务村民,使村民切身感受到"生活便捷舒适、服务无处不在、幸福就在身边"。村委会副主任凯辉介绍说:要以托管中心为载体,将进一步完善托管中心制度,加强托管中心工作人员专业培训,更好地为村民提供服务,最大限度帮助村民解决后顾之忧,促进家庭和谐,从而达到党建引领、共同富裕、乡村振兴的目的。

(五) 整体推进普惠型养老服务项目布局布点

《加快普惠型养老床位建设解决"一床难求"问题专项工作方案》的通知,聚焦普惠型床位"一床难求"问题,整体推进普惠型养老服务设施布局布点,推动普惠型养老服务项目落地。计划投资30亿元实施"5+5"普惠型养老项目(5个示范性重点养老项目、5个中型公办养老机构),3年新增普惠型养老床位不少于10000张,形成东北、西南2大养老片区,县、乡、村建立完善的3级养老服务网络。预计到"十四五"末,"全市形成兜底保障服务、基本养老服务、普惠养老服务分层分类保障全覆盖格局"。按照《加快普惠型养老床位建设解决"一床难求"问题专项工作方案》,石家庄市在养老服务方面的5个示范性重点养老项目分别是市老年养护院2期项目、市老年养护院护理楼项目、长安区宏寿康臣养老项目、鹿泉区爱心海悦养老项目、鹿泉区森泰乐龄养老项目。

七 石家庄市养老服务需求中存在的主要问题

(一)经济保障水平较低,制约养老服务水平提升

2020年,河北城乡居民基本养老保险缴费档次设定为:200元、300元、500元、1000元、3000元、5000元、8000元7档,参保人员可自主选择缴费档次,重度残疾人、贫困人员等缴费困难群体可仍按100元档次缴费。根据调查得知:大多数的农村居民选择年缴费200元,这样低的年缴费水平,导致农村居民享受的养老保险水平低。在调查的过程中,当问到居民,尤其是农村居民,有送餐的需要吗?有生活照顾的需求吗?不少的农村居民都回答:如果不需要花钱,当然需要,如果花钱,就不需要了。可见在较低的缴费水平之下,农村居民每月只能领取每个月100多元的居民养老保险,这些钱就连老年人吃饭的费用都不能得到满足,如果再有吃药、打针输液等医疗服务方面的需求,这每个月100多元的居民养老保险,简直是杯水车薪。较低的养老保险水平制约了农村居民在内的居民的养老服务水平的提升,没有经济基础的支撑,老年人没有购买养老服务的能力。再加之,老年人没有什么理财的方式,在工资有剩余的情况下,一般存入银行,绝大多数没有购买商业保险和理财产品,具体情况详见图2-165。

由图2-165可见:在被调研的20435位受访对象中,受访的14298位农村老年人,没有任何理财方式,占比72.6%,在社区受访的5184位老年人,其中占比34.9%的老年人,没有任何理财方式,占比63.2%的老年人,如有富余的钱会存入银行;在机构养老的953

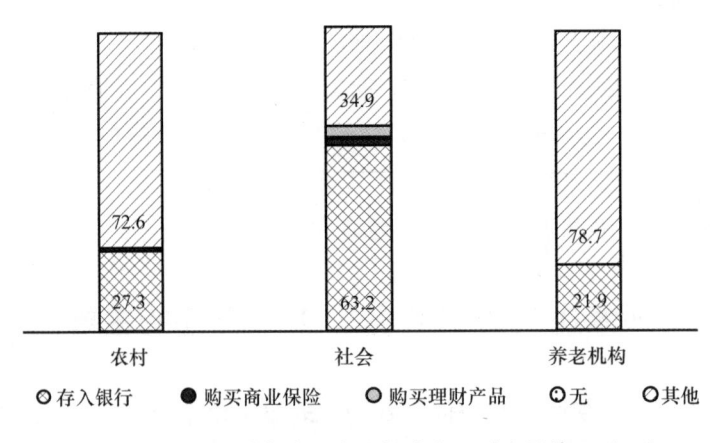

图 2-165 调研对象购买商业保险和理财产品情况（%）

位老年人，78.7%的老年人没有任何理财方式，有占比21.9%的老年人，会选择存入银行。整体来看，大部分老年人并不富裕，调研的过程中，很多老年人反映"每个月都入不敷出"，不能实现收支平衡，因而不涉及理财方式的选择。即使稍微富裕一些的老年人，在理财方式的选择上，绝大多数会选择存入银行。可见，老年人靠着退休金、居民养老保险等比较单一的经济来源，再加之没有其他的理财渠道，因而被调研的大部分老年人经济保障水平偏低，在很大程度上制约了其对养老服务的需求，尤其是市场化养老服务的需求。如果社会化的养老服务不能得到发展，老年人的生活质量会受到影响。

（二）养老服务未实现制度化，缺乏制度支撑

从全国而言，目前长期护理保险还处于试点阶段，虽然全国已经有49个城市有了长期护理保险制度的覆盖，但目前石家庄只有4个地区（鹿泉、正定、新乐、栾城）试点长期护理保险制度，护理保险制度能够为老年人生病和需要照顾时提供资金和服务的支持。石家庄大部分地区没有长期护理保险制度的支撑，很多老年人生活费用收不抵支，很多老年人不愿意给子女增加任何经济压力，所以，导致很多居民，尤其是农村居民，只有节衣缩食，担心自己吃药得不到报

销，害怕生病住院。如果有了长期护理保险制度的支持，老年人的生活预期会好得多，幸福指数自然会得到提升。由于经济水平的制约，老年人在被问到，您是否需要养老设施时，即使身体已经半身不遂、年龄偏大已经行动不便、有慢性病腰腿疼痛等身体疾病，在养老设施上都不敢有任何奢求。

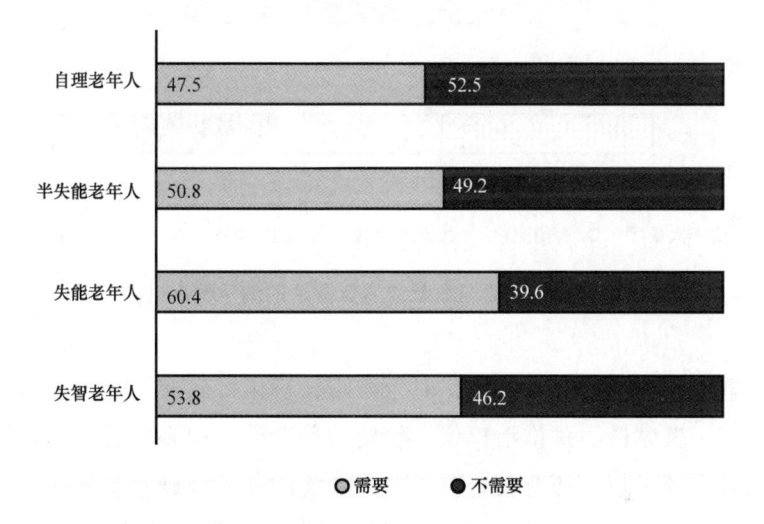

类别	需要	不需要
自理老年人	47.5	52.5
半失能老年人	50.8	49.2
失能老年人	60.4	39.6
失智老年人	53.8	46.2

图 2-166　调研对象对养老设施的需求情况（%）

由图 2-166 可见：在被访谈的 2709 位半失能老年人中，有 1333 人，约占比 49.2% 的老年人选择了不需要；在被受访的 1118 位失能老年人中，也有 443 人占比 39.6% 的人选择了不需要。同样，老年人受制于经济条件的制约，在基本生活照顾服务方面的要求也不高，以餐饮方面的要求为例，农村老年人在问到需要老年人餐厅、希望送餐服务吗？具体情况见图 2-166。

由图 2-167 可见：在被受访的 14298 位农村居民中，只有 5081 位老年人需要老年人餐厅，占比达到了 35.5%，其中有不少老年人认为不要，自己可以做或者自己勉强可以做，没有多余的经济条件去购买更多的基本生活照顾方面服务。在养老设施选择上，即使有些老年人选择了需要养老设施，也只是需要血压计、血糖仪、安装紧急呼

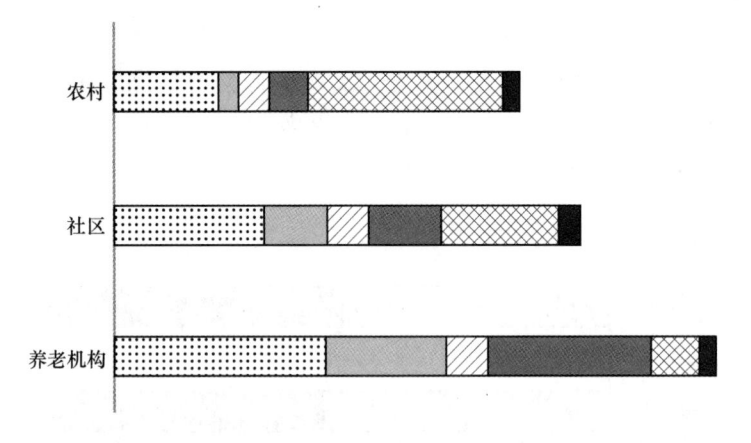

○ 老年人餐厅　○ 保姆照顾　○ 代购食材　○ 送餐服务　○ 子女照顾　● 其他

图2-167　调研对象餐饮服务需求的满足情况（%）

救装置这种简单的养老设施，对于城市经济条件较好的老年人所拥有的烤灯、按摩椅、颈椎治疗仪、轮椅等养老设备很多农村居民都没想过或者不敢多想。还有就是对于公共场所的养老设施，比如说卫生间进行改造、安装助浴椅、扶手、安装轮椅通道等养老设施没有概念，也没有想法。这种情况跟较低的经济水平有很大关系，同时也与石家庄市很多地方没有试行长期护理保险制度有关，如果在自己买不起适老辅具的情况下，能够通过护理保险制度享受租赁服务，这将给老年人节省不少开支，国外很多国家的适老辅具是可以通过护理保险制度中的社区租赁得以解决的。

（三）没有明确养老服务发展重点，居家社区养老服务体系有待加强

党的十九届四中全会明确提出，在养老服务发展方面要加快建设居家社区机构相协调、医养康养相结合的养老服务体系。这个养老服务体系建设的最新提法，从社会治理的角度而言，较之前的"居家为基础、社区为依托、机构为补充的养老服务体系"，有了治理理念上的重大飞跃。前些年我们把机构在养老服务体系中的位置定位为支撑，所以，建立了不少大中型的养老机构，于是在养老服务领域出现了大中型养老机构空置率较高的情况，而有些养老机构却"一床难求"。在调研的过程中得知：石家庄养老机构的整体空置率较高，具体情况详见图2-168。

截止到2020年年底，石家庄整体养老床位空置率约为51.45%。各区县公办公营养老机构（由于表格空间问题：公办公营养老机构仅仅描述到县）按照空置率由高到低的顺序，高邑、赞皇、灵寿等县的养老空置率都比较高，高邑县公办公营养老机构的空置率高达83.46%，赞皇县的2个公办公营的养老机构空置率分别高达80.50%和65.38%，灵寿县公办公营机构的空置率达到了60.83%，空置率具体情况如图2-168。

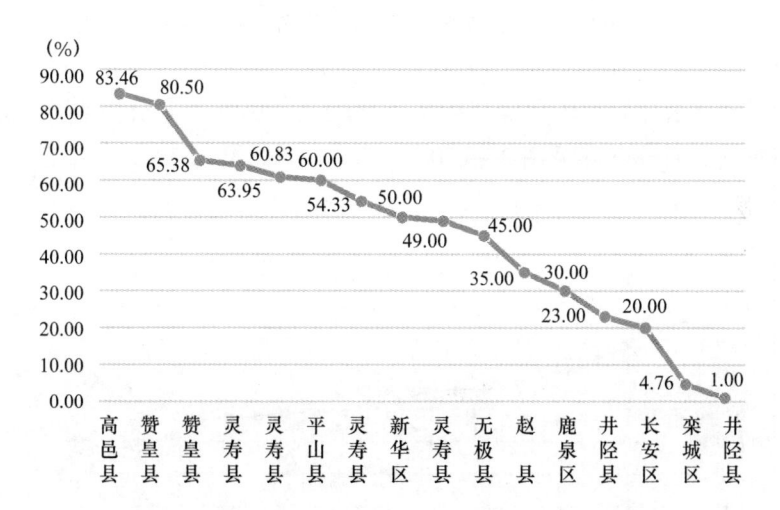

图2-168 石家庄市各区县公办公营养老机构空置率

按照空置率由高到低的顺序，石家庄市各区县公建民营养老机构（由于表格空间问题：公建民营养老机构仅仅描述到县）空置率最高的为晋州市，其空置率达到了95%，其次是栾城区，空置率达到88.50%，空置率达到正数第3的是鹿泉区，也高达81.18%，具体

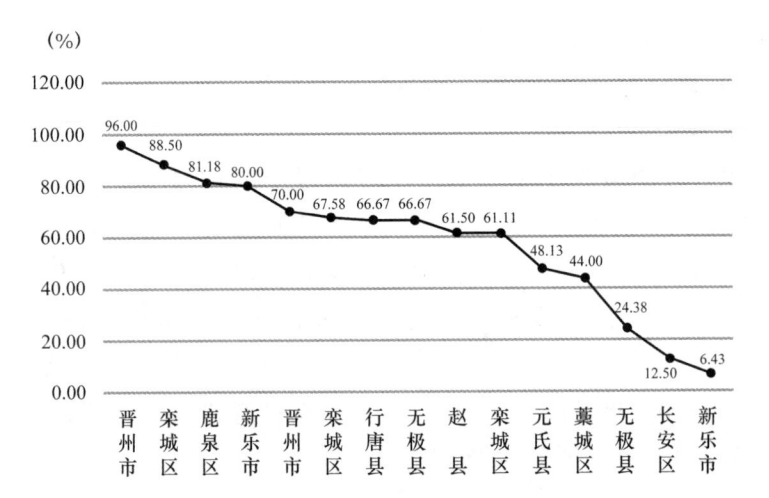

情况如图 2-169。

图 2-169　石家庄市各区县公办民营养老机构空置率

石家庄公建民营的养老机构空置率较高，民办养老机构空置率也不容忽视，具体情况见图 2-170。

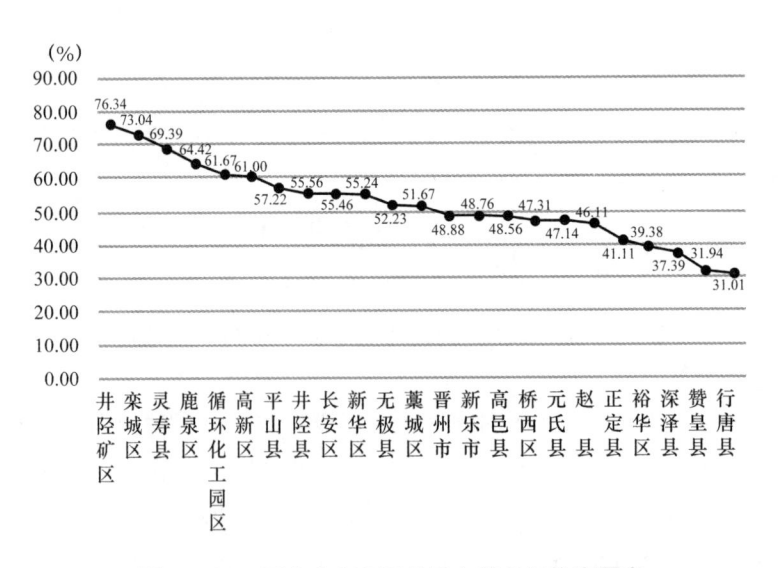

图 2-170　石家庄市各区县民办养老机构空置率

从图 2-170 可以看到：石家庄市各区县民办养老机构的空置率也比较高，井陉矿区、栾城区、灵寿县 3 个地方民营机构的空置率分别达到了 76.34%、73.04%、69.39%，即使民办养老机构空置率较低的行唐县，也有 31.01% 的空置率。

很明确地讲，石家庄市养老服务体系建设的重点应该是社区居家养老服务，但目前石家庄重视养老机构，比如说预计建立 5 所中型公办养老机构、5 个示范性重点养老项目、增加普惠型床位 10000 张，如果经过调研，确实有老年人入住养老机构的需求，这些重点的民生项目是值得肯定的，但也要看到，社区居家养老服务能够满足老年人既不离开自己熟悉的环境，又能够享受社会化的养老服务，在 2020 年之前，石家庄养老服务的政策取向没有明确养老服务发展的重点是社区居家养老服务。因而石家庄市社区居家养老服务体系相对滞后，早在 2008 年上海就已经大规模建立日间照料中心，北京市 2011 年玉渊潭社区卫生服务中心挂牌成立日间照料中心，石家庄市应尽早明确养老服务体系发展的重点和方向，这就是发展社区居家养老服务。社区居家养老服务主要是发展社区居家养老服务中心和日间照料中心。2021 年通过对石家庄市民政局的调研得知：今年石家庄市加大日间照料中心的建设，希望日间照料中心能够覆盖更多的城乡老年人，但是在被调查的过程中，日间照料中心的发展也面临着一些困境，如政策不完善、社区养老用房移交不到位等方面的问题，如栾城区社会投资办养老设施的积极性不高，尤其是在农村地区小型养老机构因为床位缺少、没有明确的政策支持和补贴，导致农村的社区居家养老服务设施和日间照料中心难以稳定经营下去。在被调研的石家庄市区有某小区新建的日间照料中心，由于新建小区老年人占比较少，缺少养老服务需求、加之管理者对日间照料中心的定位不清楚等方面的原因，日间照料中心虽然在 2020 年年初就把硬件建设好，但是并没有实质性地投入运营。

石家庄市政府 2018 年出台《关于石家庄市区住宅小区公建配套设施移交的实施意见》，当时主要适应于石家庄市内裕华区、新华区、长安区、桥西区住宅小区公建配套措施的移交管理。在《关于石家庄市区住宅小区公建配套设施移交的实施意见》第七条提到,"开发建设单位应依据相关部门的规划及设计标准确保公建配套设施应与开发项目主体工程同步规划、同步设计、同步建设、同步交付使用。"但是在新建的养老设施移交时还会遇到不少问题,出现不按照正常程序移交养老设施、即使提交了养老设施达不到养老设施标准无法正常使用、开发商移交位置不好的养老设施造成改造难度大无法使用、移交后挪作他用等情况,造成了有些日间照料中心无房可用、无址可选的情况。

(四)医养康养滞后,管理服务水平有待提升

通过调研得知:老年人除了对基本生活照顾方面关注的多一些,在医疗方面的关注也比较多,但由于缺乏健康生活理念,在被调查的老年人中身患高血压、高血脂、高血糖的比例相当高。以此次调研为例,此次共调研20435位老年人,其中共有7211人患了高血压,占比达到了35.29%。究其原因,与农村老年人的不健康饮食、保健意识差有关,也与医养康养产业滞后息息相关。

目前医养、康养产业分散在不同管理部门,卫健委主要负责医疗部分,而康养部分没有明确的负责部门,医养康养体系的建设有待明确,具体发展思路有待清晰。目前养老主要是民政在牵头做,而养老服务需要实现医养、康养的结合,而目前相对分散的管理体制制约了医养、康养结合的步伐。这不仅是石家庄市医养、康养面临的问题,也是很多地区医养、康养面临的问题。通过调研得知:如果把农村地区的乡村卫生室算作医疗卫生服务来看,农村医养结合水平在改善,但通过调研组对调研地区乡村卫生室的观察来看,不同地方的乡村卫生室发展质量良莠不齐,有些地方的乡村卫生室有医生且药品相对齐全,而有的地方村卫生室老百姓反映那里的医生医术不行且药品短缺。总体而言,市里社区老年人所在地离医院都不算远,看病还是比较方便的,但石家庄市区老年人所在地实现医养、康养结合的情况也不乐观。本次调研总计调研了953个养老机构,其中513个实现了医养结合,占比达到了53.83%,440个没有实现医养结合,占比达到了 46.17%，其中 212 个实现了康养结合，占比达到了 22.25%，741 个没有实现康养结合，所占比例高达 77.75%。实现了医养、康养结合对于当地老年人而言是利好的事情，方便了老年人就医，使得老年人有病能够得到及时的治疗。在被调研的裕华区的方兴路社区实现了医养结合，仁爱集团的一个医院就建在了小区里，大大方便了老年人。从调研的情况来看，无论是农村和城市，机构还是社区，进行医养、康养任务都比较重。

（五）老年人的文化活动城乡差距巨大，缺乏有序的组织和引导

在石家庄市农村对老年人的文化娱乐活动进行调研，发现这几年由于新冠肺炎疫情等原因，农村的文化娱乐活动大受影响，有的地方农村居民连仅有的广场舞都没有了，很多农村地方的文化娱乐活动发展不好，一个关键的原因是地方村书记或者其他村支委对文化娱乐活动重视不够。与农村形成鲜明对比的是城市的文化娱乐互动相对来说自发组织或者社区组织的都比较好一些，能够满足一些老年人对文化娱乐互动的需求。有不少城市社区文化娱乐活动少或者缺乏，一个非常重要的原因就是缺乏有序的组织。

（六）老年人精神慰藉的主体单一，孝道文化的宣传力度不够

精神慰藉服务是老年人养老服务的高级阶段，但是无论石家庄城市和农村的社区对老年人的精神慰藉主体都比较单一，老年人在被问及您需要得到哪些精神慰藉服务时，其中选择子女常回家看看的占比达到了 32.81%，家人电话问候的占比达到了 29.85%，老伴体贴的占比达到了 16.2%，具体情况见图 2-171。

同样，老年人在被问到："您得到过以下哪些精神慰藉服务？（可多选）"这个问题时：其中选择"子女能回家看看"的人数达到了 13702 人次，所占比例最高，其次是选择"家人电话问候"的达到了 12467 人次，再则选择"老伴陪伴"的人次达到 6768，其中志愿者上门服务、工作人员经常走访、心理咨询服务等供给服务的情况不乐观，与需求的整体情况基本相符合。

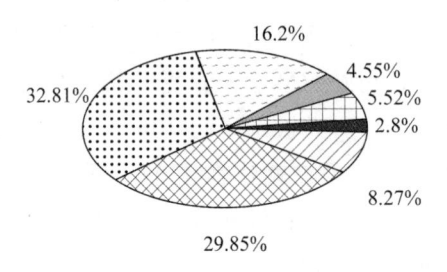

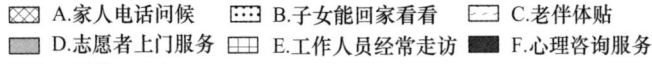

图 2-171 调研对象需要得到的精神慰藉服务情况

图例：
- A.家人电话问候
- B.子女能回家看看
- C.老伴体贴
- D.志愿者上门服务
- E.工作人员经常走访
- F.心理咨询服务
- G.其他

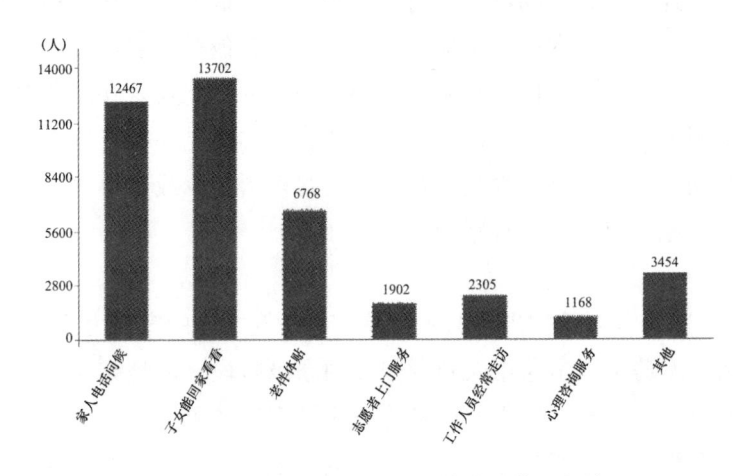

饼图数据：32.81%、16.2%、4.55%、5.52%、2.8%、8.27%、29.85%

柱状图数据（图 2-172）：
- 家人电话问候：12467
- 子女能回家看看：13702
- 老伴体贴：6768
- 志愿者上门服务：1902
- 工作人员经常走访：2305
- 心理咨询服务：1168
- 其他：3454

图 2-172 调研对象得到过的精神慰藉服务情况

总体而言，老年人需要得到的精神慰藉和已经得到的精神慰藉服务更多的是来自子女、家庭、老伴，而对社会化提供的精神慰藉服务从需求与供给角度来看，所占比例都不是太高。由此可见：对于老年人精神慰藉而言，需要发动家庭及其成员的力量，为老年人提供亲情的慰藉，另一方面，社会化的精神慰藉服务也需要得到发展。但是石家庄市社会化的精神慰藉服务相对滞后，调动社会组织、社会力量为老年人提供相关服务,从而提高老年人的精神慰藉水平,也是提高养老服务质量的关键。

老年人的精神慰藉在主要需要子女、老伴及家庭成员提供的情况下,如果老伴去世、子女不在身边,老年人的精神慰藉不能得到满足,如果再出现子女不孝顺,子女不能回家探望、老年人身体不好,很多老年人的精神需求就更加得不到满足,有些个别的老年人受到儿女的精神虐待,在得到老年人的房产后,从来不回家看望老年人,调研团队在桥西区某地调研的时候,就遇到这样一位老年人,大儿子认为老年人财产分配不公平,在收到老年人的房产赠予后,再也不回家看自己的老母亲,老人为此很伤心,甚至想把自己的大儿子告上法庭。在调研的过程中,因为老年人财产的问题,子女之间打官司亲情分离的也大有人在。不孝敬老年人的可耻行为,污染了社会空气,影响了老年人晚年的幸福指数,因而,孝道观念的宣传尤为必要。2020年1月7日由石家庄市民政局主办,石家庄广播电视台新闻综合频道承办的《国际庄里话养老》正式启动,向全社会倡导"关爱今天的老人、就是关爱明天的自己"的养老理念,这有利于形成敬老爱老的良好的社会氛围,但是敬老爱老文化氛围的形成不是一朝一夕的,所以,需要加大这方面的宣传,树立敬老爱老的典型。

概括而言,通过需求调研,石家庄市养老服务发展存在着发展重点亟待清晰(社区居家)、供需不匹配(机构空置率高)、发展不平衡(城乡失衡)的现实,需要引起政策的高度关注。

八 发展石家庄市养老服务对策

(一)理念:以需求为出发点,构建多层次养老服务体系

理念优于制度,制度优于技术。石家庄市养老服务的发展首先要明确养老服务发展理念,要以老年人需求为出发点,构建多层次的养老服务体系。按照马斯洛需求层次理论,老年人需求是多方面的,不仅有经济方面需求,有社会服务需求,还有高层次精神慰藉的需求。不同年龄、不同性别、不同地域、不同单位、不同婚姻状况、不同经

济条件、不同身体状况、不同学历的老年人，在养老服务方面的需求差异很大。因此，在制定养老服务政策时，应坚持以老年人需求为导向，不仅要明确老年人的整体社会需求状况，也要针对不同情况的老年人，针对本地方的经济政治文化情况做到具体问题具体分析。在国家、河北省、石家庄市统一政策之下，加强顶层设计，同时鼓励石家庄市各区县在养老服务方面进行创新，调动地方政府、基层力量在发展养老服务中的积极性，从而更好地满足当地老年人的多样化、多层次化需求。通过调研发现：栾城区农村县乡村3级养老服务网络的建设、桥西区振头二街南苑和北苑的社区居家养老服务中心、鹿泉区南甘子的农村社区托养中心、裕华区的爱慈医养管理实践等都是地方养老服务发展的比较成功的实践，这些都与基层治理密切相关，它们的共性是满足了当地居民养老服务各个方面需求。这些地方成功的经验，值得石家庄市各地学习借鉴。

（二）制度：建立护理保险制度，实现养老服务的制度支撑

长期护理保险是指为那些因老年、疾病或者丧失日常生活能力而需要被长期照顾的人提供护理服务的保险，老年人是长期护理保险的主要对象。日本从2000年开始实施护理保险制度，长期护理保险制度是一项强制性的社会保险制度。长期护理保险制度的对象是2种人：第一种是65岁以上的老年人，被称为第1类被保险者，第二种是40岁至64岁的人，被称为第2类被保险者；长期护理保险制度保险费收取情况也分为2种：第1种是65岁及65岁以上人员，保险费从他们的退休金中扣除，第2种是40岁至64岁的被保险者，护理保险费是和医护保险费一同收取。日本长期护理保险制度资金50%来自保险费收入，25%来自中央政府，县和地方政府各占12.5%，鲜明体现了责任分担的保险原则。

2012年4月，日本政府对《护理保险法》进行修订，修订要点是如何构建老年护理的"地区服务体系"。这次修改打破了养老服务主要由政府行政提供的惯例，为养老服务中调动民间社会的力量、市场的力量创造了条件，也为各地区市场化、竞争性养老服务的发展创

造了条件。

客观地讲，日本政府不断对护理保险制度进行完善，不仅维护了日本老年人的养老和健康的权利，而且在日本经济低迷时期创造了许多新的就业岗位。但是日本经济发展比较缓慢，经济的低增长也给长期护理保险制度在日本的发展带来了挑战，长期护理保险仍面临着不少问题。尽管如此，日本通过护理保险这一强制性制度实现了养老服务的制度化，这是值得我们借鉴的地方。目前我国已经有49个城市试点长期护理保险，待试点成熟时，我国长期护理保险制度必将成为强制性的保险制度，为我国的养老服务提供制度支撑。

根据石家庄市民政局官网资料显示：从2019年12月开始，石家庄市正式启动长期护理保险试点工作，正定、新乐、鹿泉、栾城4个试点县（市、区）约166.3万参加城镇职工基本医疗保险和城乡居民基本医疗保险的人员享受到这一政策。目前石家庄市长期护理保险提供医疗机构护理、养老服务机构护理和居家护理这3种方式。试点期间按照"居家为主，机构为辅，注重亲情，引导专业"模式开展长期护理保险工作，并适当向居家护理倾斜。

老年人或多或少都有一些疾病，需要保险关系的转移接续、需要享受护理保险制度报销的待遇。试行护理保险制度，为康养产业发展提供制度支撑，为老百姓护理提供部分资金，激发老年人的消费需求，吸引更多人在石家庄或来石家庄养老。

（三）体系：构建以居家为基础、社区为依托、机构为补充，居家社区机构相协调医养康养相融合的养老服务体系

提供居家社区养老服务，提高老年人生活服务质量。按照提供养老服务的主体，社会化养老服务主要包括机构养老服务与居家社区养老服务。在日本人的养老理念中，不主张带病在养老机构里生存太长时间，不到万不得已，不主张老年人去挤占养老机构的资源。为此日本非常注重居家社区养老服务的发展。

日本有丰富的养老服务内容和灵活多样的养老服务形式。按照日本的《护理保险法》的规定，被保险者可以享受以下几个方面的保险服务：家访看护方面，服务人员定期家访，帮助老年人料理家务、照顾被保险者，提供保险者需要的各项服务；家庭理疗方面，医护人员定期到家提供理疗服务，帮助被保险者进行身体检查、身体机能恢复运动、营养指导等；痴呆病人的集体设施看护；轮椅、矫形器等适老辅具的使用、租金等服务。在日本的相关法律、政策的发展下，日本居家社区养老服务整合社会人力和物力各种资源，向老年人提供生活照顾、保健医疗等各项服务，服务的形式也多种多样，主要有日托服务、短托服务、长托服务。日托服务：白天把住在家里的老人接到社区老人护理中心等机构照顾，晚饭后再送他们回家；短托服务：针对那些因疾病或其他原因无法居家护理的老人，让他们短时间入住社区设施（原则上为1—3个月）；长期服务：为社区老年人提供3个月以上的护理服务。在日托、短托和长托服务的基础上，还为社区的老年人提供定期健康讲座，24小时健康咨询服务等。为老年人提供洗澡、医疗护理、营养指导、康复训练、护理用品租借等服务，大大提高了老年人生活质量。

我们国家对机构、社区居家养老服务的认识有个过程。"十二五"（2011—2015）规划纲要指出要"建立以居家为基础、社区为依托、机构为支撑的养老服务体系"。"十三五"（2016—2020）规划纲要从"机构为支撑"改成了"机构为补充"，"支撑"到"补充"的转变，体现了国家对养老服务中机构养老认识理念的转变。到2018年国家鲜明地提出了居家社区养老服务是国家养老服务发展的重点。刘晓静2013年的文章《社区养老院：优势、困境及发展策略研究》，谈到社区养老院可以实现老年人在自己熟悉的环境下养老，又为子女的探望提供方便，符合中国传统文化。社区居家养老服务符合老年人的需要，这也是日本养老服务发展给我们的启示。

石家庄市医养产业发展滞后，2019年河北省政府出台《关于加快推进养老服务体系建设的实施意见》指出：要建立医疗机构与养老机构合作机制，简化医养结合机构设立流程，促进养老与医疗的深入融合。石家庄市医养结合的道路上，主要是养老机构中医疗卫生服务方面的滞后，影响了医养结合整体水平的提升。同时康养产业严重滞后，为推动石家庄市医养、康养水平的提升，其一，主抓康养的副市长或县长要重视医养、康养产业发展，谋划制定医养、康养产业发展的专项规划。其二，在制定石家庄市医养、康养产业专项规划之后，要科学制定下一年养老服务发展的年度预算，为医养、康养产业发展预留充足资金，保障医养、康养产业政策落地。其三，按照石家庄市"十四五"规划部署，建设医养结合示范单位、高级别旅游康养示范区，打造高端医养、康养功能区建设样板。医养、康养产业的发展中管理也需要跟进。要明确石家庄市医养、康养的牵头部门责任，发挥多部门合力作用。医养、康养产业如果不明确其管理部门，就会制约医养、康养产业发展的效率。建议可以让石家庄市发改部门牵头，发挥民政、医保、旅游、乡村振兴等多个部门的合力，建立定期的联席会议制度。待医养、康养产业逐渐发展起来后，注重医养、康养产业的运营与管理，可以考虑运营商前置。

要实现石家庄市医养、康养的发展，还需要依靠当地的产业发展。可以依托石家庄市有些地方丰富的旅游资源以及得天独厚的资源条件，比如说鹿泉、平山等空气质量优良、生态环境优美、农业资源丰富等优势，促进石家庄市医养、康养旅游与文化产业的深入融合，为游客提供避暑疗养、生态康养、运动康养、乡村旅游、膳食康养、医疗康养等康养旅游服务。医养、康养产业涉及多个部门，多个方面的内容，只有打造医养、康养文旅的融合业态，才能产生新业态，促进当地经济社会的可持续发展。

实现石家庄市医养、康养产业的发展，需要在京津冀协同发展的战略背景下，"规划共建医养结合服务设施"。如栾城区新安贞安泰心血管医院与医养健康管理服务中心、藁城人民医院与盈创世嘉（北京）公司、市一院与天津肿瘤医院和糖尿病医院合作、市中医院与北京西苑医院、京津冀妇女儿童保健专科联盟、广安门医院专科联盟合作。

（四）重点：加快发展农村养老服务，建立乡村振兴与农村养老服务相融合的养老服务体系

农村人口老龄化速度发展快。《国家应对人口老龄化总报告》

(2014)中正式描述了我国人口老龄化的一个重要特征,就是城乡倒置。在理论上,我国农村人口生育率比城市高,平均预期寿命比城市低,人口老龄化程度比城镇低,但是现实情况是,随着城镇化和城市化的推进,农村人口大量涌向城市,导致了留在农村的人口年龄偏大,老龄化程度偏高,出现了农村人口老龄化比城市高的现象。可以预计到 2035 年和 2050 年这一趋势将不断加剧,见图 2-173。

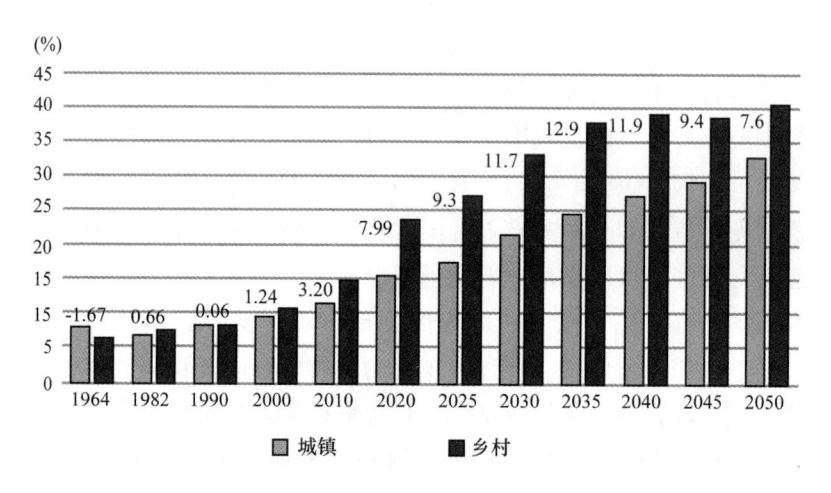

图 2-173 城乡倒置的人口老龄化形势

据《1964—2020 年历次全国人口普查资料:国家应对人口老龄化战略研究报告》显示:到 2050 年城市人口的老龄化将达到 32.80%,农村人口的老龄化率将达到 40.39%,人老老龄化城乡倒置的趋势将持续拉大。根据预测,农村地区要比城市早 9 年,达到人口老龄化占比 10% 以上的情况,农村地区老年人口要比城市早 13 年达到人口老龄化占比达到 20% 以上的情况,农村老年人口比城市老年人口早 19 年,占比达到 30% 以上的情况。

石家庄市也出现了城乡老龄人口倒置的情况,仅以被调研地区人口老龄化为例,井陉矿区、行唐县、高邑县、元氏县、正定县的人口老龄化程度分别达到了 23.16%、21.65%、20.86%、19.12%、17.81%,而市区的鹿泉区、栾城区、桥西区、裕华区的人口老龄化

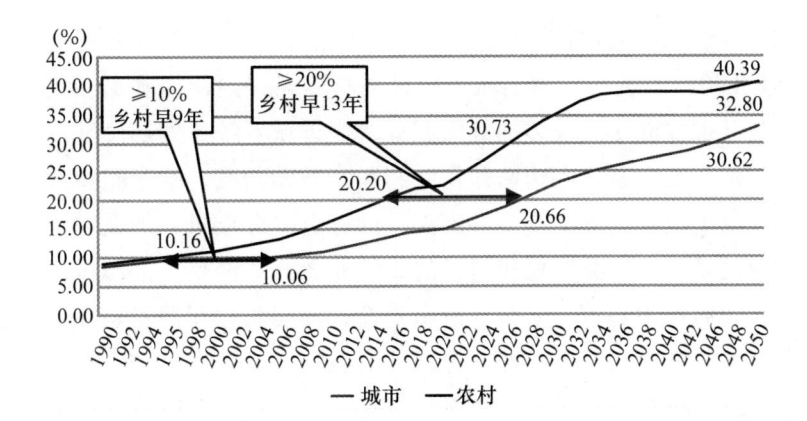

图 2-174　城乡人口老龄化进程比较

程度占比达到了 17.07%、16.94%、15.49%、13.88%。可见，石家庄市的人口老龄化也出现了城乡倒置的现象，由此可以印证石家庄市养老服务的重点和难点都在农村。

在城乡二元分割的大背景下，人口老龄化是基本国情，石家庄人人口老龄化城乡倒置是基本形态，农村人口加快的老龄化对石家庄市养老服务政策造成挑战，如何应对人口老龄化，解决石家庄市养老服务的短板和难点，需要在乡村振兴战略推动下，实现乡村振兴与农村养老服务的融合发展。

在乡村振兴中推进农村养老。2021 年《中华人民共和国国民经济和社会发展第十四个五年规划和 2035 年远景目标纲要》提出农业农村优先发展，全面推进乡村振兴，构建城乡融合发展的体制机制。乡村振兴将为农村养老服务的发展奠定经济基础，也会为农村经济社会的发展提供重要政策依据。2021 年"十四五民政事业发展规划"提出：构建乡镇牵头、村委会、村干部、党员、老年人协会、低龄健康老年人、农村留守老年人、志愿者等广泛参与的农村互助的养老服务格局。完善农村留守老年人的关爱服务体系，支持农村为老服务的社会组织的发展，构建农村养老服务的正式和非正式的养老服务体系。鼓励农村闲置的服务设施应用与农村养老服务，并提高农村养老设施的运营补贴，支持农村贫困地区因地制宜发展养老服务。

《中共中央国务院关于全面推进乡村振兴加快农业农村现代化的意见》（2021）提出：落实城乡居民基本养老保险待遇确定和正常调整机制，加强老年人群体的健康服务，完善城乡统一的居民基本医疗保险制度，健全重大疾病医疗保险和医疗救助制度，推进城乡最低生活保障制度统筹发展，提高特困人员的养老服务质量，加强对留守老年人的关爱，健全县乡村相衔接的3级养老服务网络，推动村级幸福院、日间照料中心等养老服务设施建设，发展农村互助养老和普惠型养老服务，推进农村公益性殡葬服务发展。

实现乡村振兴与农村养老服务的互动。农村养老服务发展是系统的工程，其复杂性决定了其发展离不开农村经济发展、基层治理加强、文化与生态等各个方面的发展。只有农村经济的发展，才能为农村养老服务的发展奠定好的经济基础，激发农村老年人的消费潜能和水平；只有加强基层社会治理，才能为农村养老服务的发展奠定政治基础；只有加强农村核心价值观的建设，才能营造农村敬老孝老的乡村文化；只有加强农村宜居环境的建设，注重农村适老化改造，通过无障碍设施和环境的建设，改善农村居民人居环境。

农村养老服务的发展也会为乡村振兴提供新的增长点和新的动力。农村养老服务的发展是农村基本公共服务均等化的重要内容，是实现乡村振兴的当然要求和应有之义。农村养老服务的发展可以带动乡村旅游、休闲农业等康养产业的发展。以与老年人息息相关的康养产业为例，康养产业涵盖了健康、养老、医疗、旅游、绿色农业等诸多业态，是乡村振兴的重要产业。随着乡村振兴的推动，要不失时机地把康养产业推到一个新的高度。以石家庄鹿泉区为例，根据市委的安排，鹿泉着力打造康养休闲产业聚集区，为此推动"春风十里"康养中心与获鹿镇卫生院融合发展，打造河北省康养产业发展的典范，推动西部山区休闲、整合康养产业资源，推动河北省康养产业发展。

顺应阶段性发展特征，梯次推进农村养老服务体系建设。在乡村振兴的初期，石家庄市偏远的农村地区，主要分布在西部和北部地区，受区位限制和资源环境的影响，这些地区缺乏经济发展的机会。

不少年轻人出去打工，为此，留守老年人养老问题比较突出，社会化养老服务发展不足，市场化力量发展不足，养老服务主要采用政府兜底为主。乡村振兴的推进，推动农村一、二、三产业融合发展，农村地区可以依托现有的资源，形成适宜的产业发展格局，推进农村基础设施、公共服务水平进一步提升，为农村养老服务的发展奠定基础。预计到"十四五"末期，石家庄市能够形成乡村振兴与农村养老服务协同发展的政策规定，到2035年，石家庄市乡村振兴取得决定性进展，农业农村现代化基本实现，石家庄市将形成比较完备的"县乡村"3级养老服务网络，县级老年人照护机构使得有照护需求的老年人能够得到照护，乡镇敬老院能够实现升级改造提高入住老年人的生活质量，村级互助养老服务点使得村子里老年人能够就近得到养老服务。与此同时，市场化的养老服务得到发展，养老服务事业和养老服务产业协同发展，如说农业和休闲产业的发展，可以助推石家庄市养老服务的发展。到2035年，预计石家庄市能够形成居家为基础、社区为依托、机构为补充、居家社区机构相协调、医养康养相融合的养老服务体系，养老服务从量的扩张阶段走向质量的提升阶段，石家庄市养老服务走向城乡融合发展。注重全市养老服务发展统筹设计，全市统一低保标准、老龄津贴和其他老年福利制度，实现石家庄市养老服务城乡融合发展，城市养老服务资源能够向农村延伸，农村养老服务的市场化程度提高，城乡养老服务供给的渠道能够畅通融合。

（五）政策：建立家庭养老政策在内的多种政策，提供精准为老服务

家庭是应对老龄化社会的重要支柱。笔者在调研过程中发现，家庭在为老年人提供力所能及的服务以及精神慰藉方面发挥着重要作用。在提供养老服务的主体中，政府、市场、社会组织在养老服务中的作用不断增加，但家庭成员以及亲朋好友在提供养老服务中有得天独厚的条件。家庭养老功能的提升，离不开家庭政策的制定与完善，通过制定家庭支持政策，鼓励家庭的子女或其他亲属向有照顾服务需求的老年人提供照顾服务，政府可以向老年人家人或亲属购买经济困

难老年人的养老服务。

除了在养老服务中制定家庭支持政策，还要制定养老服务补贴政策并进行动态调整。此外，还要落实养老服务机构建设补贴、养老服务机构运营（护理）补贴、居家和社区养老服务设施建设补贴、农村互助幸福院建设补贴。养老服务补贴政策要及时调整，如养老机构设立许可取消后，3年社区和居家试点政策结束后，资金补贴政策需要及时调整。困难老年人社区和居家养老服务补贴政策，需要加强监管政策的制定。

我国养老服务的家庭支持政策，包括养老机构收费制度，如享受最低生活保障的老年人和经济上特困的老年人，实行入住养老院的费用减免政策。此外，国家也对养老机构实行税收优惠，如养老机构免交土地使用税。概括起来，国家对养老服务的支持政策涉及改革和完善养老服务机构收费制度，使得兜底性养老机构、社会化办养老机构、营利性养老机构的收费标准有不同的政策规定；实行养老服务机构的税费扶持政策，免征收兜底性养老机构的企业所得税，享受用水、用电、用气、供暖、用网等方面的税收优惠，对于社会资本进入养老服务业的，通过税收政策以及其他各项优惠政策加大扶持力度；实行地方财政对养老服务业产业财政支持政策，优先安排养老服务发展的用地，加大金融对养老服务的支持力度，为养老项目提供优惠利率。

（六）统筹：树立公平理念，实现养老服务由城乡统筹走向城乡统一

通过调研得知，城乡老年人在基本生活照顾需求、医养康养需求、文化娱乐需求等基本需求方面存在很大差异。整体而言，石家庄市农村地区养老服务水平滞后，较城市存在很大差距，这种差距与城乡分割、地区分割的养老服务供给密切相关。为此，需要整合石家庄市养老服务各种资源，不失时机地推进石家庄市养老服务标准化建设。以标准化建设为契机，推动养老服务向均等化方向发展，为石家庄市老年人提供均公平的基本养老服务，让城乡老年人、不同地区老

年人、不同人群老年人都能公平地享受石家庄市经济社会发展的成果。在统筹石家庄市城乡养老服务发展的过程中,需要处理好政府与市场的关系、公平与效率的关系、家庭养老与社会养老的关系、养老服务需求与供给的关系。

(七)主体:构建"五位一体"的养老服务主体体系,明确各方主体职责

按照福利多元主义理论,石家庄市养老服务发展需要调动各方主体积极性。政府要在养老服务中发挥主导作用,制定石家庄市政府在养老服务中的责任清单,包括在制定政策、资金支持、规划制定、制定标准、加强监督等方面的责任清单。因为养老行业是微利行业,投资时间长且见效慢,需要政府的政策撬动市场资本的力量;市场要在养老服务中发挥主体作用,无论是公办还是民办的市场主体,都承担着为老年人提供养老服务的重要职责;社会在养老服务发展中也承担着重要职责。政府需要借助社会组织力量,通过培育社会组织和政府购买服务形式,向社会组织购买专业化的社会服务;家庭是提供养老服务的重要主体,对于困境老年人而言,如果政府购买家庭成员的服务,对老年人及其家庭成员而言,是不错的选择。从文化角度而言,还要加强社会主义核心价值观教育,弘扬尊老爱老敬老文化,提倡孝道文化传承,发挥家庭成员为老年人提供各种养老服务;个人也是养老服务的提供主体,通过调研得知,老年人都不想给儿女和国家增加经济和医疗负担,如果老年人身体尚好,自己可以照顾自己,还能为老伴、儿女以及其他老年人提供养老服务。考虑通过道德银行的建设,助推年轻老年人为年龄大的老年人服务。

(八)观念:转变老年人观念,促进互助养老服务发展

笔者通过调研得知,有相当一部分老年人,不愿意去养老机构养老,对社会化的养老服务还缺乏认识,尤其是农村居民,认为去养老机构就是子女不孝、家庭没有能力、自己身体实在不行万不得已才去养老机构。这种传统观念的存在与老年人的认知有关,也与我们的宣传相关。目前石家庄市对于农村互助养老的形式，还没有明确的政策规定。老年人通过互助的形式，实现年轻老年人照顾年龄较大的老年人，这不失为石家庄市农村养老服务发展的重要模式。这一模式可以在一定程度上缓解专业照护人员短缺的问题，也可以提高失能、半失能老年人的生活质量，为政府分忧解难。调研组在行唐调研的过程中，看到政府兜底的养老机构中有年轻老年人为年龄大的老年人服务的现象。建议政府可以通过购买身体好的老年人为老服务的形式，同时开发信用平台，通过道德银行方式，实现互助养老在基层治理中的实现。

（九）监管：构建政府+第三方组织+社会的"三位一体"养老服务监管体系

养老服务发展中要处理好政府与市场关系。政府在养老服务中发挥主导作用，主要体现在制定政策和发展战略、提供资金支持等方面。此外，政府主导作用的一个重要体现就是加强监督，政府通过制定政策，构建政府+第三方组织+社会"三位一体"的养老服务监管体系，这将为石家庄市养老服务高质量发展保驾护航。笔者通过对石家庄市养老服务供给主体的考察，发现目前不少养老服务供给的市场主体，还处于发展阶段，由于缺乏专业养老服务监督管理人才，导致部分养老服务评估公司面临发展困境。整体而言，石家庄社会化的评估公司还处在起步阶段。除了市场力量的监督，政府通过制定完善的监督政策，也可以通过定期的督导检查，发现养老服务设施中存在的管理和服务方面的问题，在必要时可以对养老服务的供给主体进行督导，促使其养老服务质量提升。政府还可以直接委托或者通过购买服务形式，鼓励养老服务专业人士本着实事求是的原则去做养老服务的评估与督导，这对养老服务产业和事业的发展是利好的。

（十）预算：实行科学养老服务年度预算制度，为养老服务提升奠定经济基础

养老服务作为一种社会福利，其发展水平受地方经济发展水平的

制约。一般而言，经济水平决定养老服务水平的高低，但也不是唯一的决定因素。养老服务的发展，还受制于政治、文化、社会等各个方面。政治因素可以影响养老服务节奏的快慢，在政府重视的前提下通过科学的养老服务预算制度，可以实现养老服务高质量发展。

石家庄市养老服务的发展需要制定科学的年度预算制度，按照国家、河北省有关养老服务的具体政策规定，从养老服务补贴、残疾人补贴、残疾人护理补贴、老龄津贴等各个方面，留足充足的资金，同时为政府购买家庭成员、市场主体或者其他社会组织的关爱服务预留资金。做好年度资金预算并完成事前、事后绩效评估。每年及时编制资金支出计划，完成事前、事后资金使用情况的绩效评估，在与老年人生活息息相关的助餐、适老化改造、老年人需求项目等方面加大资金的支持，为提高石家庄市养老服务质量奠定基础。还有随着长期护理保险制度的推进，应该通过科学的预算制度，再经过充分的论证后，保障石家庄市以及各地区养老服务发展。

（十一）管理：加强基层社会治理，做实养老服务网格化管理

农村养老服务的发展，离不开基层治理水平的提升。加强基层治理，是提高养老服务效率和水平的关键。加强基层治理，需要发挥居民的主体意识，调动居民、社会组织参加基层治理的积极性。石家庄市养老服务的发展，做实养老服务的网格化管理显得尤为必要。通过养老服务的网格化管理，不同地区的养老服务做到责任到人，并纳入其绩效考核指标，这对提升养老服务的效率和精准性，避免老年人处于风险之中将起到重要作用。

（十二）关爱：鼓励社会力量参与，构建健全的老年人关爱服务体系

老年人的需求是一个金字塔，不仅有经济方面需求，也有各种服务方面需求，还有更高层次的精神慰藉需求。在精神慰藉需求方面，超过60%的老年人希望子女老伴及其他家庭成员提供精神慰藉服务。当家庭不能提供精神慰藉的服务时，就需要政府、社会等其他力量及

时跟进。在桥西区某小区调研时，有一位84岁的老太太，大儿子不孝，在想方设法拿到老太太的房产后，就再也不来看自己的母亲，让老太太感觉寒心，这样的不孝行为，应该受到社会的谴责，也需要政府通过积极的宣传，形成养老尊老爱老敬老的文化氛围，让孝顺在代际传递，让孝顺的风气在市民中传播，让孝顺汇聚成爱的力量，助力石家庄市养老服务质量提升。关爱老年人，首先要关注身心困境的老年人，这就需要基层民政部门、残联等部门的定期走访、社会组织的帮扶服务、专业社会工作者和志愿者的参与。对于普通老年人而言，很大一部分老年人还是希望子女能够照顾，通过制定家庭政策，弘扬尊老、爱老、孝老的社会文化，应该成为社会政策考虑的重要方面。加强对老年人的关爱，需要发挥各部门合力作用，也需要社会成员的积极参与，只有这样，才能健全石家庄市老年人关爱服务体系。

第三章　石家庄市养老服务供给报告

在对石家庄市人口老龄化具体情况进行统计分析的基础上，面对石家庄市人口结构的具体变化，为了满足老年人多样化、多层次的养老服务需求，实施积极的应对人口老龄化的战略及政策，在了解石家庄市养老服务供给具体情况基础上，对养老服务供给整体情况进行数据分析，发现养老服务供给中存在的具体问题，进而提出发展石家庄市养老服务供给的具体建议，扩大养老服务供给，满足老年人多样化、多层次的养老服务需求，以此实现石家庄市养老服务的供需平衡。按照养老服务的主体来划分，养老服务的供给主体主要有养老机构、居家社区养老服务中心、日间照料中心，此外，还有一些市场化主体提供的与养老相关的服务。本报告主要是从提供养老服务的4个主体来进行分析，进而分析养老服务供给中存在的主要问题，并针对主要问题，提出具体的政策建议。

一　石家庄市养老机构供给

截止到2020年底，石家庄市养老机构的总量达到262个，其中公办公营机构23个，公建民营机构17个，民办机构222个，民办机构数量远远超出了公办公营和公建民营养老机构的数量，具体情况如图3-1所示。

图3-2描述了截止到2020年底，不同性质的养老机构入住老年人不同性别的数量，公办公营养老机构入住老年人男性1131人，女性508人，总计人数为1639人，公建民营养老机构入住老年人男性

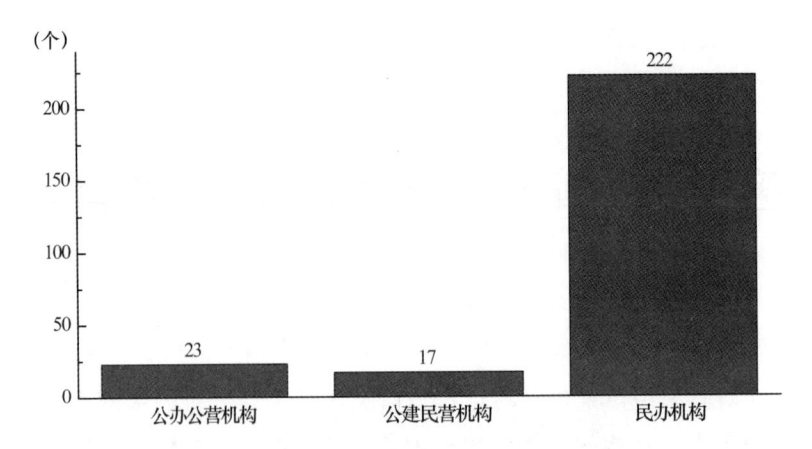

图 3-1　石家庄市不同性质的养老机构数量

865 人，女性 505 人，总计人数为 1370 人，民办养老机构入住老年人男性 6796 人，女性 8612 人，总计人数为 15408 人。可见，从绝对数量来看，民办养老机构入住的老年人数约是公办公营养老机构入住老年人数的 9.4 倍，约是公建民营养老机构入住老年人数的 11.25 倍。

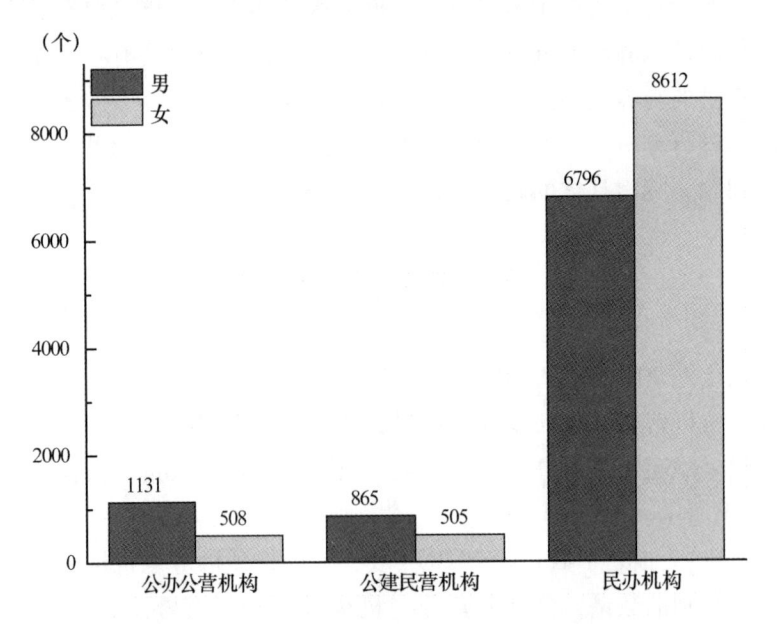

图 3-2　不同性质的机构入住老人性别情况

图3-3描述了截止到2020年底，不同性质养老机构入住老年人不同类型的数量，公办公营养老机构入住老年人自理老年人数量657人，半失能老年人数量363人，失能老年人数量619人；公建民营养老机构入住老年人自理老人数量368人，半失能老年人数量456人，失能老年人数量546人；民办养老机构入住老年人自理老年人数量3212人，半失能老年人数量4614人，失能老年人数量7521人。由上述数据可以看出：民办养老机构入住的失能老年人数量、半失能老年人数量、自理老年人数量，都远远大于公办公营养老机构和公建民营养老机构。

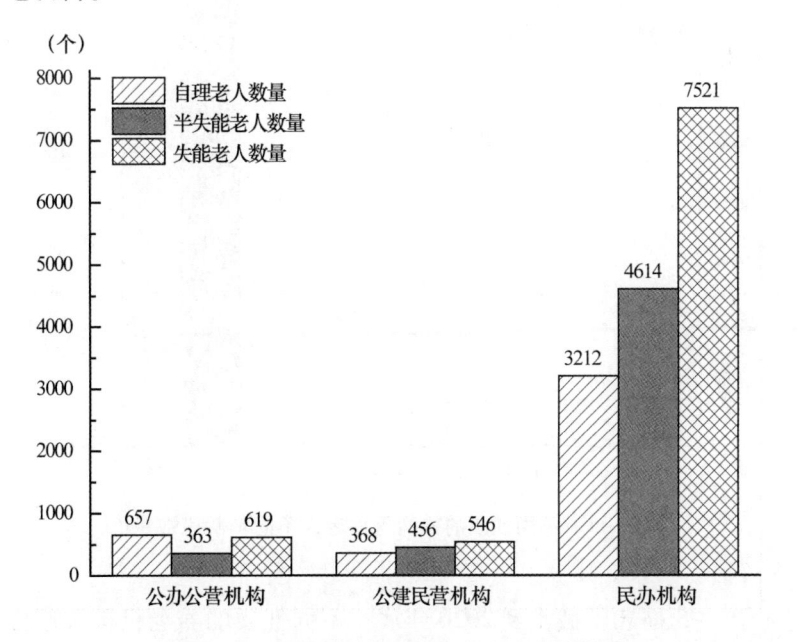

图3-3 不同性质的机构入住老人类型数量

图3-4描述了截止到2020年底，不同性质的养老机构入住老年人不同年龄段的数量，公办公营养老机构入住老年人60—79岁老年人数量810人，80—99岁老年人数量774人，100岁以上老年人数量1人；公建民营养老机构入住老年人60—79岁老年人数量744人，80—99岁老年人数量574人，100岁以上老年人数量2人；民办养老

机构入住老年人60—79岁老年人数量7446人，80—99岁老年人数量7593人，100岁以上老年人数量79人。由上述数据可以看出：民办养老机构入住的高龄老年人数为7672人，为公办公营养老机构入住高龄老年人数的约9.9倍，约为公建民营养老机构的9.89倍。其中，民办养老机构入住的健康老年人数，为公办公营养老机构的约4.89倍，约为公建民营养老机构的8.73倍。

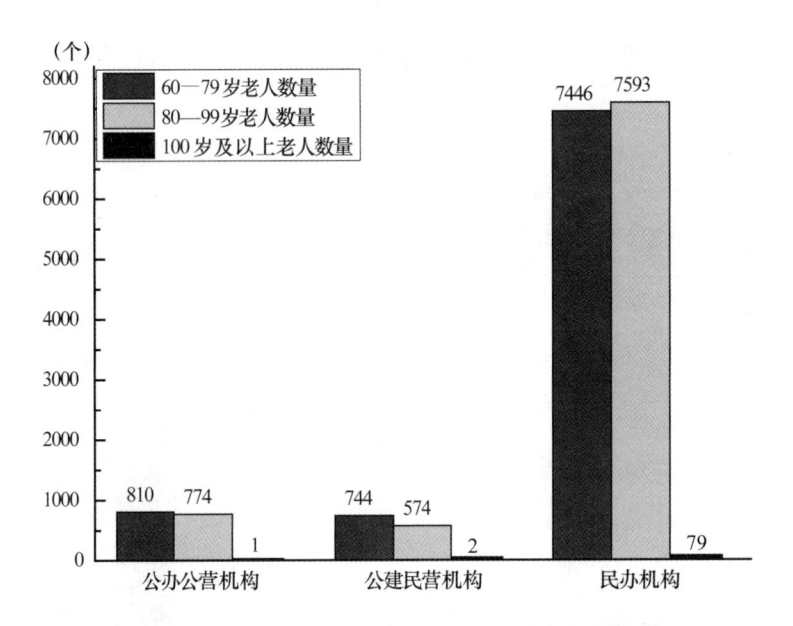

图3-4 不同性质的机构入住老人不同年龄段数量

图3-5描述了截止到2020年底，不同性质的养老机构入住特殊老年人的数量，公办公营养老机构入住特困老年人数量814人，低保老年人数量0人；公建民营养老机构入住特困老年人数量552人，低保老年人数量0人；民办养老机构入住特困老年人数量517人，低保老年人数量175人。目前石家庄市最低生活。保障的老年人是民办养老机构承担照护职责，可以考虑让石家庄的6类困境老年人，入住公建民营养老机构。

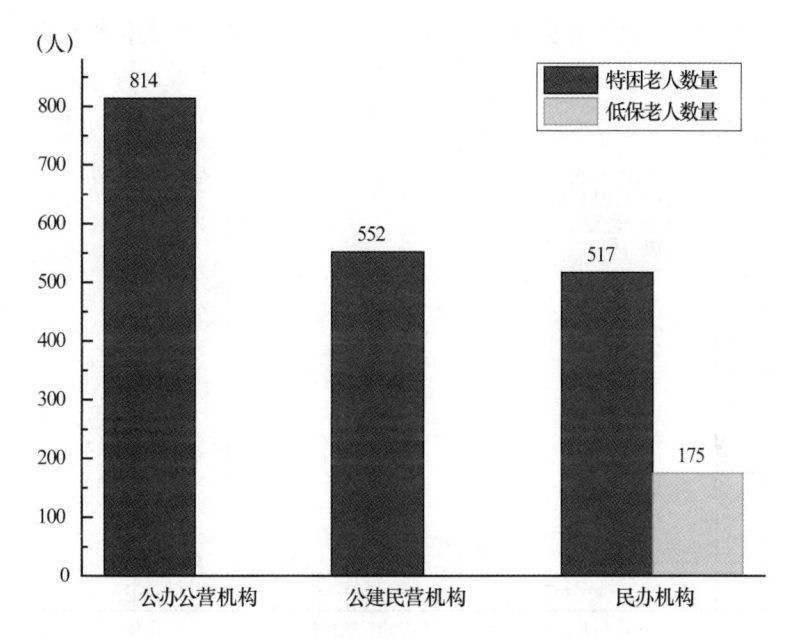

第三章　石家庄市养老服务供给报告 | 175

图 3-5　不同性质的机构入住特殊老人数量

图 3-6 描述了截止到 2020 年底，公办公营机构、公建民营机构、民办机构的现有床位数、护理型床位数、入住老人数及剩余床位数。从图中可以看出：现有床位数共 39595 个，其中公办公营机构 3751 个，公建民营机构 4282 个，民办机构 31562 个；护理床位数共 16720 个，其中公办公营机构 1922 个，公建民营机构 1334 个，民办机构 13464 个；共入住老年人 18345 位，其中公办公营机构 1639 位，公建民营机构 1370 位，民办机构 15336 位；剩余床位数共 20372 个，其中公办公营机构 1910 个，公建民营机构 2873 个，民办机构 15589 个。从数据资料可以看出：民办养老机构的床位数占整体床位数约为 79.71%，民办养老机构拥有的护理型床位数，是公办公营养老机构和公建民营养老机构的 4.14 倍。在空置率方面，民办养老机构的空置率为 49.39%，公办公营养老机构的空置率约为 50.92%，公建民营养老机构的空置率为 67.09%。石家庄各种类型养老机构空置率由高到低依次为公建民营（空置率：67.09%）、民办养老机构（空置

率：49.39%）、公办公营（空置率：50.92），这一现象值得深思。

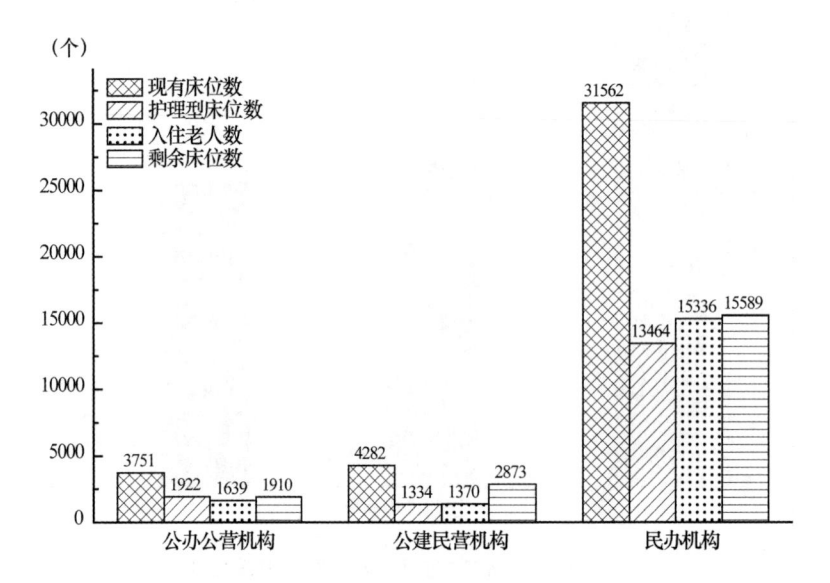

图 3-6　石家庄市不同性质的养老机构床位数及入住情况

图 3-7 描述了截止到 2020 年年底，石家庄市养老机构新增、净增、在建、关停变化情况图，图中柱状表示养老机构的数量变化，折线表示养老机构的床位数变化。从图中可以看出：相对于 2019 年，截止到 2020 年年底，新增养老机构 39 家，新增床位数 4549 个，其中关停 11 家，关停床位数 749 个，2020 年因升级改造减少 104 张、因变更备案减少 420 张、因转为居家养老服务中心减少 30 张、因转给儿童福利减少 20 张，共减少 574 张，所以净增养老机构 28 家，净增床位数 3226 个。截止到 2020 年年底，在建 17 家养老机构，在建床位数 8680 个。

图 3-8 描述了截止到 2020 年年底石家庄各个县（市、区）养老机构数量，从图 3-8 可以看出：各个县（市、区）的养老机构数量较多的 5 个是藁城区 26 个、长安区 25 个、正定县 22 个、行唐县 16 个、晋州市 16 个，养老机构较少的 5 个是化工园区 1 个、高新区 2 个、井陉矿区 3 个、井陉县 4 个、平山县 4 个。

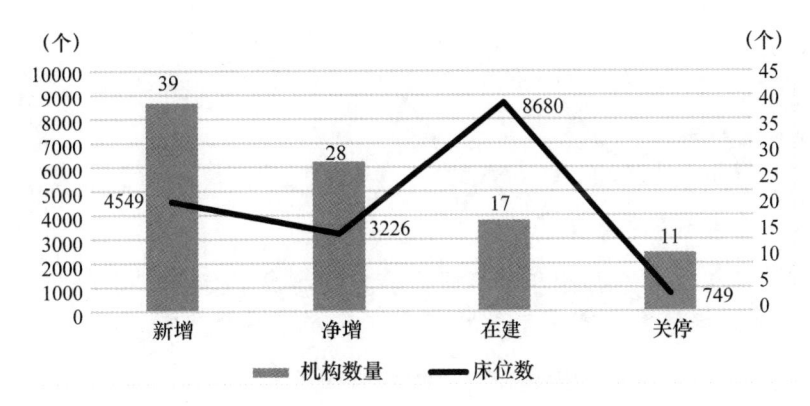

第三章　石家庄市养老服务供给报告 | 177

图 3-7　养老机构变化情况

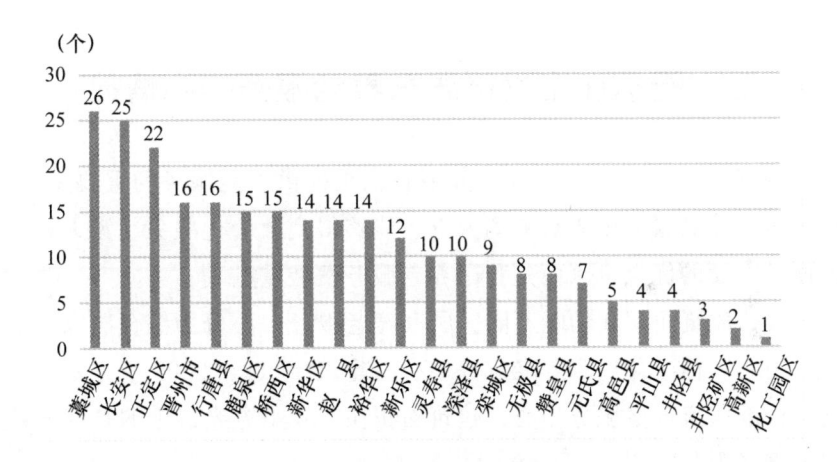

图 3-8　石家庄市各地养老机构数量

图 3-9 描述了截止到 2020 年年底石家庄各地现有床位数量及护理床位所占比例，从图中可以看出：各地的现有床位较多的 5 个县（市、区）是藁城区 5540 个、长安区 3409 个、正定县 3347 个、新华区 3330 个、鹿泉区 2839 个，护理床位占比较高的 5 个县（市、区）是裕华区 70.85%、长安区 64.1%、桥西区 63.41%、新华区 55.44%、灵寿县 54.19%。

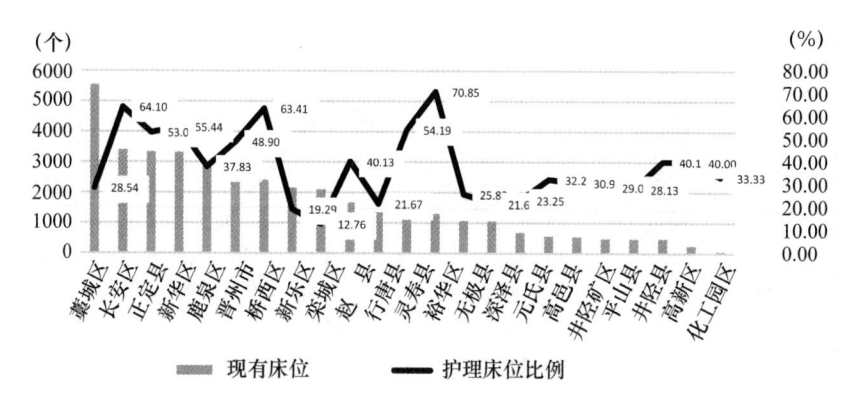

图 3-9 石家庄市各地现有床位数量及护理床位比例

二 石家庄市社区居家养老服务中心情况

石家庄市社区居家养老服务中心也是提供养老服务的重要主体，社区居家养老服务中心具有离家近、能够得到社会化服务、家人探望方便等方面的优点，因而是我国养老服务发展重点。

按照建筑面积和功能不同，居家养老服务中心分为综合居家养老服务中心和标准化居家养老服务中心，建筑面积达到 300 平方米以上的是标准居家养老服务中心，建筑面积在 750 平方米以上的是综合性居家养老服务中心。

图 3-10 为截止到 2020 年年底石家庄各县（市、区）的综合养老服务中心数量及对应的床位数，其中超过 10 个的地区有鹿泉区 12 个、长安区 12 个、赵县 11 个、藁城区 11 个、裕华区 11 个，新乐市、赞皇县、平山县、正定新区、化工园区、无极县仅有 1 个，床位数最多的 5 个县（市、区）为鹿泉区 309 个，赵县 284 个，藁城区 274 个，长安区 197 个，桥西区 135 个。

图 3-11 截止到 2020 年年底，石家庄各县（市、区）的标准化养老服务中心数量及对应的床位数，其中超过 10 个的地区有长安区 50 个、井陉矿区 14 个、新华区 14 个、裕华区 12 个、正定县 10 个、

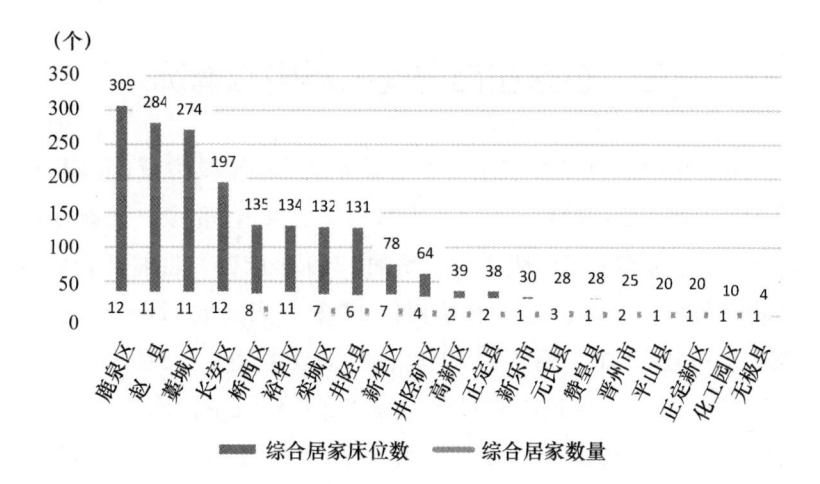

图 3-10　石家庄市综合居家养老服务中心数量及床位数

赞皇县、晋州市、无极县、平山县、赵县仅有 1 个，床位数最多的 5 个县（市、区）为井陉矿区 145 个、长安区 100 个、新华区 74 个、鹿泉区 62 个、正定县 59 个。

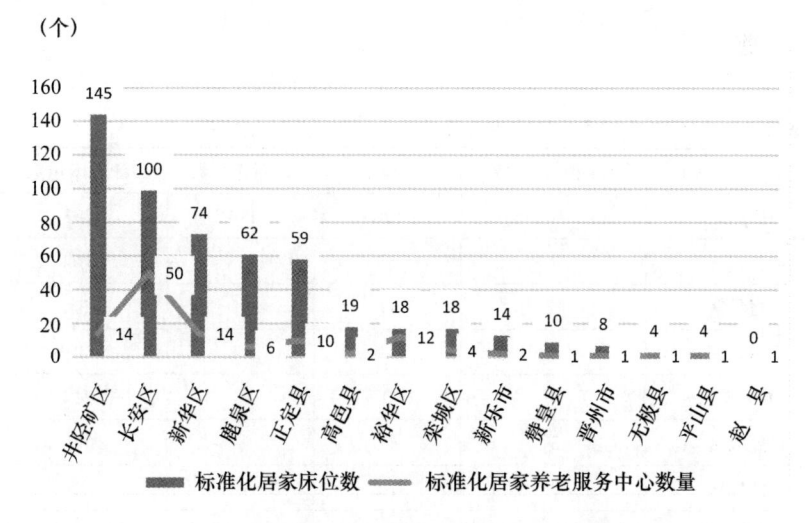

图 3-11　石家庄市标准化居家养老服务中心数量及床位数

三 石家庄市日间照料中心情况

日间照料中心也是石家庄市养老服务供给的重要力量。如表3-1所示，截止到2020年底，石家庄市日照中心共有58家，已有床位数390个，计划建623家日照中心，增加1299个床位，目前已有日照中心数量较多的县（市、区）有桥西区14家、床位数126个，新华区13家、床位数33个，裕华区12家、床位数47个，长安区9家、床位数37个，好多地区还没有日照中心，都在建设中，比如井陉矿区，计划建41家，增加214个床位；井陉县计划建3家，增加44个床位；藁城区计划建72家，增加102个床位；正定县计划建39家，增加28个床位；行唐县计划建13家；灵寿县计划建5家，增加14个床位；高邑县计划建2家，增加35个床位；深泽县计划建2家，增加10个床位；平山县计划建22家，增加54个床位；元氏县计划建3家，增加14个床位；赵县计划建4家，增加24个床位；晋州市计划建10家，增加55个床位；新乐市计划建10家，增加28个床位；无极县计划建2家。

表3-1 石家庄市各地区日照中心现有及计划情况

县（市、区）	日照中心个数	床位数	计划建个数	计划床位数
桥西区	14	126	114	293
长安区	9	37	108	102
裕华区	12	47	61	38
高新区	4	41	14	47
井陉矿区	0	0	41	214
鹿泉区	3	47	8	40
栾城区	2	12	4	15
井陉县	0	0	3	44
新华区	13	33	79	128

续表

县（市、区）	日照中心个数	床位数	计划建个数	计划床位数
藁城区	0	0	72	102
正定县	0	0	39	28
行唐县	0	0	13	0
灵寿县	0	0	5	14
高邑县	0	0	2	35
深泽县	0	0	2	10
赞皇县	1	47	7	14
平山县	0	0	22	54
元氏县	0	0	3	14
赵县	0	0	4	24
晋州市	0	0	10	55
新乐市	0	0	10	28
无极县	0	0	2	0

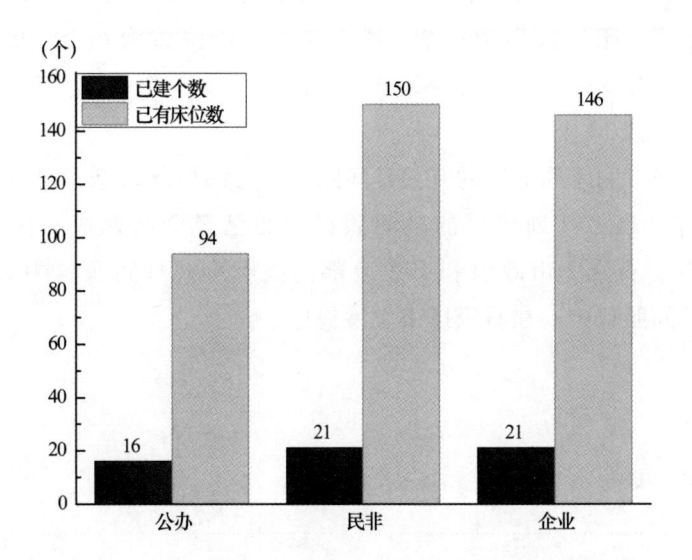

图3-12　石家庄市不同性质的日照中心数量及床位数分布

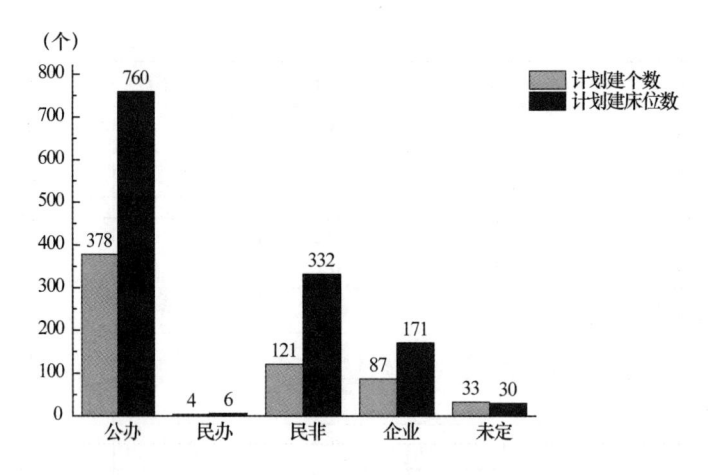

图 3-13　石家庄市计划建造的不同性质的日照中心数量及床位数分布

图 3-12 和图 3-13 为截止到 2020 年年底石家庄市已有的和计划建的日照中心数量及床位数分布情况，已有的日照中心中公办数量为 16 家、床位数为 94 个，民非数量为 21 家、床位数为 150 个，企业数量为 21 家、床位数为 146 个。计划建造的日照中心中公办数量为 378 家、床位数为 760 个，民办 4 家、床位数为 6 个，民非 121 家、床位数 332 个，企业 87 家、床位数为 171 个，未定性质的 33 家、床位数 30 个。

根据市民政局提供的有关日间照料中心的最新数据，可以看到在 2020 年年底，计划建设的日间照料中心已经全部建成。在 2020—2021 年，石家庄市政府和市民政部门高度重视日间照料中心发展，使得日间照料中心在石家庄市发展提速。

四 石家庄市涉老企业部分情况

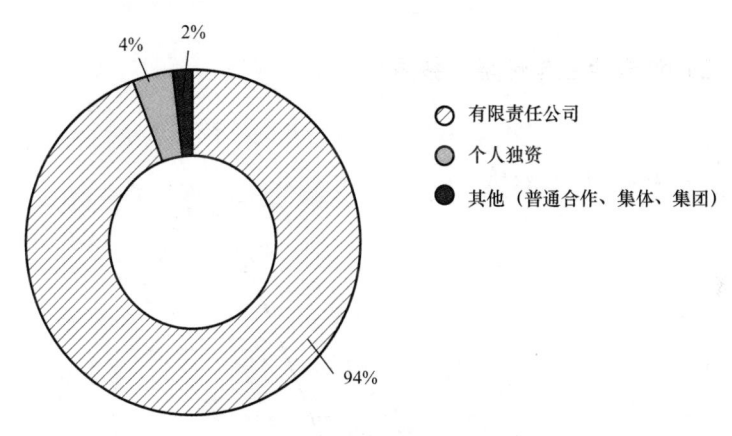

(一) 涉老企业类型

图 3-14 涉老企业类型占比

根据石家庄市行政审批局提供截止到 2021 年 9 月 8 日涉老企业名录数据汇总。从图 3-14 中可以看出涉老企业中类型为有限责任公司的占比为 94%，个人独资企业占比 4%，普通合作企业、集团或集体所有制企业占比 2%。

(二) 涉老企业注册资本区间

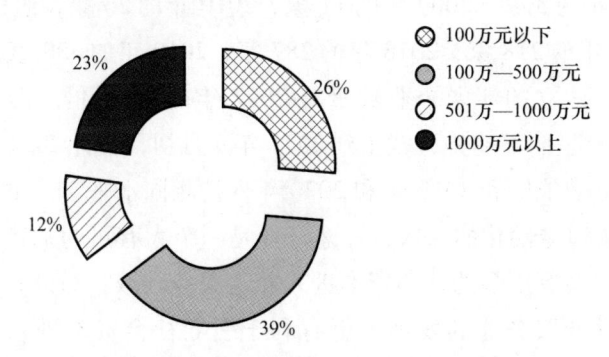

图 3-15 涉老企业注册资本区间占比

从图 3-15 中可以看出涉老企业中注册资本在 100 万元及以下的占比为 26%，注册资本在 100 万到 500 万元的涉老企业数量最多，达到了 39%，注册资本在 501 万到 1000 万元的涉老企业数量最少，占比为 12%，注册资本在 1000 万元以上的占比为 23%。

（三）涉老企业年份增长数量

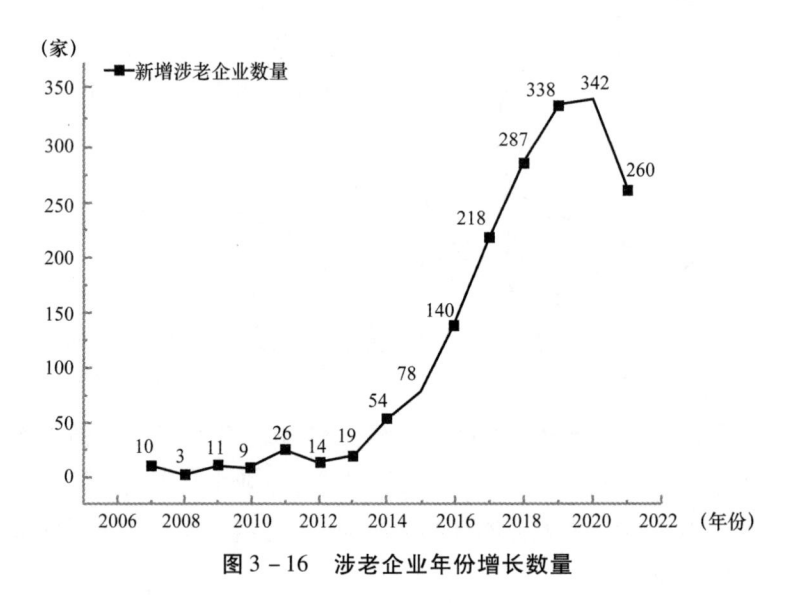

图 3-16　涉老企业年份增长数量

从图 3-16 可以看出，涉老企业每年的成立数量从 2007 年的 10 家，2008 年的 3 家，2009 年的 11 家，2010 年的 26 家，通过 10 年发展到 2017 年的 218 家，2018 年的 287 家，2019 年的 338 家，2020 年的 342 家，成立的涉老企业数量是 2007 年的约 34 倍。图 3-16 显示，2021 年呈向下趋势，截止到 2021 年 9 月初，估计 2021 年涉老企业的年成立数能够和 2019 年和 2020 年保持相同水平。

随着人口老龄化的深入，养老产业是一个大有可为的产业，估计不久的将来会有更多的社会资本进入养老服务领域；另外，石家庄市政府注重养老服务业的发展，更有利于引导社会资本进入养老服务领域。

（四）涉老企业所在区域

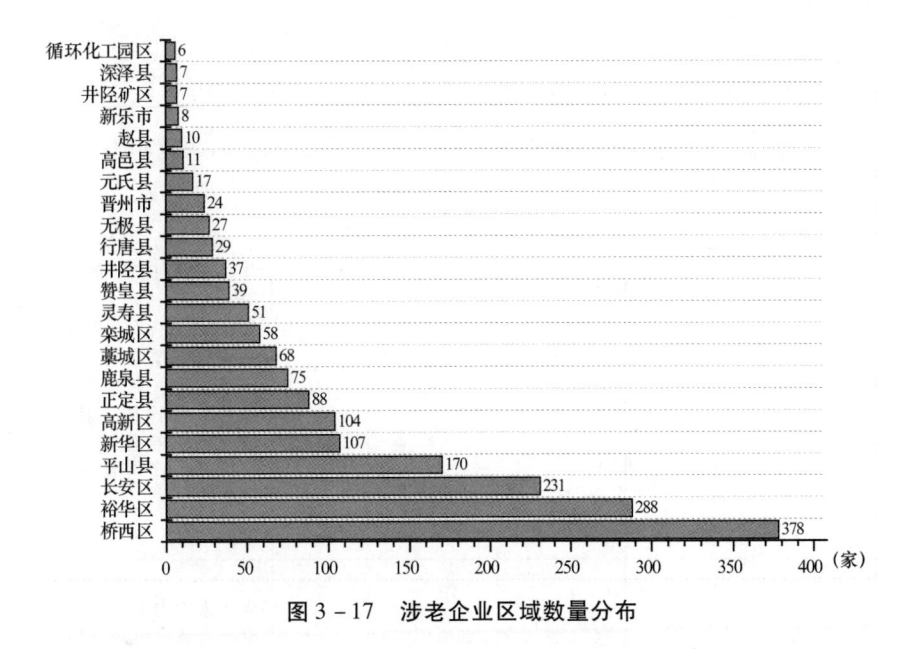

图 3-17　涉老企业区域数量分布

区域	数量（家）
循环化工园区	6
深泽县	7
井陉矿区	7
新乐市	8
赵县	10
高邑县	11
元氏县	17
晋州市	24
无极县	27
行唐县	29
井陉县	37
赞皇县	39
灵寿县	51
栾城区	58
藁城区	68
鹿泉县	75
正定县	88
高新区	104
新华区	107
平山县	170
长安区	231
裕华区	288
桥西区	378

从图 3-17 可以看出，截止到 2020 年年底，石家庄市的涉老企业主要集中分布在桥西区 378 家，裕华区 288 家，长安区 231 家，平山县 170 家，新华区 107 家，高新区 104 家，涉老企业比较少的 5 个县（市、区）是循环化工园区 6 个，深泽县 7 个，井陉矿区 7 个，新乐市 8 个，赵县 10 个。

(五) 石家庄市级养老涉老服务类民办非企业单位、社会团体相关数据

表3-2 石家庄市部分涉老服务类民办非企业单位、社会团体相关数据

序号	组织类型	成立日期	地址	业务主管单位名称	注册资金（万元）	业务范围
1	民办非企业单位	2017年12月28日	河北省石家庄市友谊南大街38号百度空间510	石家庄市民政局	10.0	老年人能力评估、老年人照护风险评估、老年综合评估、养老服务需求评估、养老机构服务质量与等级评估、社区居家养老服务质量评估、辅助政府制定养老服务相关标准、养老服务管理咨询
2	民办非企业单位	2018年3月7日	河北省石家庄市长安区中山东路91号办公楼四层	石家庄市民政局	10.0	老年人能力等级评估、老年人账户风险评估、老年人综合评估、养老服务需求评估、养老机构服务质量评估、居家养老服务质量评估
3	民办非企业单位	2019年7月8日	河北省石家庄市新华区国泰街39号108房间	石家庄市民政局	30.0	老年人能力评估、养老服务质量评估、养老服务风险评估、养老机构等级评估、涉老产品需求评估、居家养老服务需求评估、咨询服务、养老信息监督收集评估、养老评估培训、养老数据检查评估、其他关于养老的评估服务

续表

序号	组织类型	成立日期	地址	业务主管单位名称	注册资金（万元）	业务范围
4	民办非企业单位	2019年12月11日	河北省石家庄市裕华区体育大街与东岗路交口世纪华茂A座2402室	石家庄市民政局	30.0	能力评估、养老服务质量评估、养老服务风险评估、养老机构（星级）等级评估、涉老产品需求评估、居家养老服务需求评估、对养老机构和养老项目进行咨询和评估、养老信息监督收集评估、养老评估培训、养老数据检查评估、其他关于养老的评估服务
5	民办非企业单位	2020年1月14日	河北省石家庄市裕华区仓丰路34号	石家庄市民政局	30.0	老年人生活能力评估、养老服务质量评估、养老服务风险评估、养老机构（星级）等级评估、涉老产品需求评估、居家养老服务需求评估、对养老机构和养老项目进行咨询和评估、养老信息监督收集评估、养老评估培训、养老数据检查评估
6	民办非企业单位	2020年7月27日	河北省石家庄市长安区光华中路43—1号2—2—101	石家庄市民政局	30.0	老年人生活能力评估、养老服务质量评估、养老服务风险评估、养老机构（星级）等级评估、涉老产品需求评估、居家养老服务需求评估、对养老机构和养老项目进行咨询和评估、养老信息监督收集评估、养老评估培训、养老数据检查评估

续表

序号	组织类型	成立日期	地址	业务主管单位名称	注册资金（万元）	业务范围
7	民办非企业单位	2020年10月22日	河北省石家庄市裕华区翟营大街251号101室	石家庄市民政局	30.0	老年人生活能力评估、养老服务质量评估、养老服务风险评估、养老机构（星级）等级评估、涉老产品需求评估、居家养老服务需求评估、对养老机构和养老项目进行咨询和评估、养老信息监督收集评估、养老评估培训、养老数据检查评估
8	民办非企业单位	2020年10月12日	河北省石家庄市赞皇县赞皇镇曲江小学南楼东侧	石家庄市民政局	30.0	扶老、助困、助孤、助残、助学；组织参加开展各类公益活动
9	民办非企业单位	2021年7月20日	河北省石家庄市民族路77号石家庄华强数码广场地上西区及EF座办公楼02单元2826号	石家庄市民政局	20.0	老年人生活能力评估、养老服务质量评估、养老服务风险评估、养老机构（星级）等级评估、涉老产品需求评估、居家养老服务需求评估、养老机构培训、养老数据检查评估、其他关于养老的评估服务
10	民办非企业单位	2021年6月21日	河北省石家庄市友谊南大街38号百度空间大厦714室	石家庄市民政局	20.0	老年人生活能力评估、养老服务质量评估、养老服务风险评估、养老机构（星级）等级评估、涉老产品需求评估、居家养老服务需求评估、对养老机构和养老项目进行咨询和评估、养老信息监督收集评估、养老数据检查评估、养老评估培训、其他关于养老的评估服务

续表

序号	组织类型	成立日期	地址	业务主管单位名称	注册资金（万元）	业务范围
11	社会团体	2018年7月10日	河北省石家庄市长安区建设南大街29号众鑫大厦2001室	无	3.0	政策研究宣传、业务指导、经验交流、政府机关授权委托的其他工作

资料来源：2021年8月石家庄市行政审批局访谈资料。

五 目前石家庄市养老服务供给中存在主要问题

（一）公办养老服务供给主体数量少且承担责任小

公办养老服务供给主体数量少且承担责任小，主要体现在公办养老机构数量、接收入住老年人数、接收失能半失能老年人数、接收80岁以上的老年人数、接收低保老年人数等。截止到2020年底，石家庄市养老机构的总量达到262个，其中公办公营机构23个，公建民营机构17个，民办机构222个，民办机构数量几乎是公办公营养老机构数量的10倍；公办公营养老机构入住老年人仅仅为1639人，而民办养老机构入住老年人为15408人，在民办养老机构入住的老年人为公办养老机构入住老年人的约9.4倍；在公办公营养老机构入住的半失能和失能的老年人总数为982人，而在民办养老机构入住的半失能和失能的老年人总数为12135人，是在公办公营养老机构入住失能和半失能老年人数的约12.36倍，可见民办养老机构在照护失能、半失能老年人方面承担着重要职责；在公办公营养老机构入住的80岁以上的高龄老年人为776人，而民办养老机构入住的80岁以上的高龄老年人为7672人，为在公办公营养老机构入住高龄老年人的约9.89倍，可见民办养老机构在为高龄老年人服务中也发挥着重要作用；公办公营和公建民营的养老机构没有承担低保老年人的照护，民办养老机构承担了低保老年人照护职责。

（二）养老机构的空置率较高

截止到 2020 年年底，石家庄现有床位数共 39595 个，其中护理床位数共 16720 个，共入住老人 18345 位，剩余床位数共 20372 个，其中石家庄整体养老床位空置率约为 51.45%。各区县公办公营养老机构（由于表格空间问题：公办公营养老机构仅仅描述到县）按照空置率由高到低的顺序，高邑、赞皇、灵寿等县的养老空置率都比较高，高邑公办公营养老机构的空置率高达 83.46%，赞皇的 2 个公办公营的养老机构空置率分别高达 80.5% 和 65.38%，灵寿县公办公营机构的空置率达到了 63.95%，其中公办公营养老机构空置率较低的 3 个地方分别是长安区、藁城区和井陉县，分别为 20%、4.76% 和 1%，空置率的具体情况如图 3-18 所示。

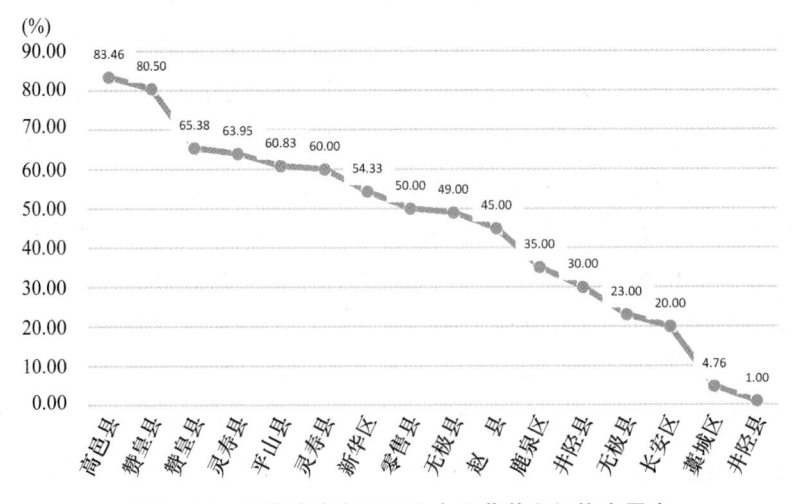

图 3-18　石家庄市各区县公办公营养老机构空置率

按照空置率由高到低的顺序，石家庄市各区县公建民营养老机构（由于表格空间问题：公建民营养老机构仅仅描述到县）空置率最高的为晋州市，其空置率达到了 96.00%，其次是藁城区，空置率达到 88.50%，空置率达到正数第 3 位的是鹿泉区，高达 81.18%，其中空置率比较低的是无极县、长安区、新乐市，空置率分别为24.38%、12.50%、6.43%，具体情况如图3-19所示。

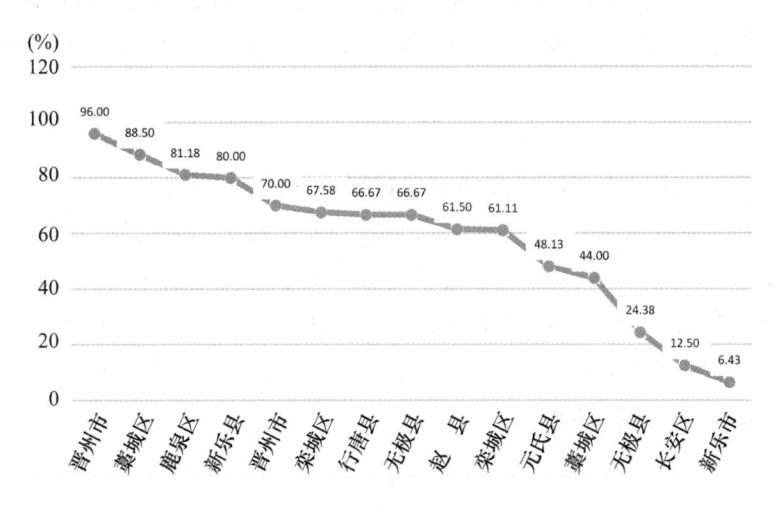

图3-19　石家庄市各区县公办民营养老机构空置率

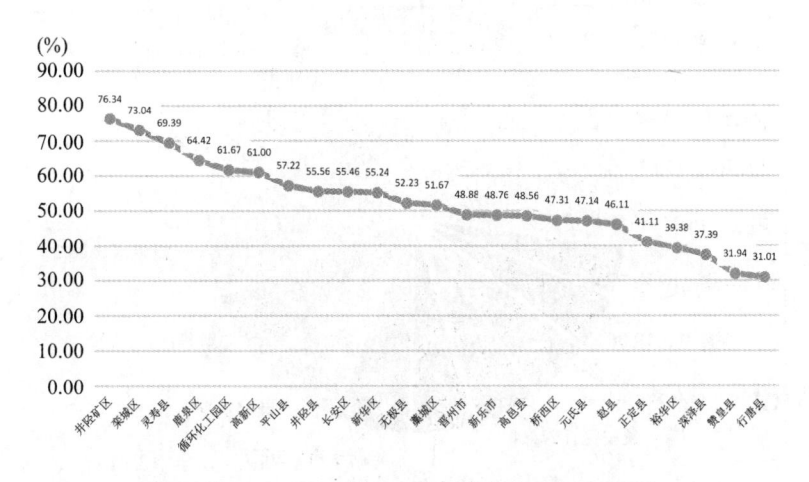

图3-20　石家庄市各区县民办养老机构空置率

按照空置率由高到低的顺序，石家庄市各区县民办养老机构空置率由高到低依次为井陉矿区、栾城区、灵寿县，空置率高达

76.34%、73.04%、69.39%,其他地方循环工业园区、高新区、平山县、井陉县、长安区、新华区等地的空置率也比较高,都在50%—70%的区间,其中民办养老机构空置率占比较低的3个地方是深泽县、赞皇县和行唐县,占比分别为37.39%、31.94%、31.01%。

(三) 地区之间养老服务供给发展不平衡

图3-21描述了石家庄各县(市、区)的千人床位数,其中最高的5个县(市、区)分别是藁城区38.28个,正定县34.21个,栾城区32.74个,鹿泉区28.27个,新华区27.62个,最低的5个县(市、区)化工园区4.99个,平山县5.07个,井陉县7.42个,高新区7.58个,元氏县9.11个。

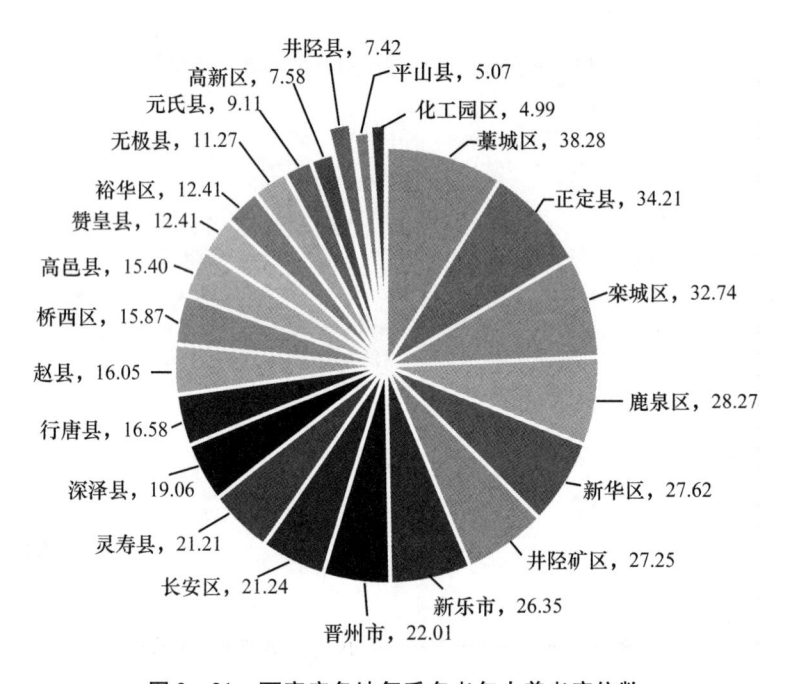

图3-21 石家庄各地每千名老年人养老床位数

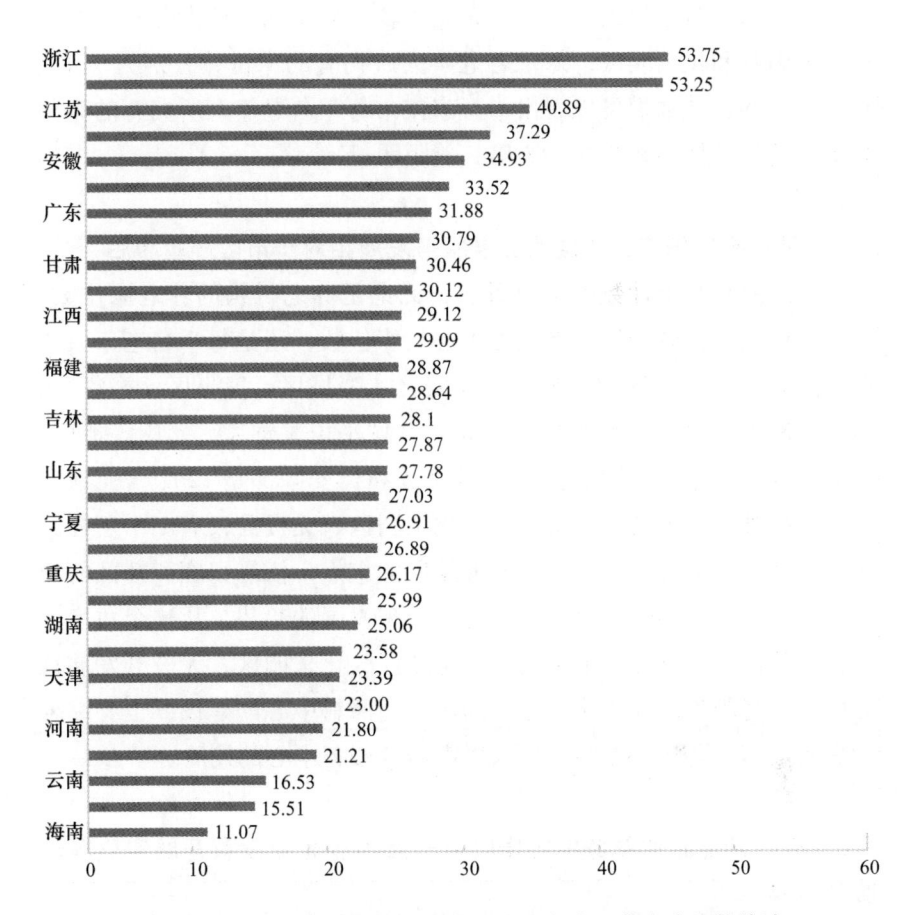

地区	数值
浙江	53.75
	53.25
江苏	40.89
	37.29
安徽	34.93
	33.52
广东	31.88
	30.79
甘肃	30.46
	30.12
江西	29.12
	29.09
福建	28.87
	28.64
吉林	28.1
	27.87
山东	27.78
	27.03
宁夏	26.91
	26.89
重庆	26.17
	25.99
湖南	25.06
	23.58
天津	23.39
	23.00
河南	21.80
	21.21
云南	16.53
	15.51
海南	11.07

图 3-22　2019 年全国各地区每千名老年人口养老床位数统计

图 3-22 根据国家统计局数据整理，根据图 3-21 与图 3-22 数据对比，石家庄市有些区县每千名老年人养老床位数与河北省每千名老年人养老床位数还存在着差距。达到河北省平均水平以上的 3 个地区分别是藁城区、正定县和栾城区，分别达到了 38.28、34.21、32.74，除了这 3 个地区，其他各区县达到 20 以上的按照由多到少的顺序依次有鹿泉、新华区、井陉矿区、新乐市、晋州市、长安区、灵寿县，各区县达到 20 以下的有深泽县、行唐县、赵县、桥西区、高邑县、赞皇县、无极县、元氏县、高新区、井陉县、平山县、化工园

区。其中每千名老年人所拥有的床位比较低的3 三个地方分别是井陉县、平山县和化工园区，每千名老年人所拥有的床位数分别为 7.42、5.07、4.99，从数据可以看出：石家庄市每千名老年人所拥有的床位数最高的与最低的相差几乎 8 倍，差距明显。

（四）石家庄市县级层面养老服务发展相对于市区严重滞后

通过前面的统计数据可以看到：无论是养老机构的养老床位数、护理床位数、社区居家养老服务中心的床位数，还是每千名老年人所拥有的床位数，市区的藁城区、长安区、栾城区、鹿泉区、裕华区、新华区等养老服务供给明显好于农村县城平山、赞皇、元氏等地区。以综合养老服务中心数量为例，鹿泉区和长安区都是 12 个，而新乐市、赞皇县、平山县、正定新区、化工园区、无极县仅有 1 个。社区居家养老服务中心是我国养老服务发展的重点，依靠家庭和社区的力量，为老年人提供养老服务，这将是未来发展的趋势，从这个角度而言，新乐市、赞皇县、平山县、正定新区、化工园区、无极县发展社区居家养老服务的任务比较重，随着日间照料中心的建设，也要综合考虑满足当地老年人需要的社区居家养老服务中心的发展。

（五）涉老企业服务内容比较单一且不少企业没有开展实质养老服务内容

涉老企业从事养老服务处于初步发展阶段，根据 2021 年 8 月底石家庄行政审批局提供的数据资料显示：2017—2021 年在石家庄民政局登记注册的民办非企业单位是 11 家，其中 9 家登记的主要业务范围都是围绕着老年人能力评估、老年人综合评估、养老机构照护服务质量与等级评估、社区居家养老服务质量评估、老年人照护风险评估、养老服务质量评估、养老服务需求评估、养老评估培训等养老服务评估的内容展开，其中有 1 家登记注册的服务内容为"扶老、助困、助孤、助残、助学；组织参加开展各类公益活动"。另 1 家登记注册的服务内容为"政策研究宣传、业务指导、经验交流、政府机关授权委托的其他工作"。此外，涉老企业的服务还有的涉及"辅助政府制定养老服务相关标准""养老服务管理咨询""养老项目进行咨询"等内容。

对于境外的涉老企业而言,从石家庄市工商管理局给出的5家企业的数据可以看到:养老服务只是企业登记注册的一个内容,很多企业不是主要做养老服务,如河北凯龙唐汇实业有限公司,主要是生产复合生物肥料、生物水处理剂、缓蚀阻垢剂、生化黄腐酸 BFA 系列产品,销售自产产品,企业信息咨询服务,生物技术研究开发,市政建设。养老服务只是列在了企业经营范围内。河北美明金置业有限公司主要从事工程技术项目管理服务,消防工程的咨询与技术服务,经济、科技信息的咨询服务,为采购工作提供咨询与管理服务,机电设备的安装调试及技术服务,人力资源管理咨询、职业中介服务等,在众多的经营范围中,只是列了一项养老项目管理咨询。这5家企业中,其中金博泰(河北)养老产业有限公司因为涉嫌违规操作,已经不能正常营业,所以境外从事养老服务企业在石家庄所提供的养老服务是不乐观的,可以说开展的养老服务实质内容较少。

六 提升石家庄市养老服务供给建议

(一)增加公办养老服务普惠型养老服务供给

通过前边的数据梳理可以看到:无论是养老机构、社区居家养老服务中心还是日间照料中心,民办性质的养老机构、社区居家养老服务中心、日间照料中心的数量占比都比较高,而且民办性质机构的养老机构、社区居家养老服务中心在对高龄老年人、失能、半失能老年人、低保老年人照顾方面承担的人数占比几乎是公办公营养老机构承担的10倍左右。从全国的经验而言,民办养老机构的收费标准明显要高于公办养老机构的收费标准,这样的一个公办和民办养老机构的格局对石家庄市居民的经济承受能力会造成一定负担。目前整体而言,石家庄市养老机构空置率在50%左右,其中有一部分老年人没有选择养老机构,跟经济承受能力是相关的。据第七次人口普查的数据显示:石家庄市人均 GDP 已经达到了 55780 元,平均到每个月是

4648元，但是能够达到这个平均数4648元的老年人人数并不多，在目前阶段，一般来说，石家庄的公务员退休工资大概在4000元左右，单位退休工资一般在3500元左右，一些国营企业大概在3800元左右，一些民营企业给员工缴纳社会保障，缴费基数一般选择低档缴费，在这些单位的员工退休后的工资在2000元左右。大部分石家庄市农村居民每月的基础养老金是105元，一年算下来也就是1260元，面对每月入住费用2000—5000元的养老机构或者社区居家养老服务中心，石家庄城乡很多老年人从经济方面考量是不敢入住的。提升养老服务供给水平，需要石家庄市在人口老龄化程度加深的情况下，适时壮大公办养老机构和公益性社区居家养老服务中心，减轻老年人入住养老机构或者社区居家养老服务中心的经济负担，提升老年人的幸福指数。

（二）促进社区居家养老服务中心的发展

社区居家养老服务是国家养老服务明确发展的重点，早在2013年笔者提出："社区养老院集合家庭亲情与机构养老专业化的优势，符合我国传统文化。"① 打造15分钟生活圈，让老年人生活得更加便捷，让老年人在自己熟悉的环境中养老，让老年人在与子女"一碗汤"的距离中养老。在城乡社区中建立养老服务的床位，为本社区居民、本社区居民在外工作回老家养老的居民、本社区居民的家属、本社区居民的朋友、周围的社区居民提供综合性的社会化的养老服务，按照与本社区关系的亲疏远近，可以考虑收费标准各不相同，分为日托、短托、长托等多种形式，解决高龄、失能、半失能、空巢老年人的集中照护问题，满足老年人日常照顾、康护护理、文化娱乐、精神慰藉等多方面的养老服务需求。

以石家庄市长安区养老服务中心为例，长安区在综合养老服务中心、标准化养老服务中心的建设方面都走在了前列，长安区综合养老

---

① 刘晓静：《社区养老院：优势、困境及发展策略研究》，《今日中国论坛》2013年第9期。

服务中心数为12个,位列第2名,床位数虽然距离鹿泉区第1名的309个有差距,但是也达到了197个,位列第4名;在标准化养老服务中心方面,长安区有50个,位列第1名,床位数为100个,距离第1名井陉矿区的145个床位数位列第2名;在日间照料中心的发展方面,目前长安区日间照料中心有9个,养老床位数为37张,计划建设的日间照料中心有108个,预计的养老床位数为102个,日间照料中心与社区居家养老服务中心一起,助力石家庄市长安区养老服务水平提升。

(三)推动县域层面和农村养老服务供给发展

从国际经验而言,地方养老服务的发展,需要上级政府的积极推动,更需要当地政府的重视。县域养老服务的发展,不仅需要石家庄市政府和民政部门的宏观规划的推动,更需要县级政府来积极实施,把养老服务纳入当地"十四五"规划之中,成为当地县委书记推动的"一把手工程",这样才能为当地养老服务的发展提供动力。需要把养老服务纳入地方政府的绩效考核体系,制定具体的考核指标及指标体系。需要制定县级政府的养老服务运算,为养老服务的发展预留专项资金,同时民政部门把握养老服务的重点,通过组织全域范围的需求调查,制定养老机构、社区居家养老服务中心、日间照料中心的发展计划,不可以盲目建设养老机构及社区居家养老服务中心,必须考虑当地居民的年龄结构及现实需要。

目前农村养老服务的发展是民生的短板,石家庄市养老服务的短板也在农村。目前市区社会化的养老服务设施在发展,无论是养老机构还是社区居家养老服务中心、日间照料中心都在抓紧部署,但农村养老服务设施比较滞后,很多农村居民囿于经济条件和传统观念的束缚,还是会选择家庭养老或者居家靠儿女养老,探索农村互助式养老,充分利用农村人力资本的力量,通过道德银行,利用互助共济的方式来实现养老养服务质量提升,但其仍然面临着资金、人力、观念、组织等各个方面的难题。

（四）鼓励涉老企业发展尤其是服务型、公益性涉老企业发展

通过前边的数据分析得知：目前石家庄市涉老企业涉及养老服务内容比较少，且比较单一，尤为严重的一个问题是社会公益性为老服务社会组织还比较少，为此需要全市制定相关的促进社会组织发展的社会政策，放宽社会组织进入养老服务领域的准入条件，提供用地、用水、用电等优惠政策，促进慈善型、公益性社会组织的发展，吸引社会组织在社区发展，为此能够在政府、企业之外，为社区居民提供力所能及的各种公益性的为老服务。

第四章 养老机构或涉老企业监测指标及指标体系

一 指标设计说明

（一）理论依据

1. 福利多元主义理论

20世纪70年代，西方福利国家经济出现严重衰退，社会对福利的需求增加，税收和开支系统入不敷出，由政府大包大揽的福利制度受到严峻挑战，西方社会开始反思福利国家化的弊端，提出了新的福利制度"福利多元化主义"。福利多元化主义主要指福利的规则、筹资和提供由不同的部门共同负责任，共同完成。通过福利多元组合安排，将以国家提供的全面福利转变为多主体提供的福利，在社会不同主体参与下，重视家庭、社区和其他社会组织作用的发挥，从福利国家转型到福利社会。

2. 马斯洛需求层次理论

美国著名心理学家马斯洛提出了需求层次理论。该理论主张由低层次到高层次依次为生理需要、安全需要、感情和归属的需要、尊重的需要以及自我实现的需要5个层次。[1] 生理需要是指维持自身生命最基本最原始的需要，如衣食住行等；安全需求是指人需要保障、安全、稳定、有秩序，免除恐惧，如有工作、财产等；感情和归属的需

---

[1] 周三多、陈传明、刘子馨、贾良定著：《管理学——原理与方法》（第七版），复旦大学出版社2018年版，第53—54页。

要是指人需要友谊、爱情以及归属感；尊重的需要是指自我尊重以及得到他人的尊重；自我实现的需要是最高层次的需要，是一种人的自我发挥和自我完善的欲望，也就是一种使自己的潜力得以实现的倾向。①

3. 社会嵌入理论

社会嵌入理论认为任何个人都不是孤立的，都是嵌入在特定社会结构和关系网络中的，借助于特定的社会关系网络获得包括信息、情感、服务等方面的种种资源，取得广泛的社会支持。在这一过程中，既要谨防社会化不足，也要反对过度社会化，要在个体与社会结构之间融合互动，来寻找一种动态的平衡。

一个人的一生是一个不断社会化的过程，面临着由劳动者向供养者、父母向祖父母等一系列角色的转换。而这种转换呈现出一种衰退的态势，容易诱发老年人失落、焦虑、孤寂等心理问题。除此之外，老年人还将面临众多难以预料的"突然失去"，如亲友的辞世、健康的丧失等。面对这些突发性的新问题，就需要广大老年人，能够积极地根据变化了的环境继续社会化，学习新角色，适应新生活。而社区居家养老以社区为依托，并未脱离老年人熟悉的生活环境，可以为老年人再社会化，提供一个很好的平台。

4. 社会照顾理论

20 世纪 50 年代，由于一些大型照护机构对精神病患者非人性化的服务，患者待遇和需求得不到满足，生活质量无法保障。照护机构总是从自身利益出发，将机构发展需求放在首位，忽视患者地位，服务质量差且官僚主义倾向明显，社会照顾理论应运而生。即由社区非正式网络与正式社会服务机构在属地共同承担有所需求的老年人照顾。

社区照顾理论认为要将被照顾者留在自己的社区内，强调以非正式支持系统（家庭照顾及各类非正式部门）为主、正式支持系统（政府或专业的服务机构）为辅，结合各种照护资源与社会网络关

---

① 李强、汪洋著：《马斯洛》，云南教育出版社 2009 年版，第 42 页。

系，满足老年人日益多元化的需求。

（二）设计原则

1. 科学性原则

科学性原则是以理论为基础，站在一定理论高度并结合实际情况发现问题，寻找度量养老服务业的科学合理指标。养老服务业统计指标体系，从老年人的实际生活出发，包括物质服务和精神服务等多方面的内容，较科学地反映养老服务业发展现状。只有坚持科学性的原则，获取的信息才具有可靠性和客观性，评价的结果才具有可信性。

2. 系统性原则

系统性原则是每一个统计指标体系的基本特征。系统是一个不可分割的整体，是由特定的要素组成的，而各种要素之间存在各种联系，倘若将它们分开，则就无法成为一个整体。一个庞大的指标体系中涵盖多个指标，无论哪一个指标，在构建的过程中都会将指标归纳为几种类型，并且进行层层研究。一级、二级、三级等指标使整个指标体系形成一个完整的系统。作为一个系统来说，不仅能够说明整个系统的问题，而且能够将系统中的每个分支分析透彻。

3. 可比性原则

指标体系中同一层次的指标，应该满足可比性的原则，即具有相同的计量范围、计量口径和计量方法。构建养老服务业统计指标体系的最终目标是对养老服务业的发展现状进行评估，社区与社区之间、养老机构与养老机构之间、政府养老机构与非政府养老机构之间都可以进行比较。此外，构建指标体系之后还可以对不同城市、不同省份甚至不同国家的情况进行比较性分析。从而，发现差距，为制定养老服务业发展对策提供依据。

4. 可操作性原则

一个评价指标体系的价值只有在付诸实践之后才能体现出来。这对评价指标体系的可操作性要求很高，能够及时、有效地收集到数据，是分析的基础。在操作之前对评价指标体系数据获取的难易程度和成本进行评估，确定其可以实现时再进行下一步工作，减少评估成本，提高可操作性。本项目的指标体系数据来源以民政系统数据为基础，有些指标因为数据来源不可行，没在指标体系中列出，在后续的研究中补充完善。

5. 可持续性原则

本项目是为长期使用而构建我国养老服务业统计指标体系，在指标构建过程中要考虑到该统计指标体系的发展性、持续性和协调性。发展性是指在满足当下的要求时，为未来的发展变化提供空间。持续性是指在满足整体性发展的基础上，不断改善细节，优化分支，这样才可以使整体保持延续性。协调性是指各个模式之间要相互呼应，协调完成分工。

6. 定性与定量相结合的原则

指标体系的设计应当满足定性与定量相结合的原则，即在定性分析的基础上，还要进行量化处理。只有通过量化，才能较为准确地揭示养老服务业不同主体之间的差距。

7. 与网络相结合的原则

充分发挥互联网在促进产业升级以及信息化深度融合中的平台作用，树立互联网思维，将互联网作为生产生活要素共享的重要平台，在进行指标体系建模的过程中，创新网络化公共服务模式，形成一个互联互通、共享共治的信息平台。

二 监测指标及指标体系

（一）养老服务业基本状况描述指标

			单位	数据来源
养老服务业基本情况	企业数目	企业总数	个	石家庄市民政系统数据 + 统计年鉴数据
		养老机构数	个	石家庄市民政系统数据
		养老产品企业数	个	石家庄市民政系统数据
		老年文化娱乐企业数	个	石家庄市民政系统数据
		其他养老产业企业数	个	石家庄市民政系统数据

续表

			单位	数据来源
养老服务业基本情况	资产效益	总资产	元	石家庄市统计年鉴数据
		固定资产	元	石家庄市统计年鉴数据
		总产值	元	石家庄市统计年鉴数据
		增加值	元	石家庄市统计年鉴数据
		利税总额	元	石家庄市统计年鉴数据
	从业人员	总从业人员数	人	石家庄市民政系统数据
		平均从业人员数	人	石家庄市民政系统数据
		市属养老机构平均人员数	人	石家庄市民政系统数据
		区县属养老机构平均人员数	人	石家庄市民政系统数据
		街道（乡镇）养老机构平均人员数	人	石家庄市民政系统数据
		其他养老机构平均人员数	人	石家庄市民政系统数据

（二）老年人口及养老基本状况描述指标

			单位	数据来源
老年人总量与构成比例情况	常住60岁以上老年人口数	常住60岁以上老年人口数	人	石家庄市民政局数据
	户籍	城镇户籍人口数	人	石家庄市民政局数据库
		农村户籍人口数	人	石家庄市民政局数据
	年龄	60—65岁	人	石家庄市民政局数据
		66—70岁	人	石家庄市民政局数据
		71—75岁	人	石家庄市民政局数据
		76—80岁	人	石家庄市民政局数据
		80岁以上	人	石家庄市民政局数据
	身体状况	生活自理	人	石家庄市民政局数据
		半失能	人	石家庄市民政局数据
		失能	人	石家庄市民政局数据
		失智	人	石家庄市民政局数据

续表

			单位	数据来源
老年人总量与构成比例状况	住房情况	仅与配偶同住	人	石家庄市民政局数据
		仅与子女同住	人	石家庄市民政局数据
		与配偶及子女同住	人	石家庄市民政局数据
		与亲属同住	人	石家庄市民政局数据
		独自居住或仅与保姆同住	人	石家庄市民政局数据
		养老机构	人	石家庄市民政局数据
		其他	人	石家庄市民政局数据
经济状况及保障	月收入	1000元以下老年人数	元	石家庄市民政局数据
		1000—2000元老年人数	元	石家庄市民政局数据
		2001—3000元老年人数	元	石家庄市民政局数据
		3001—4000元老年人数	元	石家庄市民政局数据
		4001—5000元老年人数	元	石家庄市民政局数据
		5000元以上人数	元	石家庄市民政局数据
	主要经济来源	城镇退休金	人	石家庄市民政局数据
		居民养老保险	人	石家庄市民政局数据
		社会救济/老年津贴	人	石家庄市民政局数据
		配偶供养	人	石家庄市民政局数据
		子女供养	人	石家庄市民政局数据
		打工收入	人	石家庄市民政局数据
		其他经济来源	人	石家庄市民政局数据
机构老年人数	入住养老机构总人数		人	石家庄市民政局数据
	自理能力	完全自理老年人数	人	石家庄市民政局数据
		半失能老年人数	人	石家庄市民政局数据
		失能、失智老年人数	人	石家庄市民政局数据
	年龄	65岁以下	人	石家庄市民政局数据
		66—79岁	人	石家庄市民政局数据
		80岁及以上	人	石家庄市民政局数据

续表

			单位	数据来源
机构老年人数	地区	桥西区人数	人	石家庄市民政局数据
		裕华区人数	人	石家庄市民政局数据
		长安区人数	人	石家庄市民政局数据
		鹿泉区人数	人	石家庄市民政局数据
		高新区人数	人	石家庄市民政局数据
		井陉矿区人数	人	石家庄市民政局数据
		栾城区人数	人	石家庄市民政局数据
		井陉县人数	人	石家庄市民政局数据
		藁城区人数	人	石家庄市民政局数据
		正定县人数	人	石家庄市民政局数据
		行唐县人数	人	石家庄市民政局数据
		灵寿县人数	人	石家庄市民政局数据
		高邑县人数	人	石家庄市民政局数据
		深泽县人数	人	石家庄市民政局数据
		赞皇县人数	人	石家庄市民政局数据
		平山县人数	人	石家庄市民政局数据
		元氏县人数	人	石家庄市民政局数据
		赵县人数	人	石家庄市民政局数据
		晋州市人数	人	石家庄市民政局数据
		新乐市人数	人	石家庄市民政局数据
		无极县人数	人	石家庄市民政局数据

（三）养老服务机构基本状况描述指标

			单位	数据来源
养老机构数量	养老机构	养老机构总数	个	石家庄市民政局数据
	养老机构占地面积	养老机构占地面积	平方米	石家庄市民政局数据
	法人类型	事业法人总数	个	石家庄市民政局数据
		企业法人总数	个	石家庄市民政局数据
		民办非企业法人总数	个	石家庄市民政局数据
		未登记及其他机构总数	个	石家庄市民政局数据

续表

			单位	数据来源
养老机构数量	承办类型	居委会（乡镇）街道区县设立总数	个	石家庄市民政局数据
		与外资合办数	个	石家庄市民政局数据
		企事业单位及社团设立总数	个	石家庄市民政局数据
		个人设立总数	个	石家庄市民政局数据
	隶属关系	市属养老机构（企业）数	个	石家庄市民政局数据
		区县属养老机构（企业）数	个	石家庄市民政局数据
		街道（乡镇）养老机构（企业）数	个	石家庄市民政局数据
		其他养老机构（企业）数	个	石家庄市民政局数据
养老机构从业人员数	人员类型	医师护士人员总数	人	石家庄市民政局数据
		心理咨询师人员总数	人	石家庄市民政局数据
		护理人员数	人	石家庄市民政局数据
		行政人员数	人	石家庄市民政局数据
		其他人员数	人	石家庄市民政局数据
	医养结合程度	内设医院机构总数	个	石家庄市民政局数据
		内设医务室机构总数	个	石家庄市民政局数据
		与医疗机构合作机构数	个	石家庄市民政局数据
		无医务室及医院机构数	个	石家庄市民政局数据
养老机构床位数	接受自理程度类型	接受自理半自理机构床位数	张	石家庄市民政局数据
		接受不能自理机构床位数	张	石家庄市民政局数据
	登记类型	普通养老机构床位数	张	石家庄市民政局数据
		日间照料中心床位数	张	石家庄市民政局数据
		居家养老服务中心床位数	张	石家庄市民政局数据
	法人类型	事业法人机构床位数	张	石家庄市民政局数据
		企业法人机构床位数	张	石家庄市民政局数据
		民办非企业法人机构床位数	张	石家庄市民政局数据
		未登记及其他机构床位数	张	石家庄市民政局数据
	隶属关系	市属养老机构（企业）床位数	张	石家庄市民政局数据
		区县属养老机构（企业）床位数	张	石家庄市民政局数据
		街道（乡镇）养老机构（企业）床位数	张	石家庄市民政局数据
		其他养老机构（企业）床位数	张	石家庄市民政局数据

续表

			单位	数据来源
养老机构收养护理人数	接受自理程度类型	接受自理半自理机构人数	人	石家庄市民政局数据
		接受不能自理机构人数	人	石家庄市民政局数据
	登记类型	普通养老机构人数	人	石家庄市民政局数据
		日间照料中心人数	人	石家庄市民政局数据
		居家养老服务中心人数	人	石家庄市民政局数据
	法人类型	事业法人机构人数	人	石家庄市民政局数据
		企业法人机构人数	人	石家庄市民政局数据
		民办非企业法人机构人数	人	石家庄市民政局数据
		未登记及其他机构人数	人	石家庄市民政局数据
	隶属关系	市属养老机构（企业）人数	人	石家庄市民政局数据
		区县属养老机构（企业）人数	人	石家庄市民政局数据
		街道（乡镇）养老机构（企业）人数	人	石家庄市民政局数据
		其他养老机构（企业）人数	人	石家庄市民政局数据
养老机构收费状况	接受自理程度类型	接受自理半自理机构人均收费	元	石家庄市民政局数据
		接受不能自理机构人均收费	元	石家庄市民政局数据
	登记类型	普通养老机构人均收费	元	石家庄市民政局数据
		日间照料中心人均收费	元	石家庄市民政局数据
		居家养老服务中心人均收费	元	石家庄市民政局数据
	法人类型	事业法人机构人均收费	元	石家庄市民政局数据
		企业法人机构人均收费	元	石家庄市民政局数据
		民办非企业法人机构人均收费	元	石家庄市民政局数据
		未登记及其他机构人均收费	元	石家庄市民政局数据
	隶属关系	市属养老机构（企业）人均收费	元	石家庄市民政局数据
		区县属养老机构（企业）人均收费	元	石家庄市民政局数据
		街道（乡镇）养老机构（企业）人均收费	元	石家庄市民政局数据
		其他养老机构（企业）人均收费	元	石家庄市民政局数据

(四)养老服务业分析和评价指标

			单位	数据来源
养老产业服务能力	养老服务床位数	石家庄市每万人养老床位数	床/万人	石家庄市民政局数据
		石家庄市老龄人口每万人养老床位数	床/万人	石家庄市民政局数据
		养老服务人员数	人/万人	石家庄市民政局数据
		石家庄市每万人养老服务人员数	人/万人	石家庄市民政局数据
		石家庄市老龄人口每万人养老服务人员数	人/万人	石家庄市民政局数据
	养老服务面积数	石家庄市每万人养老机构建筑面积	平方米/万人	石家庄市民政局数据
		石家庄市老龄人口每万人养老机构建筑面积	平方米/万人	石家庄市民政局数据
养老产业服务效率	健康状况	自理老年人入住占全市自理老年人比例	%	石家庄市民政局数据
		半失能老年人入住占全市半失能老年人比例	%	石家庄市民政局数据
		失能老年人入住占全市失能老年人比例	%	石家庄市民政局数据
	社会托底老年人	低保老年人入住占全市低保老年人比例	%	石家庄市民政局数据
		三无老年人入住占全市三无老年人比例	%	石家庄市民政局数据
		五保老年人入住占全市五保老年人比例	%	石家庄市民政局数据
		失独老年人入住占全市失独老年人比例	%	石家庄市民政局数据
		重度失能老年人入住占全市重度失能老年人比例	%	石家庄市民政局数据
	年龄结构	60周岁以下老年人入住占全市同年龄段比例	%	石家庄市民政局数据
		60—65周岁老年人入住占全市同年龄段比例	%	石家庄市民政局数据
		66—70周岁老年人入住占全市同年龄段比例	%	石家庄市民政局数据

续表

			单位	数据来源
养老产业服务效率	年龄结构	71—75周岁老年人入住占全市同年龄段比例	%	石家庄市民政局数据
		76—80周岁老年人入住占全市同年龄段比例	%	石家庄市民政局数据
		81周岁以上老年人入住占全市同年龄段比例	%	石家庄市民政局数据
	入住情况	全市养老机构老年人入住率（入住老人数/总床位数）	%	石家庄市民政局数据
		政府办养老机构入住率	%	石家庄市民政局数据
		社会办养老机构入住率	%	石家庄市民政局数据
		全市养老机构老年人床位使用率（床位使用总数/总床位数）	%	石家庄市民政局数据
		政府办养老机构老年人床位使用率	%	石家庄市民政局数据
		社会办养老机构老年人床位使用率	%	石家庄市民政局数据
		全市养老机构老年人房间入住率（老年人入住房间总数/房间总数）	%	石家庄市民政局数据
		政府办养老机构老年人房间入住率	%	石家庄市民政局数据
		社会办养老机构老年人房间入住率	%	石家庄市民政局数据
养老产业服务质量	事故纠纷	养老机构责任事故次数大于等于1次的养老机构总数占全部养老机构数的比例	%	石家庄市民政局数据
		养老机构与老人严重纠纷次数大于等于1次的养老机构总数占全部养老机构数的比例	%	石家庄市民政局数据
		养老机构发生索赔案例次数大于等于1次的养老机构总数占全部养老机构数的比例	%	石家庄市民政局数据

续表

			单位	数据来源
养老产业服务质量	星级情况	四星级养老机构占比	%	石家庄市民政局数据
		三星级养老机构占比	%	石家庄市民政局数据
		二星级养老机构占比	%	石家庄市民政局数据
		一星级养老机构占比	%	石家庄市民政局数据
		无星级养老机构占比	%	石家庄市民政局数据
	盈利情况	全市养老机构平均利润率	%	石家庄市民政局数据
		政府办养老机构平均利润率	%	石家庄市民政局数据
		社会办养老机构平均利润率	%	石家庄市民政局数据
养老产业社会保障	社会保障	享受城镇职工养老保险金人数占全部老龄人口的比重	%	石家庄市民政局数据
		享受机关事业单位离退休费人数占全部老龄人口的比重	%	石家庄市民政局数据
		享受农村养老保险金人数占全部老龄人口的比重	%	石家庄市民政局数据
		享受城镇职工医疗保险人数占全部老龄人口的比重	%	石家庄市民政局数据
		享受机关事业单位公费医疗人数占全部老龄人口的比重	%	石家庄市民政局数据
		享受居民大病医疗保险人数占全部老龄人口的比重	%	石家庄市民政局数据
		享受农村新型合作医疗人数占全部老龄人口的比重	%	石家庄市民政局数据

续表

			单位	数据来源
养老产业支付能力	登记类型	普通养老机构平均收费金额占养老金平均值的比例	%	石家庄市民政局数据
		日间照料中心平均收费金额占养老金平均值的比例	%	石家庄市民政局数据
		居家养老服务中心平均收费金额占养老金平均值的比例	%	石家庄市民政局数据
	机构性质	市属养老机构平均收费金额占养老金平均值的比例	%	石家庄市民政局数据
		区县属养老机构平均收费金额占养老金平均值的比例	%	石家庄市民政局数据
		街道乡镇属养老机构平均收费金额占养老金平均值的比例	%	石家庄市民政局数据
		其他养老机构平均收费金额占养老金平均值的比例	%	石家庄市民政局数据
养老产业支付能力	法人性质	企业法人养老机构平均收费金额占养老金平均值的比例	%	石家庄市民政局数据
		事业法人养老机构平均收费金额占养老金平均值的比例	%	石家庄市民政局数据
		民办非企业法人养老机构平均收费金额占养老金平均值的比例	%	石家庄市民政局数据

第五章 总报告

一 人口状况篇

石家庄市常住人口为 1123 万人，而 60 岁及以上人口为 207 万人，占比为 18.47%（全国 18.70%），65 岁及以上人口为 144 万人，占比为 12.86%（全国 13.5%）。

石家庄市常住人口呈现了以下 3 个方面的主要特点：

1. 整体上而言，石家庄人口老龄化程度低于全国；

2. 石家庄市人口老龄化发展速度快，尤其是 65 岁以上老年人口发展迅速；

3. 快速城镇化导致的"城乡倒置"，农村人口老龄化加重。第七次人口普查数据显示石家庄城镇人口达到 70.18%，比第六次人口普查数据增加 19.56%，随着城镇化和城市化的推进，流动人口比例增加，特别是农村劳动力人口向城市涌入，使得城乡人口比例失调，下图为调研部分农村地区人口老龄化程度；

图 5-1 为调研团队随机选取的 14 个地区，通过统计发现这 14 个地区的人口老龄化程度均超过了全国 60 岁以上人口 18.7% 的占比，其中口头镇黄龙港村人口老龄化最高，占比达到了 44.12%，只里乡北高里村老龄化占比达到了 38%，其他 12 个村的占比都超过了 20%。

4. 人口老龄化地区发展不平衡。全市有 9 个地区人口老龄化程度超过了 20%，分别是深泽县、井陉县、井陉矿区、平山县、晋州市、行唐县、无极县、高邑县、赵县，可见，石家庄个别地区发展养老服

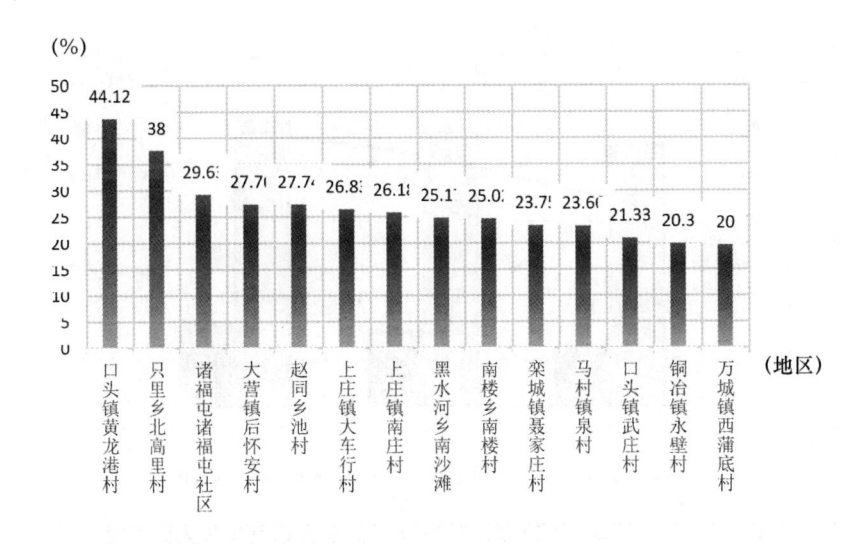

```
(%)
50  44.12
45
40       38
35
30           29.63
25               27.70 27.74
                          26.8  26.13
20                                   25.1 25.0
                                              23.7 23.60
15                                                     21.33 20.3
10                                                                 20
 5
 0                                                                    (地区)
   口  只  诸  大  赵  上  上  黑  南  栾  马  口  铜  万
   头  里  福  营  同  庄  庄  水  楼  城  村  头  冶  城
   镇  乡  屯  镇  乡  镇  镇  河  乡  镇  镇  镇  镇  镇
   黄  北  诸  后  池  大  南  乡  南  聂  泉  武  永  西
   龙  高  福  怀  村  车  庄  南  楼  家  村  庄  壁  蒲
   港  里  屯  安      行  村  沙  村  庄      村  村  底
   村  村  社  村      村      滩      村              村
           区
```

图 5-1 随机选取的 14 个地区的人口老龄化程度

务任务重。人口老龄化程度比较严重的深泽县、井陉县、井陉矿区、平山县、晋州市、行唐县、无极县、高邑县、赵县这 9 个地区应优先部署，构建县乡村 3 级养老服务网络，通过典型示范的带动，促进石家庄市城乡养老服务均衡发展。

5. 石家庄市人口老龄化程度预测

根据第七次石家庄市人口普查数据资料，由 0—105 岁石家庄市各区分年龄人口数据，结合人口出生率及死亡率，采用人口年龄移算法，预测 2025 年、2030 年、2035 年的总人口数及老年人口规模，预测 2025 年石家庄市老龄化程度为 22.81%，2030 年石家庄市老龄化程度为 27.22%，2035 年石家庄市老龄化程度为 30.2%，即将近 1/3 的人口都是老年人，这就需要政府及早了解老年人需求，采取措施应对石家庄市深度老龄化社会的到来（见图 5-2）。

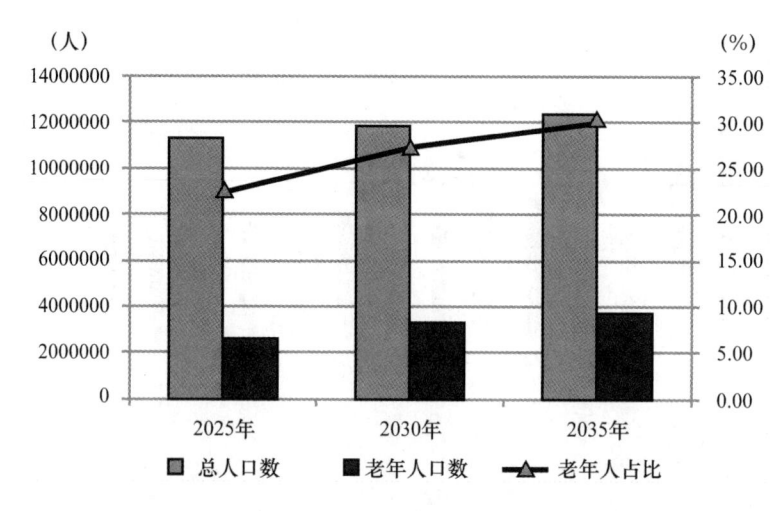

图 5-2　2025 年、2030 年、2035 年预测总人口及老年人口规模

二　需求调研篇

石家庄市老年人需求调研采用调查问卷以及深入访谈方式进行，通过对 8 个区县（裕华区、桥西区、栾城区、鹿泉区、行唐县、高邑县、元氏县、正定县）的 20435 份调查问卷（农村 13260 份，社区 6222 份，养老机构 953 份）从基本情况、经济保障、养老设施、基本生活照顾服务、医养康养护理康复、文化教育服务、精神慰藉服务 7 个方面对老年人需求整体情况进行深度分析，以此为基础，对石家庄市养老服务发展情况、存在的主要问题、发展的政策建议进行了深入探讨。

基本情况：在被调研的 20435 位老年人中，调研主要集中在 60—70 岁老年人占比为 53%，男女比例为 49∶51，有老伴的 15452 人，有 2 个及以上子女的占比达到了 82%，小学或者初中文化程度的人数占比高达 65%，与老伴、子女居住的有 7398 人、仅与老伴居住的为 6078 人，农民占比为 72%，完全能自理的老年人占比为 81%，政府托底老年人 1403 人。

经济保障：月收入在 1000 元以下的老年人占 54%，月收入 5000 元以上的仅为 2%；其中 15327 人主要经济来源是居民养老保险，享受退休金的仅占 25%；有 62% 的老年人月花销在 1000 元以下；生活花销主要围绕着食品衣着（占第 1 位）、家庭用品设备（占第 2 位），有医疗费用支出的老年人占比高达 67.57%（占第 3 位）；能实现收支平衡的占比为 60.25%，出现收支不平衡的，有 83.1% 占比的老年人通过儿女资金支持；占比约达 63.3% 的老年人没有任何理财的方式；自有房子的老年人占比 65%；汽车出行的老年人占比仅为 11.28%；没有购买任何商业保险的占比 82.55%；调研老年人的想法汇总：希望增加养老金、城乡养老保险差距大、困境老年人经济需求强烈、希望集体收入稳定、希望儿女多给点零花钱、希望扩大社会救助范围。

养老设施：72% 的老年人居住地有适合老年人的健身器材，能经常使用健身器材的只约占 1/3；78% 的老年人居住地有医疗机构或卫生室；48.69% 的老年人需要养老设施；71% 的老年人居住地没有无障碍设施。

基本生活照顾服务：希望子女照顾的约为 57.1%，有老年人餐厅需求的约为 41.16%；仅有 8% 的被调研老年人居住地提供营养餐；选择最多生活照顾服务需求的是保健医疗占 52.19%，需要最多的前 3 项服务依次是保健医疗、保洁服务和送餐服务；老年人所在地提供的基本生活照顾服务前 3 项，依次是保健医疗服务（有 7842 位老年人选择）、无生活照顾服务（8610 位老年人选择）、保洁服务（2996 位老年人选择）；老伴照顾占相当大的比例，占比约为 33.25%；老年人需求最多的就是洗衣、做饭、打扫卫生这些最基本的生活照顾服务，对照顾者的满意度较高；占 92% 的老年人目前为居家养老，约 95% 的老年人对自己目前养老方式满意；在基本生活照顾方面，希望家人陪伴儿女照顾、希望有探访关爱服务、有些老年人希望日后在社区居家养老服务中心或日间照料中心养老。

医养、康养、护理、康复：约 88% 的老年人体检；身体健康、老年人慢性病、"三高"老年人占比分别占到了约1/3；99.45%的老年人参加了城乡居民医疗保险或城镇职工医疗保险；有将近50%的老年人医疗费用需要自己和子女负担；老年人距离医院在3公里以内的占到了70.64%，可见老年人医疗服务的便利性、可及性在提升；有定点医疗机构的占比约为25%；建立了健康档案的约占90.3%；居住地实现了医养结合的占比约为10%；居住地实现了康养结合的占比约为7%；希望得到医养康养服务的占前3位的，分别是定期体检、定期康复、上门保健或者医疗服务；老年人得到的医养康养服务与老年人的需要还有很大差距，得到的医养康养服务停留在定期体检和打针输液2个方面；希望定期体检的人数是17006人，得到定期体检的是13156人；希望设置家庭床位的约占64%；在医养、康养、护理和康复方面的想法：希望经常体检防范疾病、希望吃药也能得到报销、希望有家庭护理床位、改善农村医疗卫生条件、提高报销比例、增加保健设备、改善农村医疗卫生缺医少药的局面、多组织健康讲座、多增加老年活动中心、加强锻炼预防疾病。

文化教育服务：有兴趣爱好的老年人并不多，大部分老年人在看电视、听广播、聊天中度过，有不到30%的老年人有打牌、下棋爱好；大多数老年人是自发参与到文化娱乐队伍当中的，而有组织的文化娱乐活动较少，这也反映出在疫情的情况下，文化娱乐活动缺乏有组织的引导；占比44%的老年人参与文化娱乐活动的时间不固定，每天保持1—2个小时文化娱乐活动的约占31%；参加文化娱乐活动比较随意的老年人的占比达到了51%，喜欢三五成群地在一起娱乐的占比29%；文化娱乐活动占比最多的是广场舞、球类，占比约66.8%；对所在地的文化娱乐活动满意度超过60%；对所在地文化娱乐活动认为有用的约占84%；喜欢参与老年活动的最大原因是"希望强身健体"，占比达到63.74%；妨碍参与文化活动的主要原因是"行动不便"和"场地缺失或者设施不全"；对文化娱乐活动的想法或建议：希望有活动的固定场所，建立艺术广场，增加适合老年人活动的设施，多组织一些适合老年人的文化娱乐活动，考虑增加一些适合疫情情况下的文化娱乐，增加一些适合老年人的文化娱乐的产品。

精神慰藉服务：希望得到的精神慰藉服务占前 3 位的，依次为子女能回家看看、老伴体贴、邻里走动；得到过的精神慰藉服务占比前 3 位的是子女能回家看看、家人电话问候、老伴体贴，老年人的精神慰藉主要来自家庭、子女以及老伴；对精神慰藉的满意度达到了92.49%；有极少数老年人受到过虐待；幸福快乐的老年人占比为54.95%；老年人在精神慰藉方面的想法或建议：快乐活着的需求、没有奢求的老年人、陪伴需求、老年人活动设施需求、党组织生活需求、为社会服务需求。

通过交叉分析对调研结果深度剖析：

1. 不同年龄老年人养老服务需求差异

养老设施需求差异：66—70 岁年龄段内老年人对养老设施需求超过 50%；

基本生活照顾服务需求差异：71—75 岁年龄段对保健医疗需求占比较大达到 54%，选择送餐服务和保洁服务的占比较大的是 81 岁以上老年人，分别达到 38% 和 39.2%，选择探访关爱服务、心理疏导服务等服务随着年龄增长呈现占比逐渐增加趋势；

医养、康养、护理、康复需求差异：定期体检需求，每个年龄段都达到了 80% 以上，其中 71—75 岁年龄段占比最大，为 85.2%，而代买药品、陪同就医、定期康复、用药指导、上门保健等服务随着老年人年龄的增长呈现上升趋势；老年人对家庭床位需求率在 60% 左右；年龄对老年人文化教育服务有很大影响，随着年龄增长，参加文化娱乐活动的时间越来越短；

文化教育服务需求差异：年龄对老年人文化教育服务有很大影响，随着年龄增长，参加文化娱乐活动时间越来越短；影响老年人参加文化娱乐活动前 3 位的因素是身体状况、场所缺失、不感兴趣；随着年龄增加，感到孤独苦闷的人数逐渐增多，而感觉幸福快乐的比例随着年龄增加逐渐下降。

2. 不同性别老年人养老服务需求呈现同频趋势

不同性别老年人在经济方面的需求表现出同频趋势：不同性别老

年人获得各项收入人数占比情况存在相同变化趋势，不同性别老年人，每个月花销整体趋势大致相同；随着收入的增加，男性和女性花销呈现出同频率减少趋势；男性和女性在消费支出的各个方面，如食品衣着、家庭用品、医疗等方面呈现同频的变化趋势，可见性别因素不是影响消费结构的因素；被调研的老年人消费主要集中在食品衣着、医疗、家庭用品3个方面，男性女性在补贴子女、护理费、住房、教育培训、交通旅游、通信网费等方面的花销也呈现出同频的趋势。

不同性别老年人在养老设施需求方面同频趋势：在养老设施方面，男性和女性各种需求呈现同频变化趋势。

不同性别老年人在基本生活照顾服务需求方面同频趋势：不同性别老年人在餐饮方面的需求呈现出同频发展趋势，性别因素对老年人餐饮影响可以忽略不计。

不同性别老年人在医养、康养、护理、康复方面需求同频趋势：不同性别老年人希望得到的医养、康养服务同频程度很高，在定期体检、上门保健、定期康复、用药指导、代买药品、陪同就医等方面的康养服务需求也呈现了高度同频趋势，性别因素对康养服务方面没有什么影响。

不同性别老年人在文化教育服务方面需求趋势大体相同：阻碍老年人参与活动的因素在性别方面有一定差异，其中行动不便、场所缺失和照顾家庭是差异最大的3项，但整体趋势大体相同。

不同性别老年人在精神慰藉服务需求方面高度同频：子女常回家看看、老伴陪伴、邻里常走动为满足老年人精神慰藉需求的3个主要因素。

3. 不同经济条件老年人的养老服务需求差异分析

约占72.56%的被调研老年人收入在2000元以下。

经济条件不同养老设施需求差异：老年人对养老设施的需求受到了经济条件影响，随着经济条件提高，老年人在养老设施方面需求呈现上升趋势；家庭适老化改造、公共设施改造、康复医疗设备的需求率随着老年人月收入的增加呈上升趋势。

经济条件不同基本生活照顾服务需求差异：随着老年人经济状况改善，老年人在餐饮方面对子女照顾需求逐渐减小；送餐服务、代购食材、保姆照顾、老年人餐厅、保洁服务、心理疏导、助浴服务等都随着老年人收入增加呈明显上升趋势；老年人不管经济条件如何，都需要精神慰藉方面的关爱。

经济条件不同医养、康养、护理、康复需求差异：随着老年人收入的增加，体检人数的占比呈明显的上升趋势；月收入达到3000元以上老年人对医养、康养服务需求人数占比明显高于月收入在3000元以下的老年人群体；

经济条件不同精神慰藉服务方面需求差异：随着月收入的增加，希望子女常回家看看的占比呈增加趋势；随着月收入的提高，对老伴体贴的需求人数在下降；随着月收入的增加，尤其月收入在3001—5000元的老年人，对志愿服务需求逐渐增加，但月收入在4000—5000元及以上的对志愿服务需要下降；随着收入提高，对心理咨询服务需求人数呈现缓中有升趋势；幸福快乐的老年人占比随着收入的增加呈现明显上升趋势。总之，老年人月收入不同，对老伴体贴、邻里常走动、志愿者服务、心理咨询4个方面需求呈现较大差异，经济条件对老年人精神慰藉服务需求有较大影响。整体上看老年人幸福指数和经济收入增加成正比。

4. 不同地域老年人养老服务需求差异

不同地域基本生活照顾服务差异：各地在提供营养餐方面存在较大差距；

不同地域医养、康养服务差异：各地在医养、康养实现率方面存在较大差距；从整体趋势来看，各地医养、康养实现率总体呈现了频率大致相同趋势。以保健按摩服务来看，桥西区、裕华区、正定新区老年人得到的保健、按摩服务占比比其他地区要高。

不同地域文化教育服务方面的需求差异：因场所缺失而不能参加娱乐活动的老年人比例在各地区都不低，最高的是鹿泉区。

不同地域精神慰藉服务方面的需求差异：从各地区来看，裕华区占比前3的基本生活服务为送餐、保洁和保健服务；桥西区占比前3

的是保健、保洁和送餐；鹿泉区占比前3的是保健、出行和探访关爱。

5. 不同身体状况老年人养老服务需求差异

身体状况不同经济保障需求差异：不论哪类老人，在生活消费支出中选择食品衣着的均在95%以上；身体情况的变化和收支平衡成正比；老年人身体越好理财占比越高；身体情况越差的老年人居住在机构或中心的比例就越大；身体好的老年人有交通工具的比例大。

身体状况不同养老设施需求差异：身体状况好的需要养老设施的占比大；在养老设施需求方面最多的是电子医疗设备和康复医疗设备。

身体状况不同基本生活照顾服务需求差异：老年人在餐饮方面最需要的服务是老年餐厅和子女照顾；失能老年人送餐服务、保健医疗服务占比最高；提供的生活照顾服务占比最多的是保健医疗服务。

身体状况不同医养、康养、护理、康复方面需求差异：失能老年人体检的比例最低；身体状况越差的老年人定期康复服务的占比越高，失能、失智老年人对医疗保健和医疗服务的占比较高，分别达到了43.6%和35.3%；随着老年人失能程度加深，在定期体检、代买药品、陪同就医、定期康复、用药指导、上门按摩保健或医疗服务的需求都呈现了上升趋势。身体状况越差的老年人希望设置家庭床位的占比越高。

身体状况不同精神慰藉服务方面需求差异：所有类别老年人最希望得到的精神慰藉是子女常回家看看；老年人身体状况越差，希望老伴体贴的占比越来越小；失能、失智老年人对精神慰藉的满意度比自理老年人和半失能老年人明显要低的多；失智老年人受到的歧视的比例最高；身体越不好的老年人孤独苦闷的占比越大。

6. 不同婚姻状况老年人养老服务需求差异分析

婚姻状况不同基本生活照顾服务需求差异：丧偶人群选择子女照顾服务的占比最大，为58.3%；选择老年人餐厅服务和送餐服务的占比最多的是未婚老年人群体，分别为59.2%、31.3%；探访关爱的需求占比最多的2个群体是未婚老年人和分居老年人，分别为

30.7%和20.8%。心理疏导的需求占比最多的2个群体是分居老年人和离异老年人，分别为25%和23.8%。

婚姻状况不同精神慰藉服务方面需求差异：社会工作者服务需求占比最高的是未婚老年人，达到了50.8%。

7. 子女情况不同的老年人养老服务需求差异分析

子女状况不同基本生活照顾服务需求差异分析：选择老年人餐厅的占比明显无子女的老年人群占比最大，占到了57.2%；有2个及以上子女入住养老机构的占比比有1个子女和无子女的占比低1%和18.6%。

子女状况不同精神慰藉服务需求差异分析：有子女的比无子女的精神慰藉服务满意度高，有2个及以上子女的比有1个子女的精神慰藉满意度要高；没有子女的老年人受到歧视的占比最大。在养老机构里边，没有子女的老年人受到歧视的占比会更高；有1个子女的老年人的幸福感最强，更感觉幸福快乐。

8. 不同学历老年人养老服务需求差异

学历不同经济保障差异分析：随着学历的增高，每月收入也随之增加；随着老年人学历的提升，各个方面的消费支出也呈现增加趋势；学历低的老年人在医疗方面消费支出占比比高学历的老年人更高一些；学历高的老年人的收入高，增加了一些旅游消费、娱乐消费、教育消费等。

学历不同文化教育服务差异分析：学历高的老年人的娱乐生活也非常丰富。

学历不同精神慰藉服务差异分析：老年人学历越高，其幸福快乐程度越高。

三 服务供给篇

按照提供服务主体，养老服务的供给主要有养老机构、社区居家养老服务中心、日间照料中心、涉老企业。

养老服务供给中存在的主要问题如下：

1. 公办养老服务供给主体数量少且承担责任小，表现在公办养老机构数量少、接收入住老年人数少、接收失能半失能老年人数少、接收80岁以上的老年人数少、接收最低生活保障老年人数少等方面。以入住老年人人数为例，截止到2020年底，公办公营养老机构入住老年人为1639人，而民办养老机构入住老年人为15408人，在民办养老机构入住的老年人约为公办养老机构入住的老年人的9.4倍；在公办公营的养老机构入住的半失能和失能老年人总数为982人，而在民办养老机构入住的半失能和失能老年人总数为12135人，为公办公营养老机构入住失能和半失能老年人数的12.36倍；公办公营和公建民营的养老机构没有承担低保老年人照护，民办养老机构承担。

2. 养老机构的空置率较高。截止到2020年年底，石家庄整体养老床位空置率约为51.45%。各区县公办公营养老机构按照空置率由高到低顺序，依次为高邑县、赞皇县、灵寿县；公建民营养老机构空置率最高的为晋州，其次是藁城区，空置率第3位的是鹿泉区。民办养老机构空置率依次为井陉矿区、栾城区、灵寿县，其他地方像鹿泉区、循环化工园区、高新区、平山县等地的空置率都在50%—70%。

3. 各地区之间养老服务供给发展不平衡。石家庄市有些区县每千名老年人养老床位数与河北省每千名老年人养老床位数还存在着差距。达到河北省平均水平以上的3个地区分别是藁城区、正定县和栾城区，分别达到了38.28、34.21、32.74，其中每千名老年人所拥有的床位比较低的3个地方分别是井陉县、平山县和循环化工园区，每千名老年人所拥有的床位数分别为7.42、5.07、4.99。从数据可以看出：石家庄市每千名老年人所拥有的床位数最高的与最低的相差几乎8倍。

4. 石家庄市县级层面养老服务发展相对于市区严重滞后。无论是养老机构的床位数、护理床位数、社区居家养老服务中心的床位数，还是每千人老年人所拥有的床位数，藁城区、长安区、栾城区、鹿泉区、裕华区、新华区等地的养老服务供给明显好于平山、赞皇、元氏等地区。以综合养老服务中心数量为例，鹿泉区和长安区都是12个，而新乐市、赞皇县、平山县、正定新区、循环化工园区、无极县仅有1个。

5. 涉老企业服务内容比较单一且不少企业并没有开展养老服务实质内容。根据2021年9月8日石家庄市行政审批局提供的数据显示，2020年有342家涉老企业，数量是2007年的34倍；石家庄市涉老企业主要集中分布在桥西区（378家）、裕华区（288家）、长安区（231家），而县区发展不如城区；对于涉外企业而言，很多企业不专职做养老服务，养老服务只是列在了企业经营范围内，只是企业登记注册内容，如河北凯龙唐汇实业有限公司主要是生产复合生物肥料、生物水处理剂、生物技术研究开发和市政建设。

针对养老服务供给中存在的主要问题，课题组给出了提升石家庄市养老服务供给的建议：1. 增加公办普惠型养老服务供给；2. 促进社区居家养老服务中心发展；3. 推动县域层面和农村养老服务供给发展；4. 鼓励涉老企业发展尤其是服务型、公益性涉老企业发展。

四 问题对策篇

石家庄市养老服务最近几年发展情况体现在：重视养老服务发展，制定养老服务政策文件、推动社区居家养老服务发展、促进机构养老服务发展、发展农村养老服务；但另一方面也要看到石家庄市在养老服务需求满足中存在的主要问题，这突出体现在以下6个方面：1. 经济保障水平低，制约养老服务水平提升；2. 养老服务未实现制度化，缺乏制度支撑；3. 没有明确养老服务发展重点，居家社区养老服务体系亟待加强；4. 医养康养滞后，管理服务水平有待提升；5. 老年人的文化活动城乡差距巨大，缺乏有序的组织和引导；6. 老年人精神慰藉的主体单一，孝道文化的宣传力度不够。概括而言，通过需求调研，调研组发现石家庄市养老服务发展存在着发展重点亟待清晰（社区居家）、供需不匹配（如机构空置率高）、发展不平衡（如城乡不平衡、群体不平衡）的现实，需要引起政策的高度关注。

针对存在的主要问题，课题组提出了发展石家庄市养老服务的对策。1. 理念：以需求为出发点，构建多层次的养老服务体系；2. 制度：建立护理保险制度，实现养老服务的制度支撑；3. 体系：构建以居家为基础、社区为依托、机构为补充，居家社区机构相协调医养康养相融合的养老服务体系；4. 重点：加快发展农村养老服务，建立乡村振兴与农村养老服务相融合的养老服务体系；5. 政策：建立家庭养老政策在内的多种政策，提供精准为老服务；6. 统筹：树立公平的理念，实现养老服务由城乡统筹走向城乡统一；7. 主体：构建"五位一体"的养老服务主体体系，明确各方主体职责；8. 观念：转变老年人观念，促进互助养老服务的发展；9. 监管：构建政府+第三方组织+社会的"三位一体"养老服务监管体系；10. 预算：实行科学的养老服务年度预算制度，为养老服务提升奠定经济基础；11. 管理：加强基层社会治理，做实养老服务的网格化管理；12. 关爱：鼓励社会力量参与，构建健全的老年人关爱服务体系。

参考文献

孙鹃娟、杜鹏：《中国人口老龄化和老龄事业发展报告》，中国人民大学出版社 2016 年版。

郑秉文：《中国养老金发展报告 2017——长期护理保险试点探索与制度选择》，经济管理出版社 2017 年版。

郑功成：《中国社会保障改革与发展战略（救助与福利卷）》，人民出版社 2011 年版。

郑功成：《中国社会保障改革与发展战略——理念目标与行动方案》，人民出版社 2008 年版。

郑功成：《中国社会保障改革与发展战略（总论卷）》，人民出版社 2011 年版。

戴卫东：《中国养老服务事业的转型、定位与发展》，《安徽师范大学学报》（人文社会科学版）2020 年第 3 期。

邓大松、李玉娇：《失能老人长照服务体系构建与政策精准整合》，《西北大学学报》（哲学社会科学版）2017 年第 6 期。

董红亚：《中国政府养老服务发展历程及经验启示》，《人口与发展》2010 年第 5 期。

封铁英、邓晓君、高鑫：《养老机构医疗护理服务需求潜在类别及其影响因素——陕西省调查实例》，《管理评论》2020 年第 5 期。

高辰辰：《互助养老模式的经济社会条件及效果分析——以河北肥乡为例》，《河北学刊》2015 年第 3 期。

葛延风、王列军、冯文猛、张冰子、刘胜兰、柯洋华：《我国健康老龄化的挑战与策略选择》，《管理世界》2020 年第 4 期。

贺雪峰：《如何应对农村老龄化——关于建立农村互助养老的设想》，《中国农业大学学报》（社会科学版）2019年第3期。

李明、曹海军：《老龄化背景下国外时间银行的发展及其对我国互助养老的启示》，《国外社会科学》2019年第1期。

刘晓静：《论中国养老服务的政策取向——基于养老服务政策变迁的视角》，《河北学刊》2014年第5期。

刘晓静、张继良：《中国养老服务体系建设的理念，路径及对策》，《河北学刊》2013年第2期。

刘晓静、张向军、谢秋实：《京津冀协同发展视域下河北省养老服务面临挑战及发展建议》，《河北大学学报》（哲学社会科学版）2019年第1期。

刘晓梅、乌晓琳：《农村互助养老的实践经验与政策指向》，《江汉论坛》2018年第1期。

吴玉韶、王莉莉、孔伟、董彭滔、杨晓奇：《中国养老机构发展研究》，《老龄科学研究》2015年第8期。

钟仁耀、王建云、张继元：《我国农村互助养老的制度化演进及完善》，《四川大学学报》（哲学社会科学版）2020年第1期。

财政部：《关于养老、托育、家政等社区家庭服务业税费优惠政策的公告》，2019年6月28日，http：//www.gov.cn/zhengce/zhengceku/2019-11/07/content_5449764.htm，2022年7月31日。

国务院办公厅：《国务院办公厅关于促进养老托育服务健康发展的意见》，2020年12月14日，http：//www.gov.cn/zhengce/zhengceku/2020-12/31/content_5575804.htm，2022年7月31日。

国务院办公厅：《国务院办公厅关于建立健全养老服务综合监管制度促进养老服务高质量发展的意见》，2020年11月26日，http：//www.gov.cn/zhengce/zhengceku/2020-12/21/content_5571902.htm，2022年7月31日。

国务院办公厅：《国务院办公厅关于推进养老服务发展的意见》，2019年3月29日，http：//www.gov.cn/zhengce/zhengceku/2019-04/16/content_5383270.htm，2022年7月31日。

国务院：《国务院关于印发"十四五"国家老龄事业发展和养老服务体系规划的通知》，2021年12月30日，http：//www.gov.cn/zhengce/zhengceku/2022-02/21/content_ 5674844.htm，2022年7月31日。

民政部办公厅、财政部办公厅：《民政部办公厅 财政部办公厅关于组织实施2021年居家和社区基本养老服务提升行动项目的通知》，2021年10月12日，http：//www.gov.cn/zhengce/zhengceku/2021-10/19/content_ 5643586.htm，2022年7月31日。

民政部办公厅：《民政部办公厅关于分区分级精准做好养老服务机构疫情防控与恢复服务秩序工作的指导意见》，2020年3月4日，http：//www.gov.cn/zhengce/zhengceku/2020-03/05/content_ 5487047.htm，2022年7月31日。

民政部办公厅：《民政部办公厅关于印发社会救助和养老服务领域基层政务公开标准指引的通知》，2019年4月30日，http：//www.gov.cn/zhengce/zhengceku/2019-10/16/content_ 5440600.htm，2022年7月31日。

民政部、财政部：《民政部 财政部关于确定第五批中央财政支持开展居家和社区养老服务改革试点地区的通知》，2020年2月12日，http：//www.gov.cn/zhengce/zhengceku/2020-02/18/content_ 5480376.htm，2022年7月31日。

民政部：《关于加快推进养老服务业放管服改革的通知》，2017年1月23日，http：//www.gov.cn/zhengce/zhengceku/2017-01/01/content_ 5554654.htm，2022年7月31日。

民政部：《民政部关于进一步扩大养老服务供给 促进养老服务消费的实施意见》，2019年9月20日，http：//www.gov.cn/zhengce/zhengceku/2019-09/20/content_ 5456125.htm，2022年7月31日。

民政部：《民政部 国家开发银行关于"十四五"期间利用开发性金融支持养老服务体系建设的通知》，2021年11月26日，http：//www.gov.cn/zhengce/zhengceku/2021-12/03/content_ 5655643.htm，2022年7月31日。

《卫生健康委 发展改革委 教育部 民政部 财政部人力资源社会保障部 医保局 中医药局关于建立完善老年健康服务体系的指导意见》，2019年10月28日，http://www.gov.cn/gongbao/content/2020/content_5483907.htm，2022年7月31日。

《住房城乡建设部 发展改革委 民政部卫生健康委 医保局 全国老龄办关于推动物业服务企业发展居家社区养老服务的意见》，2020年11月24日，http://www.gov.cn/gongbao/content/2021/content_5581077.htm，2022年7月31日。

Campbell, J. C., Ikegami, N., "Long-term Care Insurance Comes to Japan", *Health Afairs*, No. 3, 2000.

Fukawa, T., "Household Rejection and Its Application to Health/Long-TermCare Expenditures in Japan Using INAHSIM-II", *Social Science Computer Review*, Vol. 29, 2011.

Martin Boyert, "Financing elderly people's long-term care needs: Evidence from China", *International Journal of Health Planning&Manangment*, Vol. 33, No. 2, 2018.

Nielson Lori, Wiles Janine, Anderson Anneka, "Social exclusion and community in an urban retirement village", *Journal of Aging Studies*, 2019.

后　　记

本书出版之际，感慨万千！这本书从调研设计、开展调查、数据录入和导出，到报告的成形和编辑出版，历时2年时间，书稿不仅凝聚着调研团队的辛苦付出，也凝结着编辑团队的持续努力，还寄托着学院领导与老师的殷切期盼！

在书稿即将出版之际，首先要感谢我的调研团队成员，他们顶着炎炎烈日走街串户的调研，才有了来自基层的一手问卷，他们夜以继日的录入数据才有了数据、图表和文字的成形和完善；感谢河北师范大学马克思主义学院领导与老师对我书稿的大力支持，没有他们的支持，这本书不可能这么快与读者见面；感谢石家庄市民政部门的大力支持，没有他们牵线搭桥、多方协调，在疫情的情况下，调查研究的开展会变得更加困难；感谢许许多多基层民政部门领导、干部、群众，尤其是老年人朋友的信任与支持，使得调研团队能够了解老年人的真实想法与多样化的养老服务需求。

笔者从2005年从事社会保障专业课程的教学，到2006年带学生走进养老机构去探访老年人，从最初的对老年人的感性认识，后来对养老服务问题有了深层次的思考，从2012年以来陆陆续续写过10余篇养老服务的核心期刊文章，如2012年《养老服务公司的市场价值及发展策略探讨》、2013年《城乡统筹视角下中国养老服务体系构建研究》和《中国养老服务体系建设的理念、路径及对策》、2014年《论中国养老服务的政策取向》、2019年《京津冀协同发展视域下河北省养老服务面临挑战及发展建议》和《2019年新冠疫情下我国养老机构风险防范》。时至2019年，这些论文更多是从理论层面对养老服务进行思考，2019年开始及日后，笔者更多注重养老服务的实践，通过调研得到一些有关养老服务的真知灼见。2020年7月1日开始笔者到雄安新区进行了不到一年的养老服务运营与管理工作，促使笔者更多从基层思考养老服务的现实困境。2021年通过大量的调查研究，撰写了《石家庄市老年人需求与供给调研报告》，笔者更多实现了养老服务理论、政策与实践相结合的深层次思考。

中国的人口老龄化程度在加深，养老服务发展还在路上，任重而道远。对于养老服务理论研究而言，把养老服务理论、政策与实践深层次地结合是笔者终身的追求与使命。期待着为中国养老服务的发展贡献自己的微薄之力，也希望通过自己所学、所积累的养老服务理论和知识服务基层、贡献社会。

河北师范大学马克思主义学院
河北师范大学基层治理研究中心
刘晓静
2020年7月30日